城市轨道交通网络化运营的组织方法及实施技术研究

苏祺哲　张晓雨　欧阳磊 ◎ 著

 吉林科学技术出版社

图书在版编目（CIP）数据

城市轨道交通网络化运营的组织方法及实施技术研究/
苏祺哲，张晓雨，欧阳磊著. -- 长春：吉林科学技术出
版社，2023.7
　　ISBN 978-7-5744-0751-0

　　Ⅰ. ①城… Ⅱ. ①苏… ②张… ③欧… Ⅲ. ①城市铁
路－交通网－运营管理－研究 Ⅳ. ①U239.5

中国国家版本馆 CIP 数据核字(2023)第 153191 号

城市轨道交通网络化运营的组织方法及实施技术研究

著	苏祺哲　张晓雨　欧阳磊	
出 版 人	宛　霞	
责任编辑	李永百	
封面设计	金熙腾达	
制　　版	金熙腾达	
幅面尺寸	185mm×260mm	
开　　本	16	
字　　数	309 千字	
印　　张	13.75	
印　　数	1-1500 册	
版　　次	2023年7月第1版	
印　　次	2024年2月第1次印刷	

出　　版　吉林科学技术出版社
发　　行　吉林科学技术出版社
地　　址　长春市福祉大路5788号
邮　　编　130118
发行部电话/传真　0431-81629529 81629530 81629531
　　　　　　　　　　81629532 81629533 81629534
储运部电话　0431-86059116
编辑部电话　0431-81629518
印　　刷　三河市嵩川印刷有限公司

书　　号　ISBN 978-7-5744-0751-0
定　　价　88.00元

前　言

在社会飞速发展的大背景中，城市轨道交通运营工作的开展作为城市建设中的重要组成部分受到越来越多的关注。网络化是世界城市轨道交通运营管理发展的趋势。我国城市轨道交通网络化运营工作的开展，需要通过建立安全、高效、系统的轨道交通网络运营管理体系，统筹安排既有资源，统一协调线、网间关系，实现线、网运营的有效性、安全性和可靠性，实现网络运营的社会效益、经济效益最大化。

本书以"城市轨道交通网络化运营的组织方法及实施技术研究"为选题，探讨相关内容。全书共分为七章：第一章是城市轨道交通概论，阐述了城市轨道交通的发展历程、城市轨道交通的系统组成、城市轨道交通的线网规划；第二章分析城市轨道交通网络化与运营特征，内容包括城市轨道交通网络化认知、城市轨道交通网络化的管理模式、城市轨道交通网络化运营的特征；第三章解读城市轨道交通网络化运营的组织管理，内容涵盖城市轨道交通网络化运营设施设备与控制管理、城市轨道交通网络化运营车辆的维修管理、城市轨道交通网络化运营列车的运行调度；第四章论述城市轨道交通网络化运营方法与优化，内容涉及多编组与变编组列车的运行方法、多交路列车运营方法及其优化、快慢列车结合运行方法及其优化；第五章是城市轨道交通网络化运营管理技术探究，内容包括城市轨道交通网络资源运营共享技术、城市轨道交通网络化运营票务决策与技术、城市轨道交通信号系统互联互通技术；第六章围绕城市轨道交通网络化运营控制技术研究，解读网络化运营客流分配理论与控制技术、城市轨道交通网络化运营节能控制技术、5G 网络下城市轨道交通全自动无人驾驶控制技术；第七章围绕灵活改变列车编组与客流需求动态匹配、城市轨道交通网络化智能运维技术展开论述。

本书体系完整，视野开阔，层次清晰，借助通俗易懂的语言、系统明了的结构，全面地介绍了城市轨道交通、城市轨道交通网络化运营的相关概念与运营的组织方法及实施技术。编写时注意基本概念的准确性，严格按照国家标准对专业术语进行了规范和定义。

笔者在撰写本书的过程中，得到了许多专家、学者的帮助和指导，在此表示诚挚的谢意。由于笔者水平有限，加之时间仓促，书中所涉及的内容难免有疏漏之处，希望各位读者多提宝贵意见，以便笔者进一步修改，使之更加完善。

著　者

目　录

第一章 城市轨道交通概论

第一节 城市轨道交通的发展历程

一、世界城市轨道交通的发展历程

"城市轨道交通是指具有固定线路、铺设固定轨道、配备运输车辆及服务设施等的公共交通设施。"①世界城市轨道交通经历了长期的发展，可以归纳为以下五个阶段，如图1-1所示。

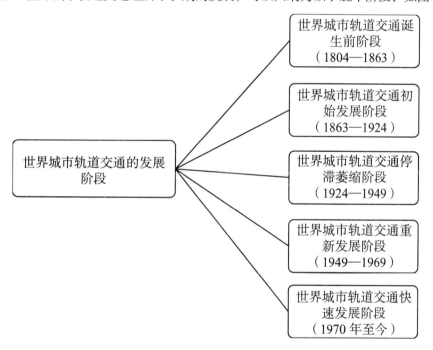

图 1-1　世界城市轨道交通的发展阶段

（一）世界城市轨道交通诞生前阶段（1804—1863）

现代城市轨道交通诞生前阶段的发展，为现代城市轨道交通的诞生打下了基础，提供了条件。"1804年，英国人理查德·特雷维塞克设计制造的蒸汽机车'新城堡号'，经过在圆

---

① 吴艳群，吴芳.城市轨道交通规划与管理 [M].成都：西南交通大学出版社，2018：46.

形轨道上试车后，沿着专门铺设的轨道由默尔瑟开到阿伯西昂，这是世界上第一条成功行驶蒸汽机车的轨道。"[1]1804年2月29日，这台机车牵引着5节车厢，载着10t货物和70名旅客，沿着摩根夏运河16km长的铸铁轨道以13km的时速行驶，宣告了蒸汽机车的诞生。

1825年9月27日，世界上第一条行驶蒸汽机车的永久性公用运输设施英国达林顿至斯托克顿的铁路正式通车。达林顿至斯托克顿铁路的正式开业运营，标志着近代铁路运输业的开始和利用铁路解决人们在城市内出行问题的开端。

1835年，巴黎修建了第一条嵌入式凹形马车轨道。1852年，纽约6号街的马车轨道建成，这辆有轨马车为两驾马车，开有前后车门供乘客上下。

（二）世界城市轨道交通初始发展阶段（1863—1924）

自1863年第一条地铁在英国伦敦诞生以后，不同形式的城市轨道交通根据不同地区的需求被建成。

1881年，柏林近郊铺设了第一条电车轨道，一条铁轨通电，另一条铁轨做回路。但这种线路对街上的交通太危险了，于是，西门子采用将输电线路架高的方式解决了供电和安全问题。

1884年，在多伦多农业展览会上试用了电车运载乘客。该电车用一根带触轮的集电杆和一条架空触线输电，并以钢轨为另一回路。

1888年，美国弗吉尼亚州里茨门德市的有轨马车路线改用电力牵引车行驶，并对车辆的集电装置、控制系统、电动机的悬挂方法及驱动方式做了改进，于是出现了现代有轨电车，这是世界上第一辆投入商业运营的有轨电车。

19世纪末，电力机车牵引开始进入城市轨道交通领域，提升了城市轨道交通的实用性。城市轨道交通开始进入一个较为持续快速的发展期，在世界范围内逐步推广开来，并逐渐成为公共交通的主要形式之一。

1890年，在英国伦敦第一条使用电动列车牵引的地下铁道建成。

1896年，匈牙利的布达佩斯修建了欧洲最早的电气化地铁，解决了地铁通道的空气污染问题。这条地铁距离地面只有几米，平行运行于城市最主要的街道安德拉什大街下面。直到今天，这条线路经过改造后仍在使用中。

1897年，6节编组的多节电动列车开始在美国芝加哥的南侧高架线上运营。

1904年10月27日，纽约全市第一条地铁线路诞生，用26min的时间跑完全长约14.64km的路程，途经28个车站，使美国纽约成为美洲最早建立地铁系统的城市。经过一个世纪的发展，纽约地铁仍旧是全世界最有效率的地铁系统。

2010年，纽约市拥有地铁线路26条，地铁车站468个，车厢6400多节，地铁线路

---

① 倪桂明，孙礼超，潘安，等.从工程走向服务：城市轨道交通发展的反思与创新[M].上海：同济大学出版社，2017：3.

总长近 370km，每天载运 450 万人来往纽约市五大区。纽约地铁是全球唯一 24h 全年无休的大众运输系统，特色在于同路线上会有 3 ~ 4 条轨道，快车行驶于中间轨道，左右两侧留给慢车使用。快车原则上只停转乘站及终点站，慢车每站皆停。高峰时刻，部分路线会采取隔站停靠的方式行驶两列地铁。

1913 年，阿根廷的布宜诺斯艾利斯建成地铁系统，成为拉丁美洲最早建立地铁系统的城市。

1890 年—1920 年是有轨电车在世界范围大发展的时期，世界上几乎每一个大城市都有有轨电车。虽然这种电车的路轨是固定的，不能让路，在交通拥挤的街上造成了诸多不便，一些城市很快就废弃了这样的电车，但是，还有欧洲大陆上的许多城市保留了这种有轨电车。

（三）世界城市轨道交通停滞萎缩阶段（1924—1949）

由于汽车工业的发展，而且城市轨道交通投资大，建设周期长，城市轨道交通的发展在这一时期呈现出停滞甚至萎缩的局面，特别是在地面行驶的有轨电车系统被大量拆除或被汽车取代。

虽然呈现停滞、萎缩现象，但仍有一些国家修建了城市轨道交通系统。1935 年 5 月 15 日，莫斯科地铁第一条线路的开通仪式隆重举行，这条线路从索科利尼基站到文化公园站，并有一条支线通到斯摩棱斯克站。

（四）世界城市轨道交通重新发展阶段（1949—1969）

汽车发展数量过度增加，造成了车辆与道路的尖锐矛盾。为了解决环境污染、资源浪费等现实问题，许多国家的城市开始兴建城市轨道交通。

在这一阶段，一些新型的城市轨道交通形式出现，如 1959 年跨座式轻轨铁路在美国开始运营；1961 年独轨铁路在意大利世界博览会开始运营。

在此期间，加拿大的多伦多、蒙特利尔，意大利的罗马、米兰，美国的克利夫兰，瑞典的斯德哥尔摩，日本的名古屋，挪威的奥斯陆，葡萄牙的里斯本，德国的法兰克福，荷兰的鹿特丹，墨西哥的墨西哥城，中国的北京，先后开通地铁。

（五）世界城市轨道交通快速发展阶段（1970 年至今）

世界各国城市化进程的发展、客流量的不断攀升、城市内交通距离的延长、人们生活节奏的加快，对城市交通的要求越来越高。各国政府越来越重视城市轨道交通在解决城市交通问题中的作用，不惜花费大量人力、物力、财力建设城市轨道交通设施。

同时，新型城市轨道交通专业技术也在不断发展，成为新型城市轨道交通发展的有力支持。在这一时期，世界城市中出现了许多城市轨道交通发展方面的后起之秀。

二、中国城市轨道交通的发展历程

中国城市轨道交通系统的产生，是从有轨电车开始的。

（一）我国有轨电车的发展阶段

中国最早的有轨电车于 1899 年出现于北京，由德国西门子公司修建，连接郊区的马家堡火车站与永定门。北京市内的有轨电车在 1924 年开通。

1904 年，香港开通有轨电车，此后中国的各个城市相继开通有轨电车，天津、上海先后于 1906 年、1908 年开通。1950 年，鞍山开通了第一条通勤有轨电车线路。中国在 20 世纪初引入无轨电车。1914 年，上海开辟了由郑家木桥至老闸桥的 14 路无轨电车，成为中国最早的无轨电车线路。

从 20 世纪 50 年代末开始，各个城市陆续拆除有轨电车线路。至今仍有有轨电车运营的城市只剩下香港、大连、长春、鞍山。大连、长春的有轨电车正在被改造为轻轨交通的一部分。北京前门即将恢复有轨电车线路，用于观光旅游。

（二）我国地铁建设的发展阶段

轨道交通是目前城市最重要的基础设施之一。地铁作为拥有独家经营权的高容量城市轨道系统，由于不影响城市初始道路，在城市轨道交通中占有重要地位，并且成为一个城市乃至国家工程建设经济实力的证明。我国地铁建设的发展历程，大体上可以分为四个阶段，如图 1-2 所示。

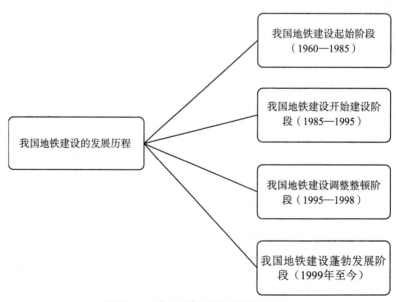

图 1-2 我国地铁建设的发展历程

1.我国地铁建设起始阶段（1960—1985）。在地铁建设的起始阶段，我国先后于1969年在北京、1976年在天津开通了两条地铁线路，线路总长27.2km。上海从20世纪60年代进行了地铁的研究和试验，并建成一段试验段。这一时期兴建的地铁完全靠政府补贴运行。这一时期的地铁施工技术无论是车站还是区间，均采用明挖法。

2.我国地铁建设开始建设阶段（1985—1995）。以上海地铁4号线（21km）、北京地铁复八线（13.6km）、北京地铁1号线改造、广州地铁1号线（18.5km）建设为标志，我国开始建设真正以交通为目的的地铁项目。随着上海、广州地铁项目的建设，大批城市包括沈阳、天津、南京、重庆、武汉、深圳、成都、青岛等开始上报建设轨道交通项目，纷纷要求国家进行审批。

3.我国地铁建设调整整顿阶段（1995—1998）。我国地铁建设调整整顿阶段，使城市轨道交通项目更加规范化，相关技术国产化。

4.我国地铁建设蓬勃发展阶段（1999年至今）。随着国家积极财政政策的实施，国家从建设资金上给予有力支持。通过技术引进，国际先进制造企业同国内企业合作，实现了城市轨道交通车辆、设备本地化，使城市轨道交通建设造价降低。国家先后批准了深圳、上海、广州、重庆、武汉、南京、杭州、成都、哈尔滨等十几个城市轨道交通项目开工建设，并投入40亿元国债资金予以支持，我国轨道交通建设进入高速发展期。

根据国民经济和社会发展、城镇化进程加快的需要，城市及城际轨道交通在未来十几年将处于网络规模扩展、完善结构、提高质量、快速扩充运输能力、不断提高装备水平的大发展时期。到2020年，我国建成了几千千米城市和城际轨道交通系统，基本形成布局合理、功能完善、干支衔接、技术装备优良的城际、城市轨道交通网，实现城际客运专线、城市轻轨、城市地铁同铁路客运专线之间的有机衔接，方便旅客换乘，更好地为广大群众服务。

三、城市轨道交通发展的周期性特性

上述城市轨道交通的发展历程，总结出城市轨道交通的发展中存在的典型生命周期现象。而根据城市轨道交通的运营里程、随年份的增长速度、线网密度以及盈利情况等因素，城市轨道运营发展可分为发展初期、成长期、成熟期和衰退期四个阶段。

1.发展初期。这一时期，城市轨道的基础设施还未完全完工，骨干网络尚未形成，线网长度等方面都需要完善，这时人们出门可能就需要换乘很多次才能到达目的地。此时，人们不会对轨道交通产生依赖，可以选择其他的交通方式，所以轨道交通的客运量没有达到预期，轨道交通在公共交通市场中所占比例也就很低。

2. 成长期。这一时期，城市轨道交通网络不断扩大，线网长度迅速增加，基本建成骨干网络，人们出行不需要换乘即可到达城市中心主要的行政区、金融区、商业区。这时城市轨道交通与其他交通方式的竞争越来越激烈，随着客运量的增大，城市轨道交通在公共交通市场中所占比例也逐渐增加。

3. 成熟期。这一时期，城市轨道交通网络已经形成，大部分市民出行、上班、上学都能够通过轨道交通来实现，城市轨道交通的客运量已经达到设计容量，运营利润达到最大，大多数市民也已经对城市轨道交通产生了一定的依赖性。

4. 衰退期。这一时期，城市轨道交通的线网长度将不再增加，随着城市的发展以及新型绿色环保公共交通工具的出现，轨道交通逐渐处于劣势地位，其利润迅速减少。但是从目前各个国家城市轨道交通的发展情况来看，衰退期还仅是个概念。因此本书对于城市交通轨道的衰退期不做研究。

总之，轨道交通网络属于开放系统，伴随着城市空间结构和交通服务体系的不断完善，轨道交通需求规模、网络布局和功能特征不断变更，城市轨道交通发展呈现周期性的生长特征。

第二节　城市轨道交通的系统组成

城市是"城"与"市"的组合词。"城"主要是为了防卫，并且用城墙等围起来的地域；"市"是指进行交易的场所，这两者都是城市最原始的形态。最原始的"城市"（实际应为我们现存的"城镇"）就是因商品交换集聚人群后而形成的。城市的出现是人类走向成熟和文明的标志，也是人类群居生活的高级形式。城市是人类社会发展的产物，随着人类社会的发展而发展，也是人类社会发展过程和发展水平的主要表现之一。

随着城市经济的迅速发展和城市化进程的加快，城市公共交通已引起了社会各界的广泛关注。城市交通在城市发展与城市化进程中起到了极其重要的作用。

一、城市轨道交通的作用与类型

（一）城市轨道交通的作用

城市轨道交通作为新的交通运输方式以其不可比拟的优势快速发展起来，在城市公共交通中发挥着越来越大的作用。城市轨道交通方式和其他城市交通方式相比具有的优势，如图 1-3 所示。

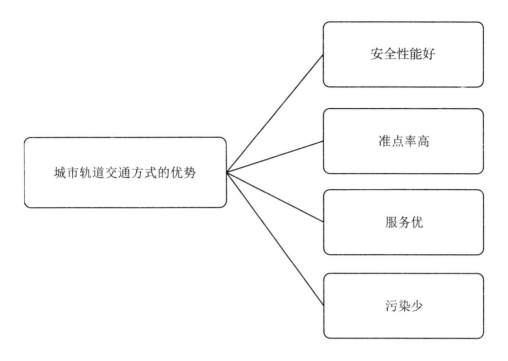

图1-3 城市轨道交通方式的优势

1. 安全性能好。轨道交通一般均采用封闭线路的专用通道运行方式，没有其他车辆和行人干扰，发生交通事故的概率较低。轨道交通运行系统中的车辆设备均有自动化的保护措施，安全性能好，而且不受气候等因素的影响，故障率低。因此，轨道交通运送相同客运量，其事故率较地面交通低。

2. 准点率高。轨道交通的列车按事先安排好的运行图由自动化系统指挥列车运行，包括运行中的及时调整和停车经路的排列均自动完成，因此效率比较高，列车的准点率也较高，一般均在99%以上。这对于早高峰上班的人员可以准确计算、主动掌握在途时间，确保按时上班，因此受到乘客欢迎。

3. 服务优。城市轨道交通为乘客提供乘车全过程的优良服务。除列车速度快、时间短、安全准点外，购票、检票、换乘、出站均提供一系列自动化服务，候车、乘车均有空气调节，环境优美清洁，使乘车过程成为一种享受。实际上，它提高了市民的生活质量。

4. 污染少。电力是城市轨道交通的唯一能源，和汽车交通方式比较，消除了尾气排放，无空气污染。城市轨道交通网络代替地面交通而减少的尾气污染足以使城市的空气逐渐清洁起来。

城市轨道交通有活跃城市经济、拉动城市发展、提高城市形象的作用。城市轨道交通恰好能够满足广大市民希望外出购物、观光、约会、娱乐时有一个宽舒的交通条件的要求，并为市民提供了足够的活动时间，促进了市民的消费，活跃了市场。

真正成为现代化城市的标志还必须使城市轨道交通网络在行车保障系统、客运服务系统和运营指挥系统的配备和管理方面有较高的技术含量，跟上世界技术发展的水平，在其提高城市形象方面在国际和国内都有很大影响。可见，城市轨道交通在城市发展中起着无法取代的作用。

（二）城市轨道交通的类型

城市轨道交通种类繁多，技术指标差异较大，世界各国评价标准不一，并无严格的分类。由于城市轨道交通在世界范围内发展较快，地区、国家、城市的不同，服务对象的不同等，使城市轨道交通发展成为多种类型，目前尚无十分统一的分类标准，不同的分类方法可以分出不同的结果。

1. 根据运送能力划分

（1）小运量系统。小运量系统（高峰小时单向运输能力达到 5 000 ~ 15 000 人）。

（2）中运量系统。中运量系统（高峰小时单向运输能力达到 15 000 ~ 30 000 人）。

（3）大运量系统。大运量系统（高峰小时单向运输能力达到 30 000 人以上）。

2. 根据线路架设方式划分

（1）地下铁路。地下铁路是指位于地下隧道内的那部分铁路。

（2）地面铁路。地面铁路是指位于地面的铁路。

（3）高架铁路。高架铁路是指位于高架桥上的铁路。

3. 根据导向方式划分

（1）轮轨导向。由钢轮轮缘和钢轨之间的作用力来提供导向力，如地铁、轻轨、有轨电车等钢轨钢轮系统就属于轮轨导向方式。

（2）导向轮导向。由导向轮引导车辆运行，如独轨以及新交通系统等胶轮车辆属于导向轮导向方式。

4. 根据路权专用程度划分

（1）线路全封闭型。独立路权的轨道交通系统属于全封闭系统，与其他交通完全隔离，不受平交道路与人车的干扰。

（2）线路半封闭型。半独立路权的轨道交通系统属于半封闭系统，沿行车线路采用缘石、隔离栅、高差等措施与其他交通实体隔离，但在交叉路口仍与横向的人车平交混行，受信号系统控制。

（3）线路不封闭型。共有路权的轨道交通系统属于不封闭系统，地面混合交通，不具有实体分割，轨道交通与其他交通混合出行，在路口按照规定驾停，也可享受一定的优先权。

5.根据运营组织方式划分

（1）传统的城市轨道交通。服务范围以中心城区为主，包括城市与郊区、机场之间的传统的城市轨道交通，通常站间距为 1 ~ 2km。

（2）区域快速铁路。服务范围包括城市郊区的轨道交通系统，通常站间距较大，含有地面线路或高架线路。

（3）市郊铁路。市郊铁路是指位于城市范围内、部分或全部服务于城市客运的那些城市间铁路，通常其所有权不属于所在的城市政府，而由铁路部门经营，主要运送城市郊区与闹市区间的乘客，故也称通勤铁路。这种铁路通常在郊区采用平交道口形式，在市区为高架或地下铁路。其站距长，运营组织方式与城市间铁路相近，可开行不停靠全部或部分中间站的直达列车；为减少环境污染，多采用电气化牵引方式。

6.根据运能范围、车辆类型及主要技术特征划分

根据运能范围、车辆类型及主要技术特征划分，城市轨道交通可分为有轨电车、地下铁道、轻轨交通、独轨交通、新交通系统（自动导轨电车 AGT）、磁悬浮交通等类型。

（1）有轨电车。有轨电车是使用电车牵引、轻轨导向、1 ~ 3 辆编组运行在城市路面线路上的低运量轨道交通系统。有轨电车是最早发展的城市轨道交通之一，一般设在城市中心穿街越巷运行。其优点是造价低、建设容易、上下车方便。

有轨电车起源于城市公共马车，而现代有轨电车在城市交通中扮演着重要角色，对发展交通、缓解城市拥堵具有重要意义。在交通越来越便捷的时代，现代有轨电车的功能也日益得到彰显，作为城市骨干交通模式，它承担着大量的公共交通客流；在城市经济活动密集的中心区域，有轨电车能提供便利的交通服务；同时它又作为快速轨道交通在城市特殊地区的延伸或加密，这些功能让有轨电车受到越来越多的人青睐。

（2）地下铁道。地铁是城市快速轨道交通的先驱，泛指高峰小时单向客运量为 3 万 ~ 7 万人的大容量轨道交通系统。地铁是由电力牵引、轮轨导向、具有一定规模运量、按运行图行车的轨道交通系统。地铁适用于出行距离较长、客运量需求大的城市中心区域。

地下铁道由于大部分线路在地下或高架通行，因此技术水平要求较高，可靠性和安全性要求也高。地铁系统与国家干线铁路一样，主要由线网、轨道、车站、车辆、通信信号等设备构成，要求各部门能够有机结合，协同动作，最大限度地完成输送任务。

（3）轻轨交通。轻轨是在有轨电车的基础上改造和发展起来的城市轨道交通系统，泛指高峰小时单向客运量为1万～3万人次的中等容量轨道交通系统。

轻轨是一种使用电力牵引、介于标准有轨电车和快运交通系统（包括地铁和城市铁路）、用于城市旅客运输的轨道交通系统。轻轨是指运量或车辆轴重稍小于地铁的快速轨道交通。轻轨一般采用地面和高架相结合的方法建设，路线可以从市区通往近郊。列车编组采用3～6辆，铰接式车体。轻轨采用了线路隔离、自动化信号、调度指挥系统和高新技术车辆等措施，最高速度可达60km/h，克服了有轨电车运能低、噪声大等问题。

轻轨具有投资少、建设周期短、运能高、灵活等优点，因此发展很快。纵观各国的情况，大致有三类发展模式：①改造旧式有轨电车为现代化的轻轨；②利用废弃铁路线路改建成轻轨路线；③建设轻轨新线路的方式。经过100多年的发展，轻轨已形成三种主要类型：

1）钢轮钢轨系统。钢轮钢轨系统即新型有轨电车，是应用地铁先进技术对老式有轨电车进行改造的成果。

2）线性电机牵引系统。线性电机牵引系统是由线性电机牵引、轮轨导向、车辆编组运行在小断面隧道及地面和高架专用线路上的中运量轨道交通系统。线性电机列车具有车身矮、重量轻、噪声低、通过小半径曲线和爬坡能力强等优点，可以轻便地钻入地下、爬上高架，是地下与高架接轨的理想车型。以线性电机做动力，其意义还在于它引起了轨道车辆牵引动力的变革。

3）橡胶轮轻轨系统。橡胶轮轻轨系统采用全高架运行，不占用地面道路，具有振动小、噪声低、爬坡能力强、转弯半径小、投资较少等优点。

（4）独轨交通。独轨铁道是指车辆在一根轨道上运行的一种城市轨道交通系统，通常分为跨座式和悬挂式两种。一般使用道路上部空间，需要的专用空间较少，可以适应急弯及大坡度，其投资小于地铁系统。独轨电车一般均采用橡胶轮胎。独轨铁道系统的优点是占地少、投资费用少、噪声低、振动小、乘坐舒适、对城市的景观及日照等影响小、通过小半径曲线能力和爬坡能力强。

（5）新交通系统。新交通系统是那些所有现代化新型公共交通方式的总称。在新交通系统中，车辆在线路上可无人驾驶，车站无人管理，完全由中央控制室的计算机集中控制，自动化水平高。新交通系统与独轨道交通有许多相同之处，最大的区别在于该系统除有走行轨外，还设有导向轨，故新交通系统也称为自动导轨交通。

新交通系统的导向系统可分为中央导向方式和侧面导向方式，每种方式又可分为单用型和两用型。单用型是指车辆只能在导轨上运行；两用型是指车辆既可在导轨上运行，又可以在一般道路上行驶。

新交通系统的技术特征：轨道采用混凝土道床，车辆采用橡胶轮胎，有一组导向轮引导车辆运行，列车运行自动控制，可实现无人驾驶，自动化程度较高。可分为侧面导向式和中央导向式两种。设有自动化的车务控制中心，负责监察和控制整个轨道系统的运转。重要的交叉口都设有车辆感应式自动信号设备。

（6）磁悬浮交通。磁悬浮交通是指一种非黏着、用直线电机驱动列车运行、悬浮于地面的新型轨道交通系统。磁悬浮列车利用常导磁铁或超导磁铁产生的吸力或斥力使车辆浮起，用复合技术产生导向力，用直线电机产生牵引动力，是高速、安全、舒适、节能、环保、维护简单、占地少的新一代交通运输工具，主要分为超导磁斥型和常导磁吸型两类。磁悬浮交通系统保留了轨道、道岔和车辆转向架及悬挂系统等许多传统机车车辆的特点，克服了传统列车机械噪声和磨损等问题。

城市轨道交通经过较长时间的发展，不同运量等级的线路有不同形式的交通系统适应，在同一等级的线路上，有多种可供选择的交通形式。

二、城市轨道交通系统与管理

（一）城市轨道交通的车站机电设备

车站机电设备，如图 1-4 所示。

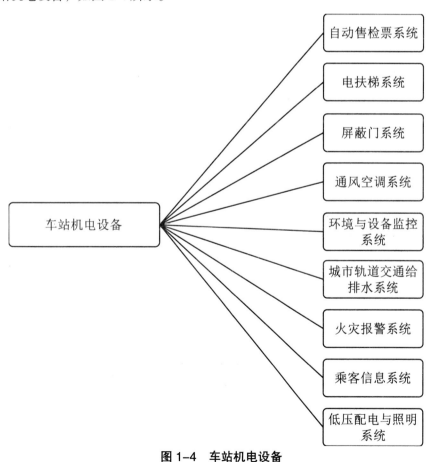

图 1-4　车站机电设备

1. 自动售检票系统。自动售检票系统通常由清分中心、线路中央计算机、编码分拣系统、车站计算机系统（SC）、车站现场设备（SLE）和车票组成。从总体架构来讲，系统分为四级，包括清分中心级、线路中央级、车站级与现场级；整个系统经由通信传输系统和网络设备连接构成。

2. 电扶梯系统。电扶梯系统（主要包括自动扶梯、电梯、轮椅升降台等）设备作为地铁车站的大型设备，是地铁车站内与乘客接触最为紧密的设备，是为了方便乘客，提高车站的集散效率，改善乘客进、出车站时的舒适度，同时考虑到无障碍出行要求，体现城市文明形象的主要设备。电扶梯系统是一套服务于乘客的公共交通提升设施。

3. 屏蔽门系统。地铁屏蔽门是一类集建筑、机械、材料、电子和信息等学科于一体的高科技产品，适用于地铁站台。屏蔽门将站台和列车运行区域隔开，通过控制系统控制其自动开启。地铁屏蔽门分为封闭式、开式和半高式，其中开式和半高式通常称为安全门，只起到安全和美观的作用。封闭式的通常称为屏蔽门，最为常用。

4. 通风空调系统。为了保证地铁系统的运营环境，地铁里都设置了通风空调系统，该系统为乘客提供"过渡性舒适"的候车环境，为地铁工作人员提供舒适的工作环境和为设备正常安全运行提供所需的运行环境；控制区间隧道空气的温度和压力变化率；并满足火灾和事故时通风、排烟要求等。

通风空调系统包括：①隧道通风系统。隧道通风系统分为区间隧道通风系统和车站隧道通风系统两部分。②车站通风空调系统。车站通风空调系统分为车站公共区通风空调系统（简称大系统）、车站设备管理用房通风空调系统（简称小系统）以及空调水系统（简称水系统）。

5. 环境与设备监控系统。为了满足轨道交通的运营要求，车站里设置了保障正常运营的照明设备、通风空调设备、给排水设备、屏蔽门系统、自动扶梯等机电设备。

为满足在紧急状态的报警、乘客疏散、救灾等要求，轨道交通车站里还设置了火灾报警系统、水消防系统、自动灭火系统、防排烟系统、防烟设备等机电设备和系统。为了实施这些系统和设备相互间的有序联动控制和监视，轨道交通线上设置了环境与设备监控系统，形成了强大的轨道交通运营保障系统。

环境与设备监控系统设控制中心、车站两级管理，实现控制中心、车站、就地三级控制。中央级和车站级监控功能由综合监控系统实现。环境与设备监控系统作为综合监控系统的一个子系统，通过各级的有机配合，最终能实现环境与设备监控系统的整体功能。

6. 城市轨道交通给排水系统。城市轨道交通给排水系统由给水系统与排水系统构成。给水系统用来保证车站内生产生活及消防用水，直接利用市政自来水作为水源。排水系统用来保证车站、车辆段的生产、生活污废水，结构漏水，洞口雨水等能排入就近市政排水管网。

7. 火灾报警系统。火灾报警系统一般由火灾探测器、区域报警器和集中报警器组成；也可以根据工程的要求同各种灭火设施和通信装置联动，以形成中心控制系统。火灾报警系统具有自己的网络结构和布线系统，以保证在任何情况下都可以独立操作、运行和管理。火灾报警系统由主控（控制中心）和分控（车站、车场、车辆段）两级管理。在控制中心设防灾监控中心，负责监视全线防灾设备的运行状态、接收报警信号、发布救灾指令等。车站防灾监控负责接收车站的灾害报警，及时与指挥中心联络，并接收中心防灾指令，控制设备。

8. 乘客信息系统。乘客信息系统是地铁里为乘客提供各类资讯的服务系统。该系统依托多媒体网络技术，以计算机系统为核心，以车站和车载播放终端为媒介向乘客提供信息服务。

乘客信息系统在正常情况下，提供乘车须知、服务时间、列车到发时间、列车时刻表、管理者公告、政府公告、出行参考、股票信息、媒体新闻、赛事直播、广告等实时动态的多媒体信息；在火灾与阻塞等非正常情况下，提供动态紧急疏散提示。

9. 低压配电与照明系统。为车站里的照明、空调、通风、给排水、通信、信号、防灾报警、电梯、自动扶梯等设备提供电源。

（二）城市轨道交通的信号与通信系统

1. 信号系统。城市轨道交通列车自动控制信号系统根据闭塞方式可分为固定闭塞信号系统和移动闭塞信号系统。

根据列控方式，固定闭塞信号系统可分为：基于分级速度控制方式的固定闭塞信号系统，即"固定闭塞"信号系统；基于目标距离控制方式的固定闭塞信号系统，即"准移动闭塞"信号系统。

根据移动闭塞信号系统的车—地信息传输方式和传输媒介，移动闭塞信号系统可分为：基于交叉感应电缆环线传输方式的移动闭塞信号系统，基于无线扩频通信传输方式的移动闭塞信号系统。

2. 城市轨道交通通信系统。这是一个为了提高地铁运输效率、保证行车安全、提高现代化管理水平，迅速、准确、可靠地传递话音、数据、图像和文字等各种信息的需要而设置的系统。按照业务类型，一般可以分为专用通信系统、商用通信系统和警用通信系统三大类，主要包括传输系统、公务电话系统、专用电话系统、无线集群通信系统、闭路电视监控系统、有线广播系统、时钟系统、电源与接线系统、乘客导乘信息系统、办公自动化等子系统。

（三）城市轨道交通的综合监控系统

随着城市轨道交通的不断发展，与之相应的监控系统大致经历了三个发展阶段：人工监控系统、分立监控系统、综合监控系统。综合监控系统属于城市轨道交通系统机电设备综合自动化的范畴，以乘客、环境及设备的防灾和安全为核心，为安全行车和调度指挥提供应急处理方案及丰富的信息，进一步提高城市轨道交通服务质量和运营管理水平。

（四）城市轨道交通的运营控制中心及运营管理

1. 运营控制中心的功能与构成方式

（1）运营控制中心的功能。运营控制中心是轨道交通运营管理、行车、电力、环控、维修、信息收集的调度指挥中心。它担负着轨道交通运营的日常指挥工作，按照列车时刻表的要求实现运输服务，同时负责组织处理在轨道交通运作过程中发生的各种故障、事件、事故情况下的运营。另外，运营控制中心同时是轨道交通系统的信息收发中心、通信联络中心。

（2）运营控制中心的构成方式。按中央调度实施地点的不同，运营控制中心的构成方式可分为：

1）分散式控制中心。分散式控制中心在每条或两条线路上设置运营控制中心，负责本线的中央调度监控指挥，同时把运营信息上报有关部门。

2）集中式控制中心。集中式控制中心把轨道交通所有线路的运营监控、指挥集中到一个统一的控制中心，负责全部线路的协调指挥工作。

3）区域式控制指挥中心。区域式控制指挥中心负责轨道交通网络中的几条线路的监控与指挥，并接受线网指挥中心的统一指挥。

2. 运营控制中心管理

运营控制中心的日常工作制度主要包括：

（1）交接班制度。交接班制度的规定包括：①交接班会在调度工作中具有承上启下作用，接班调度员必须提前到岗；②接班调度员收集上一班工作的情况，明确有待跟进处理的问题；③交接班以调度日志与各种记录为依据；④调度员原则上不在处理故障时交接班，须待故障处理完毕或告一段落后，再交接班；⑤接班值班主任主持召开交接班会，听取各岗汇报，传达上级指示与文件，布置工作重点，分配工作任务，制定完成任务的具体措施。

（2）安全管理制度。安全管理制度包括安全例会制度、安全检查制度、安全演练制度与事件、事故分析制度。其中安全检查制度包括运营前检查制度、每周一查制度、消防日检查制度、非正班检查制度、安全大检查制度。

（3）安全生产管理。安全生产管理就是针对人们在生产过程中的安全问题，运用有效的资源，发挥人们的智慧，通过人们的努力，进行决策、计划、组织和控制等活动，实现生产过程中人与机器设备、物料、环境的和谐，达到安全生产的目标。

（4）安全生产责任制。安全生产责任制是按照"安全第一，预防为主"的安全生产方针和"管生产必须管安全"的原则，将各级负责人员、各职能部门及其工作人员和各岗位生产人员在安全生产方面应做的事情和应负的责任加以明确规定的一种制度。

第三节 城市轨道交通的线网规划

一、城市轨道交通规划的意义、原则与内容

（一）城市轨道交通规划的意义

城市轨道交通规划既然是城市交通规划中的重要组成部分，在规划制订和阶段划分上应该同步。城市轨道交通规划原则上可分为两个阶段：

1. 城市轨道交通战略规划阶段。城市轨道交通战略规划是长期的指导性规划，它的主要内容有土地的使用、交通网络及交通政策的重大发展方向；交通需求与交通设施之间的供求关系，并使之达到动态的相对平衡；规划期的发展目标，达到目标的战略、政策和行动方案，以指导轨道交通健康发展。城市轨道交通战略规划年限一般为20～30年。

2. 城市轨道交通项目规划阶段。城市轨道交通项目规划是根据城市轨道交通战略规划的要求，对5～10年内应进行的项目做出实施性规划。它包括土地的具体使用、项目的详细规划和系统管理三个部分。

科学、合理、完善的城市轨道交通规划对城市发展具有重要而且深远的意义：为城市的未来发展模式提供借鉴，城市轨道交通的发展程度从某种程度上说是城市发展程度的标志；使解决城市交通问题成为可能；为有关决策部门制定政策和发展规划提供科学的依据。

（二）城市轨道交通规划的原则

城市轨道交通规划是建设城市轨道交通的蓝图，是未来城市交通的发展目标，对城市交通发展具有导向作用，因此城市轨道交通规划必须遵守以下基本原则：

1. 可持续发展原则。城市可持续发展应重视公共交通，公共交通首选轨道交通。城市轨道交通规划作为未来城市轨道交通发展方向的指南针，必须符合可持续发展的原则，以最小的自然资源换取最大的社会效益。

2. 整体性原则。城市交通系统最优化要求各种运输方式合理配置，协调发展，最终达到满足城市居民出行的需求。因此，应将城市交通系统作为一个整体，在城市总体交通规划的基础上，结合各种交通运输方式的发展规划，制订城市轨道交通的发展规划。

3. 客观性原则。规划必须客观，要采用科学的理论和方法来指导规划工作。城市轨道交通规划应反映客观事实，提出未来城市交通模式和方向，从而为城市决策者提供真实、可靠的决策依据。

4. 经济性原则。城市轨道交通规划应本着经济、节约的原则，最大限度地挖掘交通潜力，有步骤、有目的地在财力允许的基础上逐步建设轨道交通网络，而不能不顾经济实力盲目发展。

5. 协同性原则。城市轨道交通规划应与社会经济协同发展。与此同时，城市轨道交通规划还应与国家的路线、方针、政策，尤其是城市的发展方针和目标相一致；与城市总体规划、土地利用规划、产业布局规划相一致，并且应该结合地方特色，统筹兼顾；注重保护历史文物、城市传统风貌和自然景观等。

6. 动态性原则。城市的发展是动态的，城市交通的发展也是动态的。动态的发展需要动态的规划来适应，一成不变的静态交通规划不符合科学发展观，也不能适应现代化城市发展的需要。

7. 可操作性原则。规划的目的是为了实施，一个可以实现的规划就是寻求需求与制约的各相关要素之间相互协调的过程。轨道交通规划既要满足社会经济发展的需要，又要受建设能力的制约，应在两者之间寻求一个平衡点，以保证规划是在最大可能实现前提下对需求的适应。

（三）城市轨道交通规划的内容

1. 社会经济调查与土地使用规划

（1）社会经济调查。社会经济调查的目的是针对交通规划的要求，对指定范围的社会经济状况进行全面了解，详尽收集资料，并进行分析和整理，以供规划中使用。按规划阶段的不同，社会经济调查可分为：①综合经济调查。综合经济调查是对一个城市乃至整个区域的社会经济状况和发展远景进行全面调查，主要任务是收集编制交通网所需的全部资料。②个别经济调查。个别经济调查是按某一工程项目需要所进行的调查，主要任务是为规划线路设计确定位置、标准、施工程序以及为经济评价提供依据。

（2）土地使用规划。土地使用规划的目的是合理有效地使用有限的土地，以满足城市必需的环境空间和活动需要。城市交通规划必须与土地使用规划协调运作，才能在保证合理使用土地的前提下构建轨道交通网络。

2. 出行需求的分析与客流预测

客流预测是确定城市轨道交通网络规模、交通方式选择、线路运输能力、车站规模设备能力、运营组织、经济效益评价的重要依据。

在规划路网时，先要根据居民出行调查及城市道路网等资料初拟路网规划图，然后预测路网客流量以证明路网设计的合理性。发现不当之处后，要重新调整路网规划，并重做客流预测，多次反复，直到满意为止。城市轨道交通规划中出行需求分析与客流预测常采用国际通行的"四阶段法"：建立出行生成模型；出行吸引模型；出行分布模型；出行分配模型，并进行分析与预测。

3. 轨道交通系统规划

（1）站点设置。站点设置要考虑城市布局和居民出行便利，一般能在容纳大交通量的地区，尤其是能充分接近高密度居住区为最好。换乘枢纽应能满足各种交通方式的便利换乘，尽量缩短乘客的换乘时间。

（2）路线规划。城市轨道交通的路线规划能满足未来城市发展对交通设施的需求，其设计也应有助于城市的健康发展并向市民提供公共服务。路线规划应采用网络结构形式，即路网结构。路线规划还应考虑能与其他公共交通方式以及城市间铁路、航空、水运换乘便利，衔接紧密。

（3）环境保护。为了避免地面轨道交通的噪声、振动等危害以及与其他交通线路平面交叉引起交通阻塞和事故发生，一般城市轨道交通都建设地下线路或高架线路。地下线路可以避免振动和噪声，但造价高昂；高架的振动和噪声也应控制在一定范围内，同时应考虑对城市景观的影响。

二、城市轨道交通线网规划的目标与方法

线网规划是指规划、决策人员对城市轨道交通系统未来各个时期，包括从无到有、从线到网的不断发展的过程，进行分析、预测，并提出相应的、科学合理的规划方案与实施计划的全过程。线网规划更注重与城市发展的协调关系，强调城市整体发展的理论性、科学性、前瞻性，居宏观层面。

（一）城市轨道交通线网规划的目标

1. 支持城市的总体规划

（1）引导城市发展：提高城市中心组团、近郊组团和远郊组团的交通联系，增强城

市核心区及组团中心的辐射能力，引导和促进城市多中心组团结构的实现。

（2）增强城市活力：加强城区客流集散中心及交通枢纽之间的衔接，增加被铁路分隔的中心组团之间的客流联系通道，提高城市交通可达性。

（3）控制城区团状发展：提高城市外围组团的交通可达性，使城市从团状发展模式中有效地转变出来，向分散组团式结构方向发展。

2. 改善城市居民的出行条件

城市轨道交通在解决大中城市交通拥堵、高峰时段客流量大等问题时，较其他交通方式具有明显的优越性和先进性。在进行线网规划时，要根据居民的实际出行情况具体分析，旨在解决居民出行难的问题。

城市轨道交通线网规划是城市总体规划及综合交通规划的延伸，需要对轨道交通发展目标及水平、线网合理规模、线网布局、线网功能结构、实施策略、近期建设及远景发展规划等内容进行研究。

从时间上来看，主要包括四个方面的内容：城市背景研究、城市整体交通发展框架、线网构架研究、线网实施规划。城市背景研究的是城市社会经济发展、城市总体规划布局、综合交通体系规划、城市交通发展趋势分析、轨道建设的必要性；城市整体交通发展框架研究的是整体交通发展战略、综合交通规划网络评价、公共交通发展的整体框架、轨道交通发展功能定位、轨道交通线网发展规模匡算；线网构架研究的是既有铁路利用策略、区域轨道网络发展设想、城市轨道线网构架研究、轨道交通线网功能分析；线网实施规划研究的是分期建设规划研究、线路和车站工程、概念性运营方案、设施规划。

（二）城市轨道交通线网规划的方法

1. 线网规划的规模

（1）线网规划的规模类型

合理的线网规模既能保证资源的不浪费，又能充分地满足居民出行的需求，减少城市交通拥堵，实现绿色出行。根据城市轨道交通的规划流程，城市轨道交通线网规模是线网规划前期的控制变量，具有重要的研究意义。

1）合理规模。根据城市的实际情况确定线网的合理规模。合理规模是指合理的城市轨道交通供给水平，是对城市轨道交通线网的长度进行宏观控制。在进行方案构架研究之前，需要确定线网建设的合理规模，以此作为制订方案的定量参考，是线网规划的前提和基础。由于城市交通需求和交通供给是一个动态平衡过程，合理是一个相对的概念，是在一定的条件下达到预期目标所得到的一种结果。因此，线网规模是否合理，需要城市交通需求和交通供给的动态检验。

如何确定线网的合理规模是投资者和轨道交通运营公司都关心的问题，其应是权衡了投资者、运营公司和出行者三方利益的量值。从投资者、运营公司和出行者三个不同的角度出发，会有不同的期望值：

第一，投资者期望的合理规模。投资建设轨道交通所能获得的利润和所承担风险的大小是投资者最关心的问题，所以，城市轨道交通线网规模能使投资者获得的投资收益最大且承担的风险最小，是满足投资者期望的合理规模。

第二，经营者期望的合理规模。由于城市轨道交通的建造成本和运营成本较高，我国绝大部分城市的轨道交通运营都是亏损的，需要依靠政府的财政补贴。城市轨道交通具有社会公益性质，但也不能完全依靠政府的财政补贴。所以，为避免政府在巨额投资修建轨道交通之后又长期背负财政补贴的负担，经营者的目标是"收支平衡的经营规模"。

第三，出行者期望的合理规模。出行者期望的线网规模是能满足方便、快捷、准时、舒适、安全和经济实惠等出行需求的，其中，最重要的是方便。所以，出行者期望的合理规模是覆盖率较高、可达性较好时的城市轨道交通线网规模。

2）形态规模。根据城市的地理环境和用地布局，形成轨道交通网络，确定线网的形态规模。形态规模是指在分析了城市的客流空间分布、客流走廊等的基础上，将城市轨道交通的网络构架形态与城市的主客流方向、城市的发展方向相结合而确定轨道交通路网形态方案的规模。

在轨道交通线网的合理规模确定之后，要依据城市地形、城市发展规划等因素确定线网的形态规模，这是城市轨道交通建设的前置研究。不同的轨道交通线网形态有着不同的运营效果，而且对城市发展的影响也是不同的。因此，在确定城市的轨道交通线网形态规模之前，要对多个方案进行定性和定量方法相结合的分析比选。

3）方案规模。将不同的线网方案进行对比评价，形成具体的线网规划方案，确定线网的规模方案。方案规模是指在线网形态规模方案的基础上结合城市实际的用地布局、城市交通实际的情况而得到轨道交通线网的多个初始方案，通过对多个初始方案进行比选，得到最终推荐线网方案的规模。不同于合理规模是连续的区间，方案规模是一个离散值，是城市轨道交通线路长度的总和。当推荐线网方案进行优化调整时，方案规模值又会进行动态的调整，使其符合规划的实际需要。最终的方案规模是近期轨道交通修建规划的基础，也是政府编制投资预算计划的依据，因此其意义更为重要。

总之，城市轨道交通线网的合理规模，是城市轨道交通线网规划的宏观控制变量，决定着城市轨道交通线网的建设规模。

（2）线网规划的规模经验总结

1）线网规模应与城市的实际客流需求相匹配。为了满足居民对轨道交通的出行需求，这些城市都积极地进行了轨道交通建设，拥有了庞大的轨道交通线网规模。因此，为缓解交通压力，提高公共交通的服务水平，城市轨道交通线网规模应满足城市的实际客流需求。

2）线网规模应与城市的经济实力相匹配。以我国的实际情况来看，基本上所有城市的轨道交通的建设和运营都需要政府的财政补贴，其对城市的经济实力有一定的要求。为了能够进一步解决交通拥堵问题，这些城市基本上都制订了庞大的线网规模规划。所以，在进行轨道交通线网规划时，线网规模应考虑规划城市的经济实力等因素。

3）根据城市的客流需求选择适宜的城市轨道交通系统。不同的城市轨道交通系统有不同的建造成本、运营成本和客流要求。虽然地铁造价高昂，但由于其客流量巨大，中小运量的交通方式将很难满足居民的出行需求，所以这些城市依然选择建设以地铁为主的轨道交通系统，以此来缓解交通压力。其中，对于客流量较小的交通走廊，则选择采用轻轨等运量较小的轨道交通系统。

采用运量大的轨道交通系统，但实际的客流需求达不到要求，轨道交通系统利用率低；采用运量小的轨道交通系统，但不能满足居民出行的实际需求，也未能从根本上解决交通出行的问题。所以，应该根据城市实际的客流需求选择适宜的轨道交通系统，从而确定轨道交通线网的合理规模。

2. 线网规划的构架

（1）线网规划的构架类型

1）环线。通常，环形轨道线路呈环状，无首末站。它们一般环绕中心商务区，或连接大城市内的周边地区／市郊。环线不能单独形成网络，但是环线形态可进一步分层，具体如下：

第一，独立环。无终点的环线。

第二，共享环。设有数条线路，其中一条呈独立环线，而其他仅为环的一部分。

第三，勺型环。线路从外围进入环线内，绕环线再从入口处延伸。

第四，分开运营环线。数条线路，但没有一条线路绕整个环运行，虽然这在技术层面是可行的。

第五，终端环。在已设或未设站点的线路末端设立小的单向循环环线。

第六，假环。网络中的线路呈环状设置，但实际上列车不能如在环形线路一样绕圈运行。

尽管线路形态不同，但它们具备相同的特征，均提供环线服务，通过提高轨道线路之间换乘的可能性，加强网络的连通性及可达性。这对于多中心的市区尤其有利。

然而，环线服务的运营引起了关于终点选址的运营问题。当数条线路共用环线一部分时，此问题变得特别复杂。

此外，除非环线沿高需求交通走廊布设，否则环线将更易导致更多的出行里程。同时，亦不能简单地对服务形式进行优化以满足过载的线路路段需求。

对于往返中心区的交通出行而言，环线形态不如放射状形态。

2）网格线路。通常，网格线路网络由数条纵横线路组成，形成网格状，其服务范围覆盖市区及密集区。网格线路系统为许多起讫点出行提供服务，并为轨道线路之间的换乘提供多种方案，从而提高网络可达性，更好地服务于密集的市中心区。可根据区域内实际或预测的需求量，调整各线路的服务密度。

同时，网格线路网络的覆盖面较广，并由于起讫点常位于不同的轨道线路上，而导致需要多次换乘。此外，各种景观及城市结构的影响，包括地下公共设施，如排水管及缆线等，都会对轨道换乘枢纽站的建设造成严重限制。

3）放射状网络。放射状网络通常包括数条"直线型"的轨道线路，交会于市中心，为各种交通模式提供换乘。各轨道线路横跨市中心，并连接至外围区域，服务于已建成的交通走廊。这是一种理想的轨道网络形态，能够连接多中心建成区至经济繁荣的市中心区或中心商务区。

由于"直线型"轨道线路是放射状网络的主要组成部分，这类轨道网络形态是最简单明了的。这类轨道线路沿着具有最大实际或潜在交通需求量的交通走廊布设，从而满足主要需求走廊的要求。

由于这类轨道线路与其他路线在中心区交叉，如中心商务区，因此，除了在中心区，在其他地区与其他线路换乘是有限的。除非它们在相同的交通走廊，否则位于市中心区以外的起讫点之间的交通连通性较差。因此，这类网络最好服务于中心区相关的放射状出行。

由于几条线路都经过中心区，该地区的网络密度特别高，如果总体网络以这种形态发展，有可能出现服务重叠。

4）卫星轨道状线路。卫星轨道状线路的功能与环线相同，在主要节点、车站或城市外围区的郊区之间提供直接的连接。

这些线路有助于连接多中心城市，并转移市中心不必要的出行，以及缓解放射状交通走廊的严重拥堵状况。因此，这类线路提高了城市的可达性及连通性，并能够促进市中心区外围发展区及走廊的发展。

卫星轨道状线路更胜一筹，它们的设计可满足卫星轨道状交通走廊的需求，并可对服务形式进行优化，从而满足需求。

5）复合型结构。指几种几何形状叠加在一起构成的结构，如放射加环形、棋盘加环形等。由于增加了环线，环线和所有经过的径向线间可以直接换乘，增加了整个线网的连通性，并减轻了市中心的线路负荷，起到了疏散客流的作用。

6）其他结构。国内外许多规模不大的城市，或城市地理位置特殊等原因，客流流向较为集中单一，往往不须修建更多的轨道交通线，无法形成轨道交通网。目前，国外比较典型的线网有日本神户L形地铁、英国格拉斯O形地铁、巴西累西腓Y形地铁、哥伦比亚麦德林T形地铁等。

（2）线网规划的构架方法。目前，国内已经有了两种相对成熟的线网构架方法：①"点、线、面要素层次分析法"；②"以规划目标、原则、功能层次划分为前导，以枢纽为纲，以线路为目进行编织"的方法。下面在第一种线网构架方法的基础上，主要研究"面、点、线要素层次分析法"。"面""点""线"既代表了三个不同的要素（线网整体结构形态、客流集散点、轨道交通客流走廊），也代表了三个不同的层次。在对线网构架进行研究时，要从以下三个层次分别进行具体分析，然后将三者联系起来确定最终的线网结构。

1）"点"的分析。"点"代表城市的重要客流集散点，是整个城市交通客流形态的重要节点。重要节点在整个线网功能中扮演着不同的角色，起终点和换乘节点，大型节点和小型节点都要区别对待。

在对大型换乘节点进行设置时，需要尤为谨慎，要认清一般换乘节点和换乘枢纽的本质区别。在确认该节点为换乘枢纽时，应注重其与其他地面交通方式的衔接和该区域的城市功能布局。

2）"线"的分析。"线"代表城市轨道交通线路走向或城市主要客流走廊、居民交通出行期望线等。在对"线"进行研究时，主要应注意以下三个方面：

第一，城市轨道交通线路走向应与城市主要客流走廊的走向一致，并应尽可能将城市各主要客流节点连接起来。

第二，轨道线路应优先考虑沿城市已有主干道进行铺设，因为主干道施工条件一般较好，而且多为城市重要客流走廊。

第三，城区线和市域线应区别对待，在对市域线进行设置时应更加注重城市的总体功能布局，处理好城区线、市域线和交通枢纽之间的联系。

3）"面"的分析。"面"代表线网的整体布局形态，要与城市空间结构相一致。在对面进行分析时要注意以下三个方面：

第一，随着我国城镇化进程的快速发展，涌现出大量新城，呈现出城市由单中心向多中心的发展趋势。在对线网整体构架进行研究时，要把握好轨道交通与城市发展的互动机制，着眼于城市的长远发展，对新城轨道线路的设置应尤为注意，将其作为卫星城还是中心城或是副中心进行规划应进行反复验证。

第二，在进行线网规划时应慎重考虑环线的设置。一般认为环线主要有两个作用：①加强中心边缘区域各客流节点的联系；②对外围区之间的过境客流进行截流，减轻中心区的交通压力。但是，轨道交通作为一个相对独立的交通系统，轨道环线与道路环线有着本质区别，如果客流选择环线绕过中心区，不仅不能因为速度加快而缩短过境时间，而且还要忍受换乘带来的麻烦。可以说，轨道交通环线的客流屏蔽作用与道路相比微乎其微。另一方面，随着线网密度的逐渐增大，对中心边缘区域的连接作用也越来越小，所以在进行环线设置时应慎重考虑。

第三，城市轨道交通的换乘枢纽与换乘节点应区别对待，枢纽节点布设的合理性对整个轨道交通线网功能起着不可忽视的作用。线网规划时，应将枢纽节点标出并对预测客流集散量做出说明，一方面可以为后期的线网调整优化工作提供参考，另一方面可为该区域的地面综合交通规划提供依据。

第二章　城市轨道交通网络化与运营特征

第一节　城市轨道交通网络化认知

一、城市轨道交通网络化发展的历程

（一）城市轨道交通线路式发展阶段

线路式发展阶段仅仅是城市轨道交通网络化发展的最初阶段，线路式发展阶段的管理对象以线路和重点车站为主，城市轨道交通业主单位主要关注各条线路的安全建设与运营效能的充分发挥，努力提升线路的建设质量、运输能力、管理效率和服务水平。

在线路式发展阶段，城市轨道交通业主单位重点强调规划的合理性与前瞻性以及工程建设的安全性，以线路顺利开通为主要目标，是"以建为主"的阶段，重点关注线网规划与建设规划的编制、工程建设实施与风险管理、建设资源统筹管理等内容。随着线路增加，由于换乘车站的衔接以及专业系统的功能整合，线路之间的关联程度不断增强，建设管理开始关注资源统筹利用，运营管理开始关注线路之间的协调配合，将对线路式建设统筹以及线路运营效能的发挥提出更高要求。

（二）城市轨道交通网络化发展阶段

网络化发展阶段，在完成线路内部不同专业系统串联组合，以及不同线路相同专业系统互联互通与整合共享的基础上，城市轨道交通将进一步从体系维度、网络层面、统筹角度，利用信息化的网络管理平台完成各专业系统的上联下通与集中统一，使线路具有网络化属性，实现了"线路、网络、体系"的结合，更有利于线路本身和网络整体建设与运营效率的提升。

根据网络化形态以及网络化管理的差异性，网络化发展阶段如图 2-1 所示。

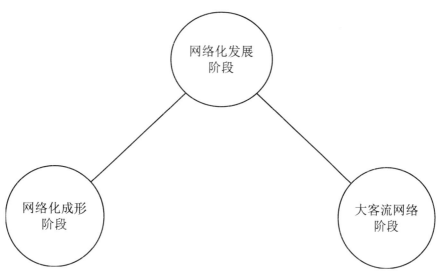

图 2-1 网络化发展阶段

1. 网络化成形阶段

网络化成形阶段，城市轨道交通在结构形态和功能效应等方面均产生不同于线路式发展的网络化特征，标志着正式进入网络化发展阶段。该阶段关注对象开始由线路向网络转变，总体客流压力相对较小，客运强度不大，但在局部可能存在明显的客流压力，管理复杂程度总体不高。该阶段以充分发挥网络客流综合效益为主要目标，强调"由建向管"的转变，是"管建并举"的阶段。

对于业主单位来说，需要通过挖掘网络化成形阶段的判定标准，总结提炼该阶段的典型城市轨道交通运营特征，能够在规划建设阶段提前判断网络化成形阶段的进入时间和发展需求，从而为合理选择线路规划方案与建设时序、制定管理对策等提供有效支持。

2. 大客流网络阶段

随着网络化进程的持续推进，客流作为网络系统的服务对象开始呈现出快速增长的趋势，对网络化管理将造成持续压力，会随着客流"量变"而产生管理难度和复杂度的"质变"，从而对网络化管理的系统性、协同性、智能化等方面提出新的要求和挑战。

作为网络化发展的深化阶段，关注对象聚焦整个网络甚至外延至外部相关方，客流压力明显增大，管理复杂程度大幅增加，社会环境压力较大。该阶段强调网络的管理能力和运转效率，以管理水平提升和网络效能充分发挥为目标，是"以管为主"的阶段。

对于城市轨道交通业主单位，需要通过挖掘大客流网络阶段的判定标准，分析该阶段的主要风险与挑战以及适用的管理模式与对策，能够提前判断大客流网络阶段的进入时间与发展需求，从而为推动管理模式转变以构建相适应的网络管理架构、应对大客流管理等提供参考依据。

二、城市轨道交通网络化的认识

（一）城市轨道交通网络化管理理念

网络化管理理念是开展网络化建设与运营的出发点和指导思想，可以最大限度发挥城市轨道交通网络的整体优势，充分体现城市公共交通的特定功能，使之成为市民出行的首选。对其具体的理解，如图2-2所示。

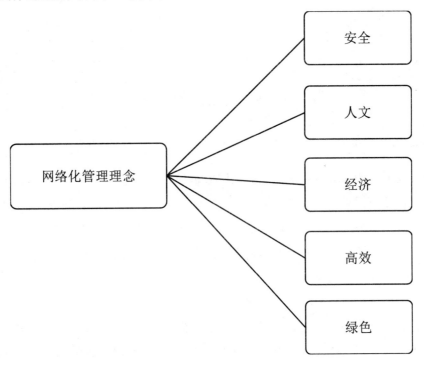

图2-2　网络化管理理念

1.安全。安全是一切工作的前提和底线，要站在大局的高度来重视安全，不断增强风险意识，把责任制落实到基层、落实到岗位、落实到操作的全过程。

2.人文。人文是指城市公共文化艺术的传承，城市轨道交通是城市的重要组成部分，城市轨道交通空间是城市空间发展的延伸，也是城市精神和公共文化传承、传播的重要窗口和平台，也是城市文化发展、繁荣的重要内容，城市轨道交通行业的公益性决定了我们所承担的社会责任和义务，从而在建设和运营管理过程中，以传承创新的精神，创造出更多更好的文化艺术作品，使乘客在城市轨道交通中感受得到文化氛围，有力地提升城市轨道交通行业的新形象与新内涵。

3.经济。经济是指网络总体运行成本效益，也就是要充分挖掘网络化资源的有效价值，合理降低全寿命周期成本，努力体现城市轨道交通的公益性特征，这就要求我们在网络建设和运营管理过程中，不断加强网络化资源的开发利用，以提升增值效应。同时，通过技术创新、体制机制和劳动力组合的调整以及引入市场机制等方式，努力降低运行成本，积极寻求自我平衡的运作机制，促进城市轨道交通行业的可持续发展。

4.高效。这不仅是指网络效率，更是指社会效益，是对城市的经济社会发展具有的贡献率，这就需要更加重视网络的可靠性、稳定性和先进性，并强化对于跨组织、跨专业、跨区域的协同联动机制的有效建立健全与运行。

5.绿色。绿色是指与生态环境的和谐，要积极引入"绿色地铁"的建设理念，从设计源头抓起，制定城市轨道交通的绿色建设标准和绿色认证体系，以促进生态环境保护、节能减排、资源节约，努力创造良好的运行环境，实现与城市的和谐可持续发展。

（二）城市轨道交通网络化管理要求

不同发展阶段的城市轨道交通存在差异化的客流特征和客流矛盾，这将对城市轨道交通业主单位提出不同的管理要求，从而表现出不同的管理特点和差异化的管理难度。

面对不同发展阶段差异性的管理难点，为确保各阶段整体效能的充分发挥，持续推进网络化发展进程和网络化管理水平的提升，需要从以下两个角度对城市轨道交通业主单位开展网络化管理工作提出要求：

（1）基础依据方面。要求在行业范围内能够明确不同发展阶段的划分原则与判定标准，为城市轨道交通业主单位确定当前所处阶段以及提前判断进入不同发展阶段的时间节点提供依据；能够明确网络化管理模式的类型和选择条件，为城市轨道交通业主单位选择适合的管理模式提供依据；能够明确网络级管理业务的构成，以及网络级管理架构的功能特征，为城市轨道交通业主单位从顶层设计角度构建网络管理架构、建立健全网络化运行机制提供基础依据；能够明确网络级管理工程项目的性质与构成，为此类项目立项审批提供基础依据；能够明确网络化管理的实施路径，为城市轨道交通业主单位具体开展网络化管理工作提供基础依据。

（2）管理思路方面。要求城市轨道交通业主单位，能够明确其所处的发展阶段，提前预判未来不同阶段的发展趋势与发展需求，从而准确把握各阶段面临的管理难点，研究制定有针对性的应对策略，并有效推进对策实施与持续评估改进，确保进入不同发展阶段后的网络能更为有效地充分发挥作用。

（三）城市轨道交通网络化的特性

1. 网络化需求的挑战性

网络化建设与运营随着城市发展的变化、客流的变化、环境因素等变化会产生很多新的需求，需求变化也是动态的，这就需要城市轨道交通管理者建立和形成相应的应对机制去适应需求的变化。

由于需求是动态的，而且是长期存在的，这就需要管理者有充分的心理准备，高度重视，从组织机构、工作机制、应对措施等方面去面对和适应长期的挑战，一旦出现差错就有可能产生严重的社会影响。

2. 网络化内涵的特性

城市轨道交通网络化的内涵主要是为城市交通不断创新和完善最为先进可靠的运能体系，为市民提供最为便捷的出行方式。其特性，如图 2-3 所示。

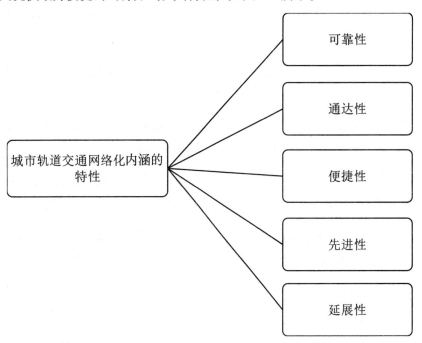

图 2-3　城市轨道交通网络化内涵的特性

（1）可靠性。从网络运行角度看，网络可靠性主要表现为系统运行可靠和网络功能可靠。网络化运营阶段往往面临着装备数量多、制式多样化、配置不均衡等情况，要求系统装备的性能稳定可靠、维修养护到位、多阶段兼容、相互运行协同，确保系统运行平稳可靠。

网络化运营阶段也常常面对大客流压力、外部风险隐患、设施设备故障等挑战，要求网络结构功能完备可靠，实现射线/环线/联络线合理布局、市域/市区/局域线清晰划分、大型设施设备资源共享、多交通方式一体发展，确保网络系统具备应急自救与互救支持功能、大型设施互备支援功能、与其他交通方式的融合替代功能。

（2）通达性。从结构功能角度看，网络和线路分别呈现出网络范围内的客流通达功能和线路走向上的客流直达功能。网络的通达性主要表现为通过多个换乘车站将不同线路有效衔接，在网络范围内形成不同流向的多条运行路径，提供多种路径选择，满足不同类型客流的出行需求，有效拓展网络辐射范围和网络可达性，提升对于社会、公众与乘客的吸引力。

网络的通达性会产生突发事件的网络波及效应，单点发生的事件因换乘节点的传递与扩散作用，可能会转化为影响一个局域或整个网络的事件，对突发事件的应急处置将提出更高要求。

（3）便捷性。从客运服务角度看，换乘车站数量增加带来网络通达性的提升，使得网络化运营阶段的客流规模大幅增加，产生明显的网络化客流集聚效应。同时，网络通达性保证了客流流动的便捷性，一方面能够让客流选择最短路径出行；另一方面能够在最短路径拥堵或中断时，选择其他替代路径出行，相较其他交通方式，能够明显减少乘客的出行时间。

（4）先进性。从管理应用角度所，网络先进性主要表现为技术装备先进和管理水平先进。网络化发展阶段的网络系统复杂程度增加、客流结构与出行需求多样、运输服务品质要求提升，要求系统设备与管理工具的技术水平具有先进性与智能化，具体表现为面向业务运作层面的数字化建设、自动化运行与维护、自助式乘客服务等，以及面向网络管理层面的信息化交互、数据化分析、智能化判断、智慧化决策等。

城市轨道交通网络化要求管理理念、管理模式以及管理水平也具有先进性与适用性，主要表现为资源利用统筹性，达到专业系统功能互补与协同运作、资源集约利用、资源统筹调配、多种制式协调发展；体制架构集中式，按照网络集中统一管理的方式构建网络管理体系架构、组织体制机制以及业务运作流程等内容；运行机制标准化，从统一规范的角度构建各项业务运作必须遵守的标准体系，确保网络高效管理。

（5）延展性。从功能发挥角度所，伴随网络化形态的逐步延展与完善，城市轨道交通与外部其他系统的关联性也同步增强。城市轨道交通功能属性也将从单一的交通服务属性拓展为综合的公共服务属性，主要表现为与其他交通系统的一体化、与社会运行的一体化、与城市发展的一体化，凸显出公共交通系统的骨干功能、社会运行秩序的保障功能、城市发展的支撑引导功能。

具体表现为：综合交通一体化融合替代功能的延展，实现与铁路、公交、航空等其他交通方式的节点衔接、系统融合、应急替代，提升综合交通服务功能；社会一体化协同共治功能的延展，实现与公安、消防、社区、社会机构、志愿者、供应商等外部相关方资源的协调联动、集约共享，提升社会共治管理功能；城市一体化协调发展功能的延展，实现与市政相关部门的协同运作，对资源开发、产业支持、区域引导等业务进行统一规划、统一实施、统一运作，提升城市品质。

3. 网络化变量的复杂性

从线网规划到单线、多线的落地形成网络，这只是物理性的载体，但是它所承载的运行系统和客流都是动态的，变量因素更多更复杂，而且呈几何级数增长，网络越大，变量越大。

这些动态因素对物理性的工程建设提出更多更高的要求，需要充分认识网络化建设和管理的复杂性和高难度，要用网络化的理念、网络化的标准和网络化的统筹去指导网络化的建设和运营。

4. 网络化效应的双重性

网络化的城市轨道交通对城市的经济社会发展具有积极重要的促进作用，为缓解城市交通拥堵、方便市民出行提供了良好的基础条件。

根据能量的对等平衡原理，网络的正效应影响力大，反过来网络一旦出现问题，负效应产生的影响力也是很大的，辐射影响范围可能是多线或是全网，甚至若涉及公共安全影响，城市轨道交通业主单位还要受到追责处分，这个压力也是巨大的。所以我们必须对网络负效应有充分认识，在网络化建设和管理中认真研究，用网络化的理念不断化解负效应。

（四）城市轨道交通网络化管理模式

按照网络化发展阶段的管理模式指导线路式发展，实现城市轨道交通连贯性持续发展，确保不同发展阶段的高效运转。城市轨道交通的管理业务可主要划分为运营协同、客运服务、运行保障、建设管理与资源应用等业务板块。针对这些管理业务，从管理架构与模式上，主要存在两级管理和三级管理两种模式。

1. 两级管理

两级管理模式为"网络—车站"，两级管理模式与三级管理模式的主要区别体现在管理架构的层次、管理跨度与体量、管理工具的技术水平和网络运行管理效率等方面。

两级管理模式淡化线路概念，将整个网络看成一个整体，将线路（系统、项目）管控功能集成在网络层面，充分发挥出网络集中管控功能与现场协同的运行效果，依托数据信息的底层共享与集成，由网络作为管理主体承担网络级管理业务的运作，发挥网络级管理功能，由车站和建设、维护作业现场以及资源项目运作现场作为执行主体承担现场生产业务的运作，支撑整个网络的高效运转。

2. 三级管理

三级管理模式为"网络—线路—车站"。三级管理模式强调分层管理概念，通过网络与线路（系统、项目）的分级集中管控功能，发挥出线线（系统、项目之间）协同的运行效果，主要通过数据信息的顶层共享和线路（系统、项目）之间的接口集成，由网络和线路（系统、项目）共同作为管理主体分别发挥网络顶层管理和线路（系统、项目）集中管理功能，由车站、专业系统维护部门、项目管理部门作为执行主体根据不同业务的级别和性质分别接收网络或线路（系统、项目）的指令承担现场生产业务的运作，这种管理模式是现阶段世界范围内网络化管理的主要方式。

总之，两级管理模式的网络运行效率更高，但受到管理跨度、现有科技水平支撑等因素的制约，现阶段仅有条件适用于部分运营维护业务（如票务清分业务、设备运行状态监测业务、电力调度业务等）；三级管理模式仍是目前适用于大多数业务的管理模式。

我国不同的城市轨道交通应结合自身的具体情况，充分考虑发展阶段、网络规模、管理跨度、管理需求等因素选择适合的网络化管理模式，预计将会在行业范围内形成三级管理模式与两级管理模式并存的网络化管理格局。

网络规划规模较小、发展起步较晚的城市可以基于"两级管理模式"的网络级管理架构设计之路，重点关注设备系统与数据信息的底层集成与共享，并宜预留互联互通运行的条件，确保网络高效运转。

网络规划规模较大、发展起步较早的城市，由于既有管理模式与资源运作的制约，可从网络系统平稳运转的角度出发，保持基于三级管理模式的网络级管理架构。但也可结合网络化运营维护需求，对部分网络级管理业务尝试应用两级管理模式，实现网络运营管理效能的持续提升。

第二节　城市轨道交通网络化的管理模式

"城市轨道交通网络化运营管理，即城市地铁在达到网络化状态后，通过多种科学管理方法将网络体系内的员工、运作工作、设备设施等因素有效结合，实现统一协调工作的过程。"①

城市轨道交通网络管理经营模式属于城市轨道交通管理宏观层面的问题，主要涉及资产归属关系、经营管理体制机制、企业与政府间的关系、运营商之间的合作机制等。这里的运营商是指轨道交通项目建设完成后负责提供轨道交通线路（网）运营管理服务的经营企业（机构）。

纵观全球进入轨道交通网络化运营的城市，从经营管理主体单位数量角度看，网络管理模式可以从两个不同角度来分类，如图 2-4 所示：

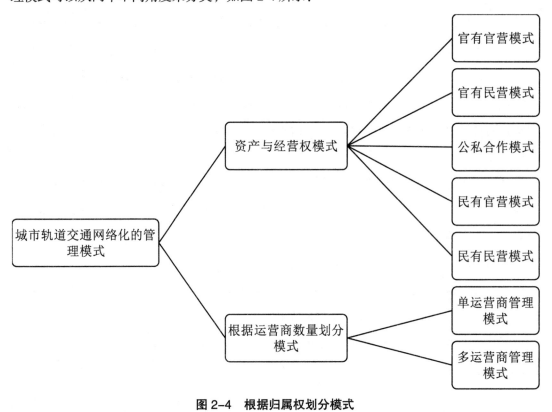

图 2-4　根据归属权划分模式

一、资产与经营权模式

从投资及资产所有权与经营权的归属模式看，可以分为以下五种模式：

（一）官有官营模式

官有官营是指由政府投资建设、资产所有权归政府所有，且由政府直属机构及其下属单位或国有企业负责经营的模式。这里的"官"涵盖了国家政府单位、地方政府单位

① 王甜甜 . 城市轨道交通网络化运营水平评价研究 [D]. 青岛：青岛理工大学，2020：15.

或两者联合的各种情形。根据各城市具体环境的差异，表现形式也有所差别。官有官营模式的优点在于，可以最大限度地发挥作为出资者的地方政府的投资主体作用，通过承诺减免项目税费、出台与城市某些基础设施相配合工程的扶持政策、补助政策，加快地铁线网的建设。不过，由于轨道交通建设投资大，政府出资负担较重，可能会影响项目建设进度。多数城市中轨道交通建设初期的项目多采用地方政策直接出资建设与运营的模式。

随着城市轨道交通运营理念的革新，一些市郊地区线路的官有官营模式也出现了相应的改革，即突破国有传统体制，使市郊铁路采用新机制进行运营。这一改革的主要思路是采取"上下分离"的办法，即对于所有权属于国家的轨道交通线路，通过某种形式，如转让、租赁、特许经营等，以资本运营的方式让渡于国家铁路之外的其他国有经济实体来负责经营管理，这些经济实体经营移动设备，与国家（"国铁"部门）形成经济上的互相清算关系。官有官营模式的特点是城市轨道交通的经营者由政府指定，有利于政府管理控制，运营服务与安全风险较低，其难点在于国有企业管理绩效的考评。这种模式下由于政府对运营亏损给予全额补贴，可能会导致较低的管理效率。一般适合在城市轨道交通线路建设初期或者管理与监督制度比较规范成熟的阶段采用。

（二）官有民营模式

官有民营一般指线路由政府投资建设、资产所有权归政府所有，以资本运营的方式让渡于政府外的经济主体（集团公司）负责经营管理的模式。以新加坡地铁为例，从政府与运营企业的关系看，新加坡模式的主要特点有：①轨道线路由政府负担建设费用；②政府不对企业运营开支进行补贴，政府财政压力较小，但风险高度转移至企业；③运营公司属于完全私人投资的民营公司，无线路的所有权，市场化运作能力较强，除轨道之外还经营其他多种业务；④由政府指定运营水平和规则，以此保证轨道交通的公共福利性质。

一般来说，官有民营模式要求政府开放与线路相关的更多经营权，使企业能在更大范围内增加收入，减轻政府运营补贴压力。这种模式一般适用于资本市场化水平较高的私有制国家，以及拥有比较强大经营能力的企业集团。

（三）公私合作模式

公私合作模式指由政府与民间资本共同投资、建设与运营，通过引入民间或海外资本，提高商业运作能力。

公私合作模式提供了一种具有较强融资能力的模式，可以缓解政府财政负担轨道交通项目建设及运营的压力。社会资本的介入有利于提高运营企业的管理水平和服务质量，能保障公共利益。

公私合作模式实施的主要难点在于如何制定政府与企业间的合作协议和建立有效的监管机制，以及合理界定政府投资责任与配套监管政策，从而保证私人投资有合理的收益，实现政府与民间资本的长期共赢。

（四）民有官营模式

民有官营模式指在政府特许经营条件下，由民间资本投资建设或收购轨道交通线路，线路资产所有权归投资者所有，以租赁合同的形式交由政府单位负责经营。以菲律宾马尼拉地铁系统为例，马尼拉地铁线由私人地铁轨道交通公司建设并保证地铁线路的可靠性，菲律宾交通运输部对线路的建设计划、规格标准、建设费用等进行监管；菲律宾交通运输部获得特许经营权，并在一定年限内按月支付费用给私人企业作为回报。在融资方面，私人企业的贷款由菲律宾政府对线路建设债务融资进行担保，以缓冲投资者和债权人的风险。

在政府做债务担保的条件下，这种模式能广泛吸引社会资本，政府无须担心前期建设的资金问题。线路建设完工后由政府单位经营管理，轨道交通的公益性会得到重视。这种模式适用于客流量大、投资渠道畅通、政府财政资金短缺的城市。

（五）民有民营模式

民有民营模式，即在政府特许经营条件下，由民间企业投资建设或收购轨道交通线路，并组建私营公司负责运营管理事务。以曼谷轻轨的运营模式为例，经曼谷市政府允许，曼谷大众交通有限公司负责建造和运营曼谷轻轨线路，建设项目完全由私人投资。政府主要行使监管权力，无权干涉运营公司的正常经营管理事务，也没有任何补贴措施。

从运营商的角度来看，无论在旅客运输管理还是设施设备运用管理方面，运营企业都能获得最大限度的自主经营权。但是由于没有政府的财政支持，如果没有足够的客流条件，轨道交通巨大的运营成本可能造成私人企业无法获得稳定的利润。从政府的角度来看，政府不投资项目的建设与运营，无须承担财政压力。考虑到轨道交通的社会公益性质，在票价、线路走向等敏感问题上政府与私人投资者不可避免地会发生冲突，难以保证轨道交通作为公共福利事业的本质。

民有民营模式下，企业完全市场化运作，能够充分发挥投资者控制建设和运营成本的潜力，其服务质量取决于企业的经营水平。对于一条或少数几条有条件的线路，比如有较大客运需求的机场线，在政府财政无法满足轨道交通建设，资本市场化水平较高的地区是可以适用的。

二、根据运营商数量划分模式

（一）单运营商管理模式

单运营商管理模式指一座城市的轨道交通系统由一家机构（企业）负责全线网的运营管理工作，包括日常运营与调度、运行计划制订、应急与安全管理、基础设施设备维护管理等。多运营商管理模式指存在两家及以上的独立运营主体单位，以分工合作的形式，共同提供城市轨道交通运输服务。

单运营商由于资产归属与经营都由一家负责，集成度高，不涉及绩效评比与利益划分，相关工作容易协调，便于政府统一指挥，政策连贯性好；出现紧急情况由一家直接负责解决，对外界面简单、易操作。

单运营商的不足之处是缺乏经营业绩比较，运营企业易生惰性，不利于建立提高企业运行效率、促进服务水平提高的机制。

（二）多运营商管理模式

多运营商一般是从网络规模发展初期单运营商模式发展而来的。世界各城市轨道交通的历史和社会环境不同，形成了各种各样的城市轨道交通运营管理模式类型。

随着我国城市化进程的不断加速，城市轨道交通事业取得了巨大发展。随着路网规模的扩张，出于不同目的或原因，部分城市形成了两家及以上运营商的格局。一般来说，促进形成多运营商的背景因素主要包括以下方面：①为缓解财政压力，引入社会资本或与其他政府单位共同投资，成立新的运营商，或者委托其他独立单位承担部分运营管理功能；②为提高地铁运营管理效率，克服国有企业或公有事业单位存在的一些弊端，引入多运营商的竞争因素；③项目资产所有权不同导致不同投资主体形成多家运营。这种情形在市郊地区或不同制式轨道交通系统中体现得最为明显。

1. 多运营商合作形式

网络规模较大的多数城市拥有多个运营商。作为公益性的城市交通系统的组成部分，多运营商的竞争意义不在于乘客出行路径的选择，而在于经营业绩与服务质量的对比，这种对比有时甚至能够形成对监管的某种替代。不过，对于多运营商模式，需要建立多运营商间的合作协商机制，建立统一的网络调度与应急管理体系。

从国内外部分城市的多运营商模式看，多运营商在管理运营线路的分工方面的主要形式，如图2-5所示。

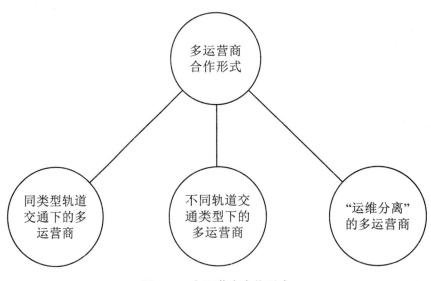

图 2-5　多运营商合作形式

（1）同类型轨道交通下的多运营商。这种类型的多运营商模式是指针对同一类型轨道交通构成的线网，设置了两家及以上运营单位，各运营商分别负责路网中一条或几条线路的相关运营管理工作。这种模式的代表有东京地铁、首尔地铁和北京地铁。

在同一轨道交通类型线网经营的多家运营商，由于经营主体的管理理念、经营目标不尽相同，在业务开展水平上具有一定的差异，因而多运营商在服务质量、运营成本、管理效率等方面必然存在不同程度的比较与竞争，对城市轨道交通的良性发展具有积极的推动作用。

（2）不同轨道交通类型下的多运营商。多运营商的另一种情形是不同类型（制式）轨道交通线路（如市郊铁路或私营铁路等）由不同运营商运营管理，从而形成了多运营商格局。这种形式在国内外城市轨道交通发展成熟、路网规模较大、网络化运营开展成熟的都市圈中非常普遍。

（3）"运维分离"的多运营商。"运维分离"的多运营商管理，是伦敦地铁曾经为解决线路设施设备更新改造资金短缺问题而采取的一种 PPP 模式。

从伦敦地铁引入 PPP 模式失败的经验中，可以得出以下启示：

1）私有化不能解决一切问题，城市轨道交通系统应首先关注如何保障轨道交通的社会公益性，其次才是经营效率。

2）政府管理重点是建立必需的机制，不是管得越细越好；设计一种好的激励与监督机制来实现企业目标与政府目标的统一更加关键。

3）基础设施不宜私有化。欧洲很多国家的铁路改革实行"网运分离"，但路网仍由国家控制，确保了基础设施较好的安全状况。

4）提高运营企业商业经营能力，强化其造血机制是发展方向。在保障安全的基础上，鼓励企业提高服务质量，增加票款收入，从而改善经营能力。

2．多运营商运营协调机制

从运营角度看，多运营商模式下最重要的协调机制是调度指挥与应急处置等方面。

多运营商模式下，全网的运行协调一般通过统一的路网指挥中心来承担。路网指挥中心的职能主要有两大部分：①全网协调功能，包括组织实施运输计划、负责运营调度指挥以及应急处置，以及票务清分、运营信息汇总和统计分析工作；②部分行使政府职能，具体包括组织拟定售检票系统的技术标准、管理规范和业务规则，研究提出有关票制、票价调整意见等。

多运营商条件下，城市轨道交通路网运营协调与管理工作一般由路网级的指挥中心负责，该中心需要承担各运营企业、建设管理企业以及其他紧急事件发生时各相关单位的协调工作。

（1）作为轨道交通全网运营管理的协调机构，路网指挥中心的职责见表 2-1。

表 2-1　路网指挥中心的职责

路网指挥中心的职责	制定路网运营协调管理规则、路网突发事件应急处置办法、乘客信息发布规则、路网列车运行图编制相关规定、路网运营指标统计办法等路网运营管理制度
	组织研究制订路网运力配置计划和须运营企业协同应对的重大活动运力配置方案，并组织监督实施
	负责各运营商票务清分、日常运营信息的汇总、统计分析，报市政府相关部门
	负责监视路网运营状况，协调运营组织工作中运营企业间的配合事宜
	负责组织召开路网运营生产协调会
	负责组织制定指挥中心与各线路控制中心的接口技术标准并监督、贯彻落实，审查线路控制中心系统招标文件、工程建设方案；负责组织线路相关系统接入指挥中心系统的工作
	完成上级交办的其他工作

作为全网最高的运行指挥机构，路网指挥中心承担着紧急事件出现时，按照轨道交通路网突发事件应急处置办法，针对运营中发生的轨道交通运营中断、人员伤亡、乘客被困等各类危及公共安全的突发事件，与市交通主管部门、公共交通运营企业及其他相关部门和单位协同处置的任务和责任。

指挥中心负责向市交通主管部门报告突发事件信息，必要时向市突发事件应急委员会办公室报告；负责向轨道交通路网内的乘客发布突发事件信息；负责突发事件处置工作中运营企业间应急抢险力量相互支援的调度指挥工作；负责组织制订运营企业协同配合预案、协同处置演练等相关工作。

（2）在整个网络的运行过程中，运营商作为线路运营管理的主体，其职责见表2-2。

表2-2 运营商职责

运营商职责	负责编制线路运营计划，参与路网运营协调管理规则、路网突发事件应急处置办法、乘客信息发布规则、路网列车运行图协调、路网运营指标统计等路网运营管理制度的制定；依据上述路网运营管理制度，制定或完善本企业的相关规章制度
	参与制订路网运力配置计划和须运营企业协同应对的重大活动运力配置方案；负责依据路网运力配置计划和重大活动运力配置方案编制或调整线路列车运行图，并贯彻执行
	负责线路运营信息汇总及统计分析，并报指挥中心
	负责监控所辖线路的运营状况，向指挥中心报告运营组织工作中运营企业间需要协调的配合事宜
	参加路网运营生产协调会
	参与制定并贯彻落实指挥中心与各线路控制中心的接口技术标准；负责指挥中心既有线控制中心的工程改造方案、相关系统招标文件，并负责改造方案及招标文件的修订和完善；负责配合完成既有线路相关系统接入指挥中心系统
	完成上级交办的其他工作。运营协调即运营企业相互协调，相互配合，运营企业间应先自行协调；协调不一致时，由指挥中心负责组织协调；指挥中心无法协调时，报上级单位协调，如市交通委或市运输局

运营企业负责向指挥中心及相关上级单位报告突发事件信息，提出突发事件应急处置建议；向事发线路及未设有乘客信息系统的受影响线路发布突发事件乘客信息；负责所辖线路突发事件处置及运营企业间突发事件处置的配合工作；负责预案制订、应急演练、配合调查及其他相关工作。

轨道交通路网发生突发事件时，事发运营企业要立即启动应急处置预案，并报指挥中心，提出需要协调配合的建议。指挥中心应迅速判明情况，分析、判断对路网的影响，通知相关运营企业启动突发事件应急处置预案。

（3）票务清分方法。多运营商管理模式下，由于乘客路径可能跨多条线路、由不同运营单位共同完成运输服务，乘客换乘的具体信息难以准确获知，相关运营单位做出的经济贡献不易清晰地界定。因此，路网运营收益分配是多运营商协商管理的重要问题。

票务清分一般通过一个可以协调管理全网各线路票务、统一清分结算的票务管理中心来完成。具体来说，依托各线路轨道交通自动售检票系统，建设路网清算管理中心系统。路网清算管理中心系统的主要功能除票款清分之外，还有票务管理、清分结算、客流统计等。

1）票务管理。统一规范路网票卡业务，与运营企业共同完成网络化运营管理服务。

2）清分结算。对路网票卡交易统计、清分、结算，为运营企业提供清算服务。

3）客流统计。根据乘客刷卡记录，统计路网客流量、断面客流等，分析路网乘客出行特征，向政府和运营企业提供客流统计分析服务。

在多运营商协商管理问题上，国内外城市轨道交通存在不同程度的差异。比如日本东京两家地铁运营商分别设置独立的调度系统；只有发生突发事件时，才由政府统一调度指挥。在票款清算方面，两家运营商联合成立清算中心进行票款清分。

第三节　城市轨道交通网络化运营的特征

作为城市交通的骨干，城市轨道交通是解决大城市居民通勤出行的重要手段。城市轨道交通网络的建设与发展以由城市空间布局及其活动分布决定的出行需求为依据，而运营组织方案又是在一定的物理网络基础上，通过考虑不同时期需求的时空分布来决定的。

进入 21 世纪以来，随着我国城市化与机动化水平的提高，城市地区轨道交通发展迅速。关于网络化条件下的城市轨道交通运营组织技术的研究已经成为各城市轨道交通运营部门关注的重要领域。

作为重要的城市基础设施，城市轨道交通的公益性具有三个标志：①城市轨道交通是为城市居民通勤出行提供普遍服务的重要手段，这决定了我国城市轨道交通建设与运营工作的目标必须面向广大居民；②城市轨道交通企业不能以盈利为目的，其价格所能维持的利润率应低于行业的社会平均利润率，或需要通过政府补贴才能达到社会平均利润率；③城市轨道交通的资产一般属于国有资产，或虽非国有资产，但城市轨道交通相关企业作为提供公益性服务的企业，享有政府提供的各类政策优惠。

一、城市轨道交通网络运营管理技术的研究领域

第一个领域：与线路物理架构设计相关的运营前期管理方法与技术，重点体现在换乘站规划、设计与运行组织，包括换乘点的选择、线路换乘站类型的选择、换乘站设计以及换乘站流线设计与管理。

第二个领域：兼顾供需双方的网络负荷均衡技术，主要涉及网络运行效率的改善以及出行服务水平的提高两个目标；重点要针对网络客流时空不均衡性特征研究运力配置方案，其具体内容如与列车交路和编组相关的列车开行方案设计、可改善乘客可达性的线路间列车过轨技术应用、考虑线路间接续的列车时刻表优化编制、换乘站的运行管理等。

第三个领域：网络条件下运营资源共享与管理技术，重点涉及车辆基地、调度指挥中

心、安全应急管理资源的优化配置方法等。这一领域研究的主要目标是提高运营企业的组织管理效率，降低运输成本，减轻政府补贴压力。

目前，关于前两个领域的研究已有较多成果，而对第三大领域的研究还亟待深化。网络条件下运营资源共享技术是从运营资源共享角度研究提高网络运行效率的技术，由于城市轨道交通系统的盈利能力普遍较差，这方面的研究对于提高城市轨道交通的可持续发展能力具有尤为重要的现实意义。

二、城市轨道交通成网对运营组织与管理的影响

"城市轨道交通网络化运营技术是指城市轨道交通成网条件下为提高运营企业工作效率、改善系统运行安全性、提高客运服务水平所采取的所有运输组织方法与措施的总称。"[①] 城市轨道交通成网给运营组织与管理带来的变化包括以下方面：

1.网络规模扩大，客运需求总量不断增长。城市轨道交通承担的客运量及其在公共交通中的占比增加，城市轨道交通行业在城市运行中的地位提高，城市轨道交通的组织与管理受公众关注程度增加，行业管理者的责任更大。

2.规模增加后，网络覆盖的空间范围扩大。城市发展直接影响城市活动的分布，城市发展不均匀，城市活动分布就更加发散，轨道交通客流需求的时间、空间不均衡性更强，相关特征更加复杂。

3.城市轨道交通网络化运营管理的标志可以从以下三个方面来认识：①物理网络架构，一般有三条及以上线路、有三个及以上换乘站、有由两条及以上线路构成且存在环状出行路径的网络；②构成网络的不同线路之间出现可影响运营效率的组织因素；③网络中出现各线路共用的、影响各线路运营方案的资源。

三、城市轨道交通网络化运营组织工作的目标

1.作为城市公共交通的重要组成部分，城市轨道交通成网后运营的许多技术源于地面公共交通的实践。同时，城市轨道交通线路能力大的骨干特性增加了城市公共交通系统的复杂性，助推了公共交通供给技术的深化研究。

2.改善城市轨道交通车站服务质量、提高旅客在换乘站的换乘效率是网络化运营组织工作的重要内容。我国城市轨道交通 21 世纪以来进入发展的快车道，北京、上海等城市的城市轨道交通系统相继进入网络化运营时期。早期的研究集中在能力、列车运行过程仿真以及运行图铺画对设备需求、能力及列车运用的影响等方面。

近年来，研究重点转向网络化运营技术的综合运用与评估领域，如研究了地铁列车编

---

① 毛保华，张政，陈志杰，等 . 城市轨道交通网络化运营组织技术研究评述 [J]. 交通运输系统工程与信息，2017，17（06）：156.

组分期实施的合理性及扩编的可行性，论证了多编组技术不仅技术上可行，还可以提高列车满载率、节省运营费；研究了时变需求与过饱和条件下的列车时刻表编制优化问题；研究了成网条件下网络效率与换乘设计的关系；研究建立了供需匹配原则下的时刻表编制的双层规划模型；研究了多交路模式下中间站折返对能力影响的计算方法。

3. 网络化运营环境的显著特征是客流时空差异程度的不断增加。作为一种大容量公共交通，轨道交通系统很难做到根据各区段的个性化需求特征来分配运力。因此，如何在可能的范围内，综合运用网络化运营组织技术来平衡轨道交通成网后引发的供需不均衡性，是城市轨道交通网络化运营组织理论与应用研究的重要课题。

4. 作为城市公共交通系统的组成部分，其运营绩效是体现城市形象与治理能力的载体。因此，城市轨道交通的发展水平与运营效率，在一定程度上反映了城市在公众心目中的形象以及对城市运行与发展的治理能力。随着网络规模的扩大，城市轨道交通在城市运行中的作用不断增大，社会影响也越来越深远。

5. 乘客是城市轨道交通直接服务的群体。乘客的目标主要是出行过程的安全、高效与出行服务的舒适性，具体涵盖出行速度、换乘便捷性、在车舒适度等。与其他公共交通方式相比，城市轨道交通由于具有专用路权，能提供更加准时、可靠的出行服务，是大城市通勤、通学出行的主要公交方式。

城市轨道交通网络的扩大，加速了城市空间的扩张，乘客的平均出行距离也不断增加。在列车旅行速度难以迅速提高的前提下，提高出行过程中换乘的便捷性、提高在车服务水平成为乘客关注的重要问题。

6. 城市轨道交通运营企业是为乘客提供运输服务的主体，也是做好城市轨道交通系统运输组织与管理工作的核心。作为公益性国有企业，城市轨道交通运营部门需要在确保运输安全、做好运输服务工作的同时，兼顾企业经营效率提高与员工能力激励。

运营企业的目标主要涉及以下三方面：①运营安全。城市轨道交通设施多数位于对城市有重要影响的区域，客流密集度高，安全是不可回避的组织与管理目标。②满足国家与行业对城市轨道交通客运服务的要求，包括引导城市规划目标的实现，扩大对城市居民的覆盖度，获得乘客的好评等。③适当控制运输组织和管理工作的难度以及在实施过程中的不确定性，使运营管理风险处于可控范围。由于我国多数城市的轨道交通发展速度快，开通运营时间短，运营经验增长往往跟不上城市轨道交通网络发展的速度。

总之，研究城市轨道交通网络各种运营技术及其实施方案，是提高当前我国城市轨道交通成网条件下运输组织工作质量的重要出发点。

四、城市轨道交通网络拓扑结构的复杂性

网络复杂性分析是 20 世纪末以来的科学研究热点。通过严格选定的抽象关系，定义

并推演出具有典型特性的网络模型，目前已取得了一系列令人瞩目的成就。

（一）轨道交通拓扑结构表示方法

网络拓扑表示方法是研究拓扑结构统计特征的基础，目前轨道交通拓扑结构的表示方法如下：

1.L 型空间。基于 L 型空间的网络表述将轨道交通车站作为节点，若两节点在某一轨道交通线路上是相邻的，则两节点间存在链路。

2.P 型空间。基于 P 型空间的网络表述在节点定义上与基于 L 型空间的表述相同，而链路存在的条件更为宽松，若两节点间有直达交通线路，两者间就存在链路。在 P 型空间内两节点间的路径长度可被认为是出行必需的换乘次数，因此，P 型空间也被称作换乘空间。

3.B 型空间。B 型空间是一种二分图，将原节点和链路表示为不同类型的节点所描述的开环。

4.C 型空间。B 型空间投影到车站节点即回到 P 型空间的表述，而相应投影路线的补集为 C 型空间。

不同的网络拓扑结构表述方法会对网络性质造成极大影响。不同轨道交通网络从覆盖范围、线路密度、布局方式上存在差异，在对比分析时应首先注意其是否基于相同的拓扑表述方法。

（二）拓扑特性基本统计指标

网络特性统计指标从不同侧重点对网络的便捷性、可达性、运营效率等进行定量分析与评估。在轨道交通拓扑特性研究中，主要采用以下类型：

1.节点中心性

中心性研究是网络拓扑分析的基本概念之一，最早是在 20 世纪 70 年代被提出的，其应用广泛且迅速地发展出了其他相关评价指标。

（1）度中心性。度中心性是衡量一个节点的中心性特征最直观的评价指标，其重要性体现在节点在网络中与其他节点的相关性上。

（2）介数中心性。介数中心性的重要性不体现在节点本身的地理区位条件上，而是侧重于节点是否处于其他两节点间的最短路径上。介数中心性在交通网络中具有极大意义：某车站被频繁使用，因其处于重要的位置附近（例如中央商务区、娱乐区等），但另一个车站可能会被更频繁地使用，因为其作为一个中转站以抵达其他许多地点。

（3）紧密度中心性。紧密度中心性与地理距离相关，其计算的是给定节点与网络中其他节点之间的距离。

（4）权重和强度。轨道交通网络链路上的权重值往往用于衡量两个节点之间的连接中心性，实际网络中，权重可为地理距离、出行所需时间、交通流量等。而节点强度则为节点度的定义的延伸定义。

带有权重值的网络为有权网络，一般而言，轨道交通拓扑网络为有权无向网络，可用于分析真实轨道交通网络的网络结构特征；而考虑交通流量的轨道交通网络为有权有向网络，可对真实交通网络丰富的动态特征进行有效刻画。

2. 集聚特征

（1）群聚系数。群聚系数一般用于定量刻画节点度的集聚现象。

（2）度—度关联性。度—度关联性是用于衡量网络中局部特点的指标，可表示为相邻节点度的平均值。

（3）信息中心度。信息中心度指标可用于寻找全局性交通网络的关键区段，提高网络的抗毁性。

随着复杂网络理论的发展，人们从不同角度提出了估计节点、链路的重要度以及网络直径、效率的方法，在实证分析中应注重贴合实际网络特点进行有意义的探讨。

五、城市轨道交通网络运营负荷分布特征

城市轨道交通运营负荷包括线路运营负荷和车站运营负荷两部分。线路和车站的运营负荷是评价城市轨道交通系统运用效率、乘客服务水平的重要指标，也是指导运营企业制订列车和车站运行组织方案的重要依据。线路运营负荷一般是指列车载客能力利用率（列车满载率），反映线路输送能力与乘客需求的匹配程度。车站运营负荷一般是指车站的出入口、人工售检票处、安检处、闸机口、楼扶梯、通道和站台的集散量与设施设备最大设计集散能力的比值，反映了车站设施设备的集散能力与乘客需求的匹配程度。

从宏观层面探讨城市轨道交通线网列车运营负荷分布特征，重点分析轨道交通网络各线路各列车在各断面的运营负荷分布特征，评价各线路的列车载客能力利用率。

城市轨道交通网络运营负荷反映了一定时间和空间范围内的能力供给与需求的匹配程度。不同时间和空间范围内，城市轨道交通运营负荷的评价指标存在差异。

1. 运营负荷的分类。城市轨道交通线路是双向运营，可以区分为上行方向、下行方向、上下行方向的运营负荷。

运营负荷在时间范围上可以以小时、时段、天来分别计算。

按照空间范围的大小，又可以区分为断面、单线、网络的运营负荷。

2. 运营负荷的评价指标。受乘客出行需求影响，城市轨道交通运营负荷具有明显的时

空特性，单一指标难以全面反映系统运营负荷特征，因此在已知各断面列车载客能力利用率的情况下，提出城市轨道交通的断面、单线、网络运营负荷的评价指标。

选取列车在各断面运营负荷的加权平均值和标准差率两类指标，来分别表示系统全局或局部范围内的运营负荷水平及均衡程度。加权平均值是在统计学中非常重要的统计值，用于反映一组数据的一般水平。本章采用加权平均值用以反映城市轨道交通系统全局或局部的线路运营负荷水平。加权平均值越大，表明运营负荷越高。考虑到在计算运营负荷时，列车在不同断面运行距离不同，为更加真实地反映整体的运营负荷，这里将各区间列车运行距离作为运营负荷的权重；标准差率是标准差与期望的比值。标准差率是相对指标，通常在进行方案决策时，可以用于比较期望值不同的方案的风险程度。取值越大，表明方案的相对风险越大；取值越小，相对风险越小。

为此，引入标准差率概念，用以衡量城市轨道交通网络全局或局部负荷的均衡性特征。该值越大，表明各断面列车载客能力利用率差异越大，系统能力利用越不均衡；数值越小，表明差异越小，系统能力利用越均衡。

第三章 城市轨道交通网络化运营的组织管理

第一节 城市轨道交通网络化运营设施设备与控制管理

一、城市轨道交通网络化运营设施设备的系统保证管理

系统保证管理（RAMS），即在系统全寿命周期内针对可靠性（Reliability）、可用性（Availability）、维修性（Maintainability）、安全性（Safety）四种系统固有的特性进行管理，如图 3-1 所示。

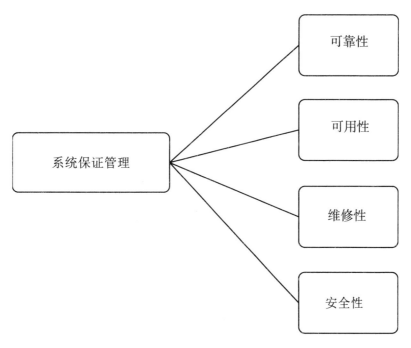

图 3-1 系统保证管理

RAMS 管理起源于 20 世纪 70 年代，从 80 年代起，轨道交通行业引入了 RAMS 管理。"轨道交通系统中，RAMS 管理各要素（可靠性、可用性、可维护性和安全性）之间存在紧密的联系，任何一个要素都会影响系统的整体表现。"[1]

---

① 张自太，蔡伟森，吴启中，等 .RAMS 在城市轨道交通建设管理中的应用 [J]. 现代城市轨道交通，2021（03）：97.

（一）RAMS 管理的特点

1. 可靠性

可靠性是指产品在规定条件下和规定时间内完成规定功能的能力。可靠性的常用指标有故障率、平均故障间隔时间、可靠度等。从产品可靠性的形成过程来看，可以将可靠性划分为固有可靠性和运用可靠性。通过设计、制造形成的可靠性称为固有可靠性，而产品在使用条件（包括保管、运输、操作和维修等）下，保证固有可靠性发挥的程度称为运用可靠性。

2. 可用性

可用性是反映产品效能的主要特征之一。可用性是指可以维修的产品在某时刻具有或维持规定功能的能力。

可用性的特点如下：

（1）可用性是产品可靠性和维修性的综合表征。对可修复的产品而言，总是希望其工作时间要长，非工作时间要短。因此不仅要关心产品的可靠性，即不易出现故障的可能性如何，而且还要关心产品一旦出现故障能否尽快修复，使其早日投入正常运行。因此综合考虑可靠性和维修性的广义可靠性就是可用性。

（2）与可靠性、维修性一样，可用性可以用概率表达，称为可用度，即在任意随机时刻，当任务需要时，产品可投入使用状态的概率。

（3）可用性的定义是针对"某一时刻"的，它表征某一特定时刻要进行该项工作的完好程度。

（4）可用性不但与工作有关，而且还是维修时间的函数，随着工作时间和维修时间的不同，可用性也不相同。

3. 维修性

维修性是指在规定的条件下和规定的时间间隔内，按规定的程序和资源进行维修时，能够完成规定维修工作的能力。

维修性的特点如下：

（1）维修性是通过设计而赋予产品的一种固有属性。

（2）规定的条件包括维修人员的熟练程度，维修设备、工具、备件是否有保障，甚至还包括技术数据是否齐全，操作是否方便，维修规程、规范是否合理，维修后勤保障是否充分等。

（3）规定的时间是指维修时间。维修时间越长，所得到的维修度越大。正常的产品维修时间与其寿命相比应该是短暂的，也就是说维修都具有快速性。只有这样，产品故障才能及时得到诊断和排除，尽快地投入使用。

（4）规定的程序和资源是指按照预先规定的程序和资源进行维修。这是十分必要的，不仅可以提高维修度，还可以降低维修费用，延长产品寿命，减少故障发生频率。否则维修后反而会降低其可靠性。因此制定详细的维修规程和规范，规定和明确维修性的技术要求，还要考虑使用的故障检测装置，设定检测部位，使检测程序标准化等。

4. 安全性

安全性是指在设计时为使产品失效不致引起人身、物质等重大损失而采取的预防措施。

安全性的特点如下：

（1）安全性研究的对象是人、物和环境，可以是硬件，也可以是软件。

（2）与安全性相对应的概念是危险性。安全性评价就是对产品的危险性进行定性和定量分析，得出产品发生危险的可能性及其程度的评价，以寻求最低事故率、最少损失和最优的安全投资效益。

（3）安全性好坏要求对风险进行风险分析。风险的概念包括两个方面：①导致危险的一个事件或多个组合事件出现的概率或频率；②事件导致危险的后果。

（4）安全性是指抵御损害风险的能力，常用概率来度量这一"能力"，轨道交通系统采用的评价指标主要是事故发生的概率。相应的评价方法是故障模式、影响分析和风险评估以及故障树分析。

RAMS 由上述"四性"组成，它们之间是紧密相连的。对于可用性与可靠性、维修性的关系来说，当可靠性越高时，故障间隔时间越长，而且维修性越好时，维修时间越短，总的使用时间越长，故可用性就越高。对于安全性来说，当可靠性越高，发生故障概率越低，故障导致的安全事故越少，而且维修性越好产品维修后状况越好，发生安全事故概率越低，故安全性越高。

（二）RAMS 管理的引进必要性

1. 确保城市轨道交通项目整体运作的要求。RAMS 管理应用范围广泛，可以在城市轨道交通项目全寿命周期的各个参与单位、各个阶段中实施。通过实施 RAMS 管理，在城市轨道交通项目所涉及的各个阶段，遵循与实施拟定的 RAMS 指标，保证轨道交通系统在投入服务时已被充分整合，满足有关可用性、可靠性、可维护性、安全性等要求，确保最终交付的系统切合需要，能以最佳成本持续达到安全及运营表现等方面所需的标准，提高项目运作的效率与效益。

2.确保城市轨道交通安全的要求。我国城市轨道交通正处于建设高峰期，需要系统的安全管理。它不仅有助于尽快降低灾害的影响，最大限度地保障人民生命财产安全，也有助于在实现安全目标的同时，在安全、质量与成本之间获得平衡。RAMS管理是达到上述目的的有力工具。

3.规范城市轨道交通行业管理的要求。国内城市轨道交通行业的状况显示，虽然在设计建造时采用了许多保障轨道交通系统安全高效运营的措施，但在实际运作过程中涉及的问题仍然非常多。因此，城市必须大力推进轨道交通的标准化研究和建设工作，同时加快国际标准等的引入工作，以提高我国城市轨道交通行业的国际竞争能力，解决城市轨道交通发展中积累的问题，促进国产化设备的发展。

二、城市轨道交通网络化运营设施设备的全生命周期管理

"设备资产全寿命管理"（即全系统、全寿命、全费用）创新理念、方法和技术正逐渐成为设备资产现代化管理的主流方向，设备寿命周期费用（Life Cyde Cost，LCC）技术是其核心组成部分，该技术以LCC最小或最佳效费比为决策判据，为设备资产一生管理科学决策提供有力的支撑。

随着LCC理念的逐渐普及，人们认识到从LCC的角度管控设备费用的重要性，既要关注一次性的研制费和购置费，更要重视多次重复性使用的保障费用，后者通常是前者的几倍。但是，如何管控使LCC最小、投资回报率最大，仍在积极探讨和实践中。

（一）设施设备的生命周期阶段划分

1.设备寿命周期的一般阶段划分

城市轨道设备RAMS寿命周期是按照车辆RAMS工作的需要，将设备寿命周期划分为不同的时间阶段。设备寿命周期可以划分为6个阶段，包括：

（1）论证阶段。粗估费用，获得费用可承受性的信息，作为项目能否立项的依据之一，初步明确费用的主要因素和确定费用设计的指标。

（2）方案阶段。估算LCC并作为决策准则以权衡各备选方案，优选出在费用、进度、性能之间达到最佳平衡的设备、设计方案、生产方案、使用方案和保障方案等。

（3）研制阶段。进一步细化LCC的估算和分析，修正以前的估算结果，LCC从设计要素转化为项目控制要素，保证产品的性能和费用符合要求。

（4）生产阶段。精确估算出各项费用，开展生产工程、价值工程方面的工作，控制与降低LCC。

（5）使用阶段。利用发生的费用信息，继续估算验证 LCC，提出设备更新、改造、延寿以及使用与维修的改进措施以降低 LCC。

（6）退役阶段。确定设备残值，控制处置费用。整理、积累各种费用资料，计算 LCC 实际值归档并反馈信息。

2. 轨道列车设备 RAMS 寿命周期阶段

轨道列车设备 RAMS 寿命周期可以划分为 14 个阶段：

（1）概念阶段

1）该阶段常见的风险是：确立轨道交通项目的范围和目的；定义轨道交通项目的概念；进行费用分析和可行性研究；建立管理机构。

2）该阶段的 RAM 工作是：对以前获得的 RAM 进行评审；考虑项目中 RAM 关系。

3）该阶段的安全性工作是：对以前获得的安全性能进行评审；考虑项目中安全性间的关系；评审安全性策略和安全指标。

（2）系统定义和应用条件

1）该阶段常见的风险是：建立系统任务剖面；准备系统描述；鉴定运行和维修策略；鉴定运行条件；鉴定维修条件；鉴定现存结构约束的影响。

2）该阶段的 RAM 工作是：评价以前的 RAM 经验数据；完成基本 RAM 分析；制定 RAM 策略；鉴定长期的运用和维修条件；鉴定现存结构约束对 RAM 的影响。

3）该阶段安全性工作是：评价以前的安全性经验数据；完成基本危险分析；制订全面的安全性计划；定义安全性容忍准则；鉴定现存结构约束对安全性的影响。

（3）风险分析阶段

1）该阶段常见的风险是开展风险分析相关项目。

2）该阶段的安全性工作是：完成系统危险性和安全性风险分析；建立危险日志；完成风险评价。

（4）系统技术要求

1）该阶段常见的风险是：承担技术要求分析；确定系统全面技术要求；确定环境；定义系统全面技术要求的验证和验收准则；建立确认计划；建立管理、质量和组织技术要求；推行动态的控制方法。

2）该阶段的 RAM 工作是：确定系统全面 RAM 要求；定义全面的 RAM 验收准则；定义系统功能结构；建立 RAM 规划；建立 RAM 管理。

3）该阶段的安全性工作是：确定系统全面的安全性要求；定义全面的安全性验收准则；定义安全性相关的功能要求；建立安全性管理。

（5）系统技术要求分配阶段

1）该阶段常见的风险是：分配系统技术要求；确定子系统和零部件技术要求；定义子系统和零部件验收准则。

2）该阶段的 RAM 工作是：分配系统 RAM 技术要求；确定子系统和零部件 RAM 技术要求；定义子系统和零部件 RAM 验收准则。

3）该阶段的安全性工作是：分配系统安全性指标和要求；确定子系统和零部件安全性技术要求；定义子系统和零部件验收准则；修订系统安全性计划。

（6）设计和实现阶段

1）该阶段常见的风险是：编制计划；设计和开发；设计分析和试验；设计验证；实施和确认；后勤保障资源的设计。

2）该阶段的 RAM 工作是通过评审、分析、测试和数据评估实现 RAM 方案，包括：可靠性与可用性；维修与维修性；最优维修策略；后勤保障。承制方控制，包括：RAM 方案管理；子合同商或供应商的控制。

3）该阶段的安全性工作是通过评审、分析、测试和数据评估实现安全性计划，包括：危险日志；危险分析和风险评价；论证与安全性相关的设计决策。开展方案控制，包括：安全性大纲管理；子合同商或供应商的控制；准备通用安全性论证报告；若可能，准备通用的应用安全性论证报告。

（7）制造阶段

1）该阶段常见的风险是：编制生产计划；零部件生产和试验；准备文件；建立培训。

2）该阶段的 RAM 工作是：完成环境应力筛选；完成 RAM 增长试验；启动故障报告和纠正措施系统。

3）该阶段的安全性工作是：通过评审、分析、试验和数据评估实施安全性计划；使用危险日志。

（8）安装阶段

1）该阶段常见的风险是：组装系统；安装系统。

2）该阶段的 RAM 工作是"开始维修人员培训；建立备件和工具供应。

3）该阶段安全性工作是：建立安装程序；实施安装方案。

（9）系统确认阶段

1）该阶段常见的风险是：试运行；完成运用试运行阶段；承担培训。

2）该阶段 RAM 工作是完成 RAM 验证。

3）该阶段安全性工作是：建立试运行计划；制订试运行方案；准备应用特定的安全性论证报告。

（10）系统验收阶段

1）该阶段常见的风险是：根据验收准则实施验收程序；编撰验收依据；投入运用；运用考核。

2）该阶段 RAM 工作是评价 RAM 验证工作。

3）该阶段安全性工作是评价应用特定安全性论证报告。

（11）运用与维修阶段

1）该阶段常见的风险是系统长期运行：进行计划内维修；完成计划内培训。

2）该阶段的 RAM 工作是：备件与工具的计划内采购；完成计划内以可靠性为中心维修与后勤保障。

3）该阶段的安全性工作是：承担以安全性为中心的维修；完成计划内安全性能检测与危险日志所要求的维修。

（12）性能监测阶段

1）该阶段常见的风险是：收集运行性能统计资料；数据的采集、分析和评估。

2）该阶段的 RAM 工作是性能及 RAM 统计资料的收集、分析、评估和应用。

3）该阶段的安全性工作是性能和安全性统计资料的收集、分析、评估和应用。

（13）改进与改型阶段

1）该阶段常见的风险是实施修改请求程序；实施修改和更新程序。

2）该阶段的 RAM 工作是考虑修改和更新后 RAM 关系。

3）该阶段的安全性工作是考虑修改和更新后安全性关系。

（14）退役和处置阶段

1）该阶段常见的风险是：制订退役和处置计划；执行退役工作；进行处置工作。

2）该阶段没有 RAM 活动。

3）该阶段安全性工作是：建立安全性计划；进行危险分析和风险评价；执行安全性计划。

RAMS 寿命周期各阶段 RAMS 工作的目的、技术要求、交付成果及其确认和验证活动，评估了轨道列车产品 RAMS 技术要求的适用范围和应用条件，将 RAMS 各阶段工作融入产品寿命周期阶段，使之适合于所研究系统的技术要求。其中将 RAMS 拆分为 RAM 和安全性两个方面的工作。

在寿命周期的每个阶段都有验证和确认的工作，它们与整个系统的验证工作是一个整体，每个阶段的验证和确认工作是整个系统 RAMS 工作的保证。

（二）设备寿命周期费用

设备寿命周期费用是指设备 / 项目从立项论证开始到退役报废所经历的全部时间内，为其论证、研制、生产、使用与保障以及退役处置所需的直接、间接、一次性、重复性和其他有关于所有费用贴现累计的总和。不管资金的渠道与关系如何，所有相关的费用均应包括在内。设备寿命周期费用，如图 3-2 所示。

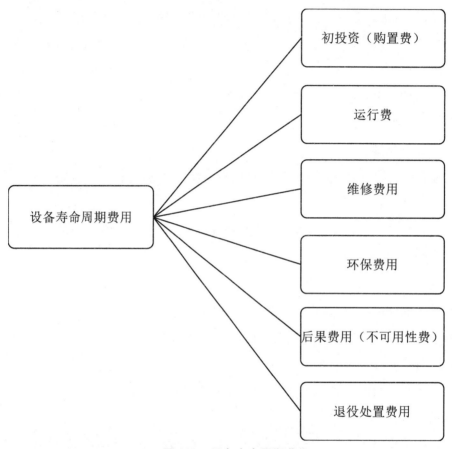

图 3-2　设备寿命周期费用

1. 初投资（购置费）。用户为获得该产品和设备所需的初始保障而一次性投入的全部资金（设备的购置费用、安装调试费和其他费用）

2. 运行费。设备在寿命周期内正常使用运行过程中发生的费用。包括：人员费，能源费（电、水、气、汽、燃料、油），消耗品费，培训费，技改费用，诊断监测费用，各类数据与计算机资源所需费用等。

3. 维修费用。设备投入使用后至退役前，对其进行维修与保障所发生的费用。包括：各种修理类别（大、中、小维修，临修等）所需的备件与修理零件，各种检测设备，维修和保障设施，维修保障管理，各种培训，人员、各类数据与计算机资源等方面发生的费用。

4.环保费用。为了消除由于设备制造、投入使用后造成对环境的污染，满足环保要求需要的额外投入的资金或支付的环保罚款等。包括：设备前期环保研究、采用环保材料、防护措施、环保设施等增加的投入，以及使用阶段各种废物、废料、废水、废气的处理等发生的费用及环保罚款。（系统／设备的环保费用含在各个阶段的费用中。）

5.后果费用（不可用性费）。指因发生故障进行恢复性修理和预防性维修期间不能生产，不能正常使用，包括设备系统效率和性能下降（电压、频率不足）所造成的损失。除由于功能丧失的直接损失费用外，还包括公司形象、信誉的损害、收入的减少、服务的补充、保单的费用、责任费用等。

6.退役处置费用。设备处置阶段发生的费用。

从全生命周期的角度来看，采购以及研发的费用只占整个生命周期的一小部分，而包括使用、维护维修、后果费用（系统效能下降造成的费用）以及系统报废的费用占到了一大部分。

影响LCC的最活跃因素是项目的可靠性（R）、维修性（M）、保障性（S），其强调的是性能、费用、进度、保障等的综合权衡，以取得最佳的匹配。可靠性、维修性、保障性越高，产品购置费越高，但是保证了今后运营中较低的故障率和维修成本，使运营费用降低，故根据实际情况选取合适的可靠度，可以有效降低寿命周期费用。

第二节 城市轨道交通网络化运营车辆的维修管理

一、城市轨道交通网络化车辆维修模式的维保观念变革

维保是对设备进行保养和修理的简称，维保是为了保持和恢复装备或设备的完好工作状态而进行的活动。保养是指为保持设备的完好工作状态所做的一切工作；修理是指恢复设备的完好状态所做的一切工作，包括：检查、判断故障，排除故障，排除故障后的测试，以及全面翻修等。

（一）维保观念的深化

1.维保是事后对故障和损坏的修复活动。设备的维保工作是由操作人员兼任，后来操作与维保分离，出现了维保技师与技工。在故障和损坏尚未出现之前，是不会把生产停顿下来专门进行维保的，只有在故障和损坏出现之后，生产无法继续下去的时候，才被动地实施维保。这种被动的维保观念，是把维保看成事后对故障和损坏的修复活动。

2.维保是事前对故障主动预防的积极措施。随着生产流水线的出现，设备自动化水平的提高，在工业生产中一旦某一工序出现故障，就会迫使全线停工，造成生产损失；有的还会危及设备、环境和人身安全，造成严重的后果。故障后维保，对事故损失已经无能为力，事故损失费用以及维保费用，往往难以估价和控制。对影响设备正常运转的故障，应在事先采取一些"防患于未然"的措施。

3.维保是企业竞争的有力手段。激烈的市场竞争迫使企业必须改进产品的质量，降低生产成本，提高企业信誉，以增强竞争力。维保是企业竞争的有力手段，具体体现在如下方面：

（1）维保能保证设备正常运转，维持稳定生产，从根本上保证了所投入的设备资金能够在生产中体现出效益。

（2）维保提高了设备的使用强度，从而增强了单位时间的生产能力。

（3）维保能够延长设备的寿命，使得其运转时间超出原先购买时预计的期限，并提高精度，扩大能力，从而增加产品数量，提高产品质量。

（4）维保售后服务，不仅可以保证产品的使用质量，维护用户利益，还可以提高企业信誉，扩大销售市场，并能反馈信息来进一步改进产品质量，增强企业竞争力。

随着生产自动化程度不断提高，维保在现代企业中的地位也日益明显。据统计，在现代企业中，故障维保及其停产损失已占其生产成本的30%～40%。有些行业的维保费用也跃居生产成本的第二位，甚至更高。所以，维保是企业竞争的有力手段。

4.维保是投资的一种选择方式。维保投资是使固定资产的生产力得以维持下去的那一部分投资。与投资购买固定资产形成生产力相似，维保投资则能维持其生产力。在一定的周期内，不仅可以收回维保投资成本，而且还能增值。如果以固定资产投资为一次性投资的话，那么，维保投资是重复性的投资。维保能够延长设备的更新周期，可以替代对设备的投资。

维保投资是生产性的，在创造企业效益的过程中是积极因素，维保投资像一次性固定投资一样也是可以回收的，而且维保投资的回收，比节约维保费用、减少维保消耗更加重要和更为积极，是企业生存、发展和增强竞争力的一种投资选择方式。

5.维保是实行全系统、全寿命管理的有机环节。设备的管理，既要重视设计、制造阶段的"优生"，又要重视使用、维保阶段的"优生"，需要实行全系统、全寿命的管理。使用、维保是设计、制造的出发点和落脚点。任何产品都是依据用户的使用、维保的需求而设计、制造的，产品自身投入使用、维保后才能衡量其优劣，评价其好坏，体现其价值；只是通过使用维保实践的检验，才能发现问题，提供信息，不断地改进，实现设计、制造的"优生"。所以，维保是实行全系统、全寿命管理的有机环节。

6.维保已从技艺发展为科学。早期维保是一门操作技艺，可以通过眼睛看、耳朵听和手摸等直观判断或通过师父带徒弟传授经验的办法来排除故障。随着生产日益机械化、电气化、自动化和智能化，设备故障的查找、定位和排除也开始复杂化，有时故障是由多种因素（如机械的、液压的、气动的、电子的，计算机硬件或软件的）综合引起的。

现代维保，不仅是出现故障后才排除，更加重视出故障前的预防。故障前的预防，常常不是"维保过度"，就是"维保不足"。如何避免维保实践中的盲目性，做到"维保适度"，提高预防性维保的针对性和实用性，对科学维保提出了客观的需求。

20 世纪 60 年代以来，现代科学技术的新进展，特别是可靠性、维保性、测试性、保障性、安全性等新兴学科的相继出现，概率统计、故障物理、断裂力学和诊断技术的不断发展，以及多年维保实践数据资料的积累，为研究维保理论提供了实际的可能。这种客观需要和实际可能的结合，使维保不再是一些操作技艺的简单组合，而是建立在现代科学技术基础上的一门新兴学科，使维保从分散的、定性的、经验的判断进入系统的、定量的、科学的阶段，现代维保理论就此应运而生。当今，维保已从技艺发展为科学。

（二）维保模式的发展趋势

维护、维修和大修（Maintenance、Repair and Overhaul/Operations，MRO）是车辆在使用和维护阶段所进行的各种维护、修理、大修和操作等工业车辆服务活动的总称，是现代制造服务的重要组成部分。关注车辆的维护、保养、维修等售后服务内容，车辆（尤其是重要装备）的竞争策略已经转移到如何提供更好的售后服务方面。

复杂装备的良好运行对企业生产至关重要，一旦停机将会产生重要影响。同时，通过实施 MRO 服务，可以给用户提供更完善的服务，促进制造企业向车辆服务领域延伸价值链，因此研究和开发 MRO 技术，对于复杂装备的安全运行和制造服务业的发展具有重要意义。

复杂装备 MRO 系统体系结构主要分为数据管理层、基础平台层、系统管理层、技术支撑层、应用层和系统入口层 6 个层次。数据管理层主要管理基础数据库、标准库、知识库、规则库和实例库等，为系统提供基础数据保障；基础平台层是系统的基础配置管理系统，如操作系统、数据库管理系统等；系统管理层担负着 MRO 系统的基本管理职责，通过用户管理、权限管理、安全管理、结构管理、运行监控等功能保障系统的稳定运行；技术支撑层的关键技术可以支撑应用层的业务流程，为业务流准确、快速的执行提供技术支持。

面向全生命周期的 MRO 支持系统需要和产品设计、生产、销售、售后和回收等阶段的部分信息系统相互集成，实现信息的全生命周期实时共享。因此，系统入口层不仅有服务人员和产品用户，还包括其他软件系统，如产品数据管理、企业资源计划、供应链管理和客户关系管理等系统使用人员。

复杂装备 MRO 支持系统的模块功能主要分布在销售、运行、故障维修与执行、报废回收等阶段。系统的主要功能模块包括基础信息管理、产品管理、用户管理、服务人员管理、安装调试管理、设备在线监控、故障诊断与预警、维修需求与计划、主动服务管理、服务动态调度、故障维修过程管理、服务成本管理、备件管理、补供及赔偿件管理、维护评价、维修工具管理、维修知识管理、回收、再制造和统计分析等。有些模块在不同阶段多次出现，表示在这些阶段的产品服务会用到这个功能，这些功能模块保障了装备 MRO 的管理和运行，支持系统与全生命周期其他系统的业务集成与信息共享。

二、城市轨道交通网络化车辆维修决策支持方法

（一）市场化维保战略决策方法

1. 市场化维保模式的优越性

（1）加快国内企业探索地铁设备国产化进程。设备国产化是我国地铁迫切需要解决的问题，市场化方式所选的承包商很多是相关设备的国内集成商和生产商，他们参与维修保养在一定程度上有助于促进自身的技术进步，实现产品和配件国产化。

（2）促使地铁运营管理功能的有机分化。维修保养市场化，更重要的是运营机制的创新，突出主要矛盾（旅客运输），弱化次要矛盾（设备维修保养等），实现系统功能的有机分化。

（3）使地铁运营成本及设备维修保养质量得到最优控制。竞争是市场化达成交易的必由之路，维修保养市场也不例外。竞争机制的引入，对维修保养来说必然会带来成本、服务质量等方面的最优控制，这也正是现代城市地铁设备维修保养工作所要追求的目标。

（4）实现社会资源的最优配置。可以充分运用市场上发育成熟的维修保养单位对地铁各系统设备进行维保。这样不仅可以发挥维保单位的技术、资金优势，使检修质量得到保证，而且也可以使运营企业从规模经营上降低维保费用，丰富资源与共享资源，促进资源的优化配置。

目前，轨道交通设备维保行业共有独立维保、联合维保和完全委外维保三类维保模式，其中完全委外维保根据维保技术不同又可分为项目委外维保、劳务外包维保。轨道交通涉及多专业系统，其国产化程度不同，维保时效性要求不同，维保的社会资源条件不同，维保的人力资源成本也不同，因而选择的维保模式也不尽相同。企业选择相对合适的维保模式，采取有效的管理措施，对节约运营成本、规避安全风险、提高企业服务水平都有促进作用。

2. 轨道交通维保市场化的必要性

"维保市场化是城市轨道交通可持续发展的重要方面，利用市场调节作用进行物资、人力、信息等资源的优化配置是实现其高效运行的必然途径，也是体制创新的有效手段。"[①] 轨道交通维保市场化作为城市轨道交通运营管理维保模式研究的一种创新性尝试，其必要性主要体现在以下方面：

（1）有利于破除现有体制，保障轨道交通运营商的经济效益。在市场充分竞争的条件下，轨道交通运营商可以通过市场化战略运作，立足于核心竞争力的培养，通过更新思路，合理选择技术或项目委外、劳务或人力资源委外等，消除原有管理体制下的不良现象，实现减员增效、按需设岗、按岗定编，努力降低人力成本，提高工作效率，保障自身的经济效益。

（2）有利于消除行业间的藩篱。面临全球化及创新力的竞争时代，轨道交通维保模式市场化战略不仅仅局限于"成本降低""人力资源"等简单的考量，更应该掌握维保模式市场化战略中更高层次的效益及潜在价值，甚至要将其转化为企业变革或决策的关键。即让轨道交通企业能结合外部资源，与专业维保伙伴策略联盟合作，在委外过程中创造新的价值与商机。因此，企业的市场化策略目标不但要清晰，而且必须确认委外服务供应商能够提供必要的新技术与开发能力，甚至能主动提供企业建议，建立符合企业整体策略目标的维保服务内容。

（3）有利于体现公开、公正、公平，实现综合效益最优化。在市场竞争机制下，通过对维保市场的全面调研，得到具有较强实力的潜在维保商；通过综合评估和公开招标，使优秀的维保商得以脱颖而出，实现维保商之间的公平竞争，体现市场机制的公正法则，有效避免暗箱操作等对维保工作产生的不利影响。

3. 市场化维保战略的步骤

（1）市场调研。维保市场的调研是一项基础性工作，通过分析各系统的维保市场竞争态势，提交综合评估报告。

（2）潜在维保商的综合评估。潜在维保商的综合评估是指在全面考虑市场维保商的经营状况、管理体制、区位特征、行业资质、发展前景等因素的基础上，建立相应的指标体系，利用合理的分析方法展开评价，得到潜在维保商的优劣排序，优选排名前三的潜在维保商为推荐维保商。

（3）推荐维保商的实地考察。在得到推荐维保商名单后，可通过实地考察、走访、座谈，就维保工作的实施内容、要求、不同市场化战略相应的报价等内容与推荐维保商展开谈判，或公开招标或邀请招标，并签署相应的合同文本。

---

① 徐新玉．城市轨道交通设备维保市场化及经济性评价研究 [J]．铁道运输与经济，2014，36（03）：2．

4. 轨道交通维保市场化趋势

轨道交通运营管理作为一项系统工程，其要素层次关系复杂。从国内情况看，轨道交通行业维保已明显体现出市场化趋势，我国广州、上海等城市轨道交通企业，新建线路与老线路的维保模式表现出明显差异。城市经济的发展使得社会维保资源不断丰富，维保外包可选择的余地越来越大。轨道交通行业的维保人员收入水平通常比社会相同专业人员平均收入水平高，传统的维保模式需要大量增加运营企业定员，使得运营企业在经营方面成本较大，因此使得轨道交通企业维保的市场化运作不断受到重视，外包范围越来越大，并成为一种趋势。

轨道交通设备系统共有车辆、供电、通信、信号、工务、电扶梯、环控、给排水、设备监控、防灾报警及消防、自动售检票、屏蔽门等几大类。其中电扶梯、空调、风机、水泵、照明等通用设备，社会的维护市场已非常成熟，一些大型公共场所，如酒店、商场等的这类设备维护均委托给专业安装、维护公司。

铁路的提速，使铁路维护机构出现了大规模的合并、精简、裁员和分流，这使得各铁路分局都在加大力度进入当地相关市场，以安排分流、转岗的人员。由于轨道交通与干线铁路有很大的相似性，因此轨道交通的维护业务成了各铁路分局设备维护部门最想进入的市场。目前，在国内为数不多的几个拥有轨道交通的城市中，当地的铁路部门以及相关的铁路工程局已承担了部分工务维护、牵引变电站维护等擅长的业务。

随着我国经济的迅猛发展、科技的不断进步、市场秩序的逐步规范，越来越多的技术过硬和信誉、服务质量俱佳的企事业单位涌现出来，为地铁设备维修保养市场化创造了良好的市场竞争环境。

（二）车辆可靠性分析、预测以及分配方法

1. 可靠性的指标

可靠性是指车辆在规定的条件下和规定的时间内，完成规定功能的能力。车辆不能完成规定功能，称为故障（或失效）。规定的条件指维护条件、使用条件、环境条件等，规定的时间是可靠性定义的核心，规定时间的长短随着对象车辆不同和使用目的的不同而不同。

可靠性综合反映了一个车辆的耐久性、无故障性、维修性、有效性和使用经济性等特点，可用各种定量指标表示。可靠性特征量是用来表示车辆总体可靠性高低的各种可靠性数量指标的总称，是衡量系统可靠性的定量化指标。对于不可修复的车辆常用可靠度、故障率、平均寿命和可靠寿命等可靠性指标进行描述；对于可修复车辆常用维修度、可用度、平均修复时间等指标进行描述。

2. 车辆可靠性预测

可靠性指标分配后，就要把这些要求贯彻到每个子系统中，并应体现在采购技术文件和各子系统的设计中。同时，可靠性工程师也应不断跟踪各子系统可靠性的完成情况，进行相应的可靠性分析，并不断调整，以满足合同需求。具体要求如下：

（1）在整个设计阶段，城轨车辆的运行可靠性预测应及时更新，以保证设计符合合同规定的可靠性要求。

（2）利用可靠性模型进行可靠性预测，尽可能多地使用反馈数据，否则应使用可靠性数据手册发表的数据。

（3）如果预测结果显示与合同规定的可靠性目标不符，就需要采取适当的方法进行改进。

（4）依据各子系统的可靠性和产品的革新程度，采用故障模式影响及危害度分析方法，研究不同子系统故障后果及其发生概率。这可以区分、确立城轨车辆发生故障的不同种类，提出相应的建议，从而防止或减少故障的发生。

（5）为评估城轨车辆运行的可靠性，可利用故障树分析法、可靠性方框图等方法分析来确认每个子系统的失效模式。

3. 可靠性分配

（1）可靠性分配原则

1）任务情况。对整个任务期间内均须连续工作以及工作条件严酷，难以保证很高可靠性的子系统或单元，则应分配给较低的可靠度。

2）重要程度。对重要的子系统或单元，若子系统或单元失效后将产生严重的后果，或其失效常会导致车辆系统失效，则应分配较高的可靠度。

3）技术水平。对能够保证实现较高可靠性的技术成熟的子系统，或预期投入使用时有较高可靠性的子系统，则可分配给较高的可靠度。

4）复杂程度。对较简单的、零部件数量少、组装质量容易保证或故障后易于修复的子系统，则可分配给较高的可靠度。

此外，可靠性分配一般还要受费用、重量、尺寸等条件的约束。总之，最终力求以最小的代价来达到车辆系统可靠性的要求。

（2）可靠性分配方法

可靠性分配方法有很多种，随着掌握可靠性资料的多少、设计的不同阶段以及目标和限制条件等不同而不同，主要有如下方法：

1）等分配法。在设计初期，由于对子系统可靠性资料掌握很少，故假定各子系统的条件相同，分配给各子系统以相同的可靠性指标。

2）比例分配法。比例分配法用于新设计的车辆系统与原有车辆系统基本相同，原有各子系统的可靠度或失效率已知，但尚未满足资料可以预测新设计的车辆系统可靠性要求，这时新系统中各子系统的失效率可与原子系统的失效率成比例进行可靠性分配。

3）综合评分分配法。该方法是按经验对各子系统进行综合评分，根据各子系统得分多少分配相应的可靠性指标。

除此之外，还有动态规划分配法、再分配法等。车辆制造厂如果已拥有车辆可靠性数据或经验，可借鉴已有的数据或经验，结合项目的特点和配置，依据上面的可靠性分配方法进行可靠性分配。车辆制造厂如果是第一次进行可靠性分配，而且没有经验数据，则可借鉴国外车辆供应商的数据，并加强与各供应商的联系，取得子系统所能达到的可靠性。应借助上面的可靠性分配方法，合理确定各子系统的可靠性指标，这些可靠性指标应符合合同技术规格书的要求。

三、城市轨道交通网络化车辆维修决策优化方法

（一）车辆维修修程优化方法

1.车辆维修修程优化中的RCM适用性

"安全、高效、经济"是地铁运营管理的基本目标，车辆安全要全面覆盖车辆维修的整个过程，并且在回答各问题时始终以车辆安全可靠为中心，保证维修可靠性，并且通过分析结果进行选择性维修，避免维修浪费从而降低维修成本。因此，通过RCM分析，可以对全生命周期维保现有修程进行科学的规程更新，形成规范的维修决策体系更新维修策略，调整最佳的维修周期，以满足设备的实际维修需要。基于RCM的全生命周期维保规程优化主要体现在以下四个方面：

（1）通过地铁车辆设备关键性评估矩阵对设备关键程度进行排序，使管理人员能有效区分设备的重要程度并掌握车辆关键设备分布状态，指导维修侧重点任务分配使得全生命周期维保工作能持续关注实际需要关注的设备状态。

（2）只对于关键程度较高的设备引入RCM分析，提高分析效率。通过关键设备的功能分析、故障分析及后果分析，促使维修人员进一步明确故障机理及相应的补偿措施，提高维修人员的维修技能水平和维修效率。

（3）通过RCM一系列分析方法，筛选危害性较大的故障模式，借助规范化逻辑决断方法对维修策略进行优选，并结合分析对象数据收集处理把握故障规律，进一步明确分析对象的最佳维修周期。

（4）明确车辆的实际维修需求，避免过度维修或维修不足。对于系统稳定、关键程度不高或故障风险较低的设备，除正常保养外，可适当减少维修工作量，降低维修成本，保证全生命周期维保修程在列车运营窗口时间完成。

2.车辆维修修程优化中的 RCM 应用

（1）认识问题与准备阶段。明确车辆维修修程现状及 RCM 基本理论，初步确定 RCM 修程优化目标，梳理车辆系统设备树，根据所筛选的设备关键性指标构建设备关键性判断矩阵，依照关键程度排序选择分析对象。同时，组建 RCM 技术小组及相关保障制度。

（2）RCM 分析与决策阶段。对所选择关键分析对象进行功能分析，把握关键故障及其维修措施，通过数据收集处理明确其故障特征及维修周期。同时，利用规范化逻辑决断优选维修策略并与现行文件进行比对分析。

（3）专家评审与验证阶段。组织内外部专家对 RCM 分析成果进行汇总评审并进行修缮，初步确定维修工作任务并拟订跟踪验证计划进行定期跟踪，及时对反馈情况进行分析调整。

（4）持续优化与规范阶段。根据分析所得的维修规程及维修周期，调整现有车辆维修修程中对应的维修组织，分析并调整车辆维修流程实现流程再造，并在维修资源供应及制度保障上进行规范化，保证分析成果得到落实。

（二）车辆维修流程优化方法

车辆维修流程优化方法众多。下面重点论述基于模块化的车辆维修流程再造优化方案。

1.维修模块化与流程再造

（1）维修模块化。维修模块化是指将各个维修内容所需要的维修工器具、备品备件材料、维修作业人力资源以及相关制度规范等包络在各个规程模块中，从而形成单独的维修作业单元，形成较小的维修模块，以便保证作业的灵活性和管理控制的有效性。

（2）流程再造。流程再造是通过对企业内部和外部各级各类流程进行逐步系统梳理、诊断，不断优化，在达到一定临界条件时，完成从量变到质变的过程。流程再造可以看作是业务运行模式的变革，目的是要整合与企业相关和可能相关的一切资源，构建流程通畅的价值链，建设资源高效共享的结构体系，尽一切可能最及时、最全面、最准确地满足功能需求，实现最佳效益。

流程再造的一般步骤包括四个阶段：

第一阶段，再造策划。分为7个子步骤：识别客户及其需求；树立愿景；明确再造战略；确定再造领导人；营造再造环境；组建再造小组，指定流程主持人；制订再造实施计划。

第二阶段，重新设计流程。分为4个子步骤：翻新流程；新流程试验；新流程完善；新流程检验。

第三阶段，流程规范化。分为4个子步骤：对新流程规范化、制度化；设计新的组织结构；构建新的岗位系列，指导和培训员工；建设新的信息管理系统。

第四阶段，再造实施。分为2个子步骤：新旧流程切换；评估新流程。

2. 基于模块化的车辆维修流程再造方案设计

引鉴流程再造管理理念，消除流程中的冗余环节，强化维修过程组织与控制、维修作业计划编排，使维修过程贴近实际维修环境，保证维修流程顺畅，缩短维修耗时，进一步提升维修流程效率并降低维修成本。

对车辆系统管理部门来说，地铁车辆维修是一项持续的工程。因此，车辆维修流程再造，需要从整个维修需求出发，将维修任务及所涉及环节进行重组再造并合理划分模块，形成维修模块，根据实际情况进行不同的处理，来实现维修效益最佳化。

基于模块化的维修流程再造技术路线，如图3-3所示。

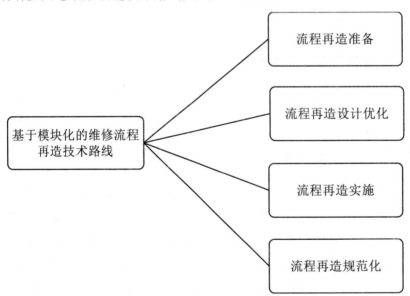

图3-3　基于模块化的维修流程再造技术路线

（1）流程再造准备。尽可能收集地铁车辆系统维修过程中的各个环节信息，深入掌握车辆技术状态及对应的实际维修需求，明确流程再造目标，确定再造组织架构及组建再造维修工班小组，重新确立维修流程及控制过程。

（2）流程再造设计优化。根据所掌握的资料，合理将维修规程、维修工时消耗、维修工器具、维修人力资源等进行模块划分，并将其一一对应，使之形成在确定目标下的多个资源及活动的组合，下一步的工作即是将各种不同的组合进行统筹，运用运筹学的基本原理合理安排组织，寻找各种组合活动所产生的效益，以效益最佳为导向，结合车辆实际维修需求特征和部件可靠性要求条件等确定最佳的模块组合。

（3）流程再造实施。确立的新流程应通过培训员工使之熟悉新的流程，保证再造流程能实施，并且应注意新旧流程切换以及评估新流程，实时信息反馈调整流程。

（4）流程再造规范化。通过验证实施的再造流程若已能满足既定目标，则需要将新流程进行规范化、制度化，设计新的组织结构，并尽可能地依靠将所形成的成果信息化，以便数据信息的统计分析及维修管理。

第三节　城市轨道交通网络化运营列车的运行调度

一、城市轨道交通列车的调度指挥体系

（一）列车的行车调度工作

城市轨道交通系统是一个复杂的、技术密集的公共交通系统，具有高度集中和各个工作环节紧密联系、协同工作的特点。调度是城市轨道交通企业日常运输组织的指挥中枢，对城市轨道交通日常工作的开展起着决定性的作用。

列车运行调度的主要任务是科学地组织客流，经济合理地使用车辆及运输设备，挖掘运输潜力，提高运输效率和经济效益，组织与运输有关的各部门密切配合、协同动作，确保实现列车运行图，努力完成运输生产任务，为城市经济建设和人民生活服务。

行车调度工作的具体职责如下：

1.密切注意客流动态，协同有关部门根据客流变化采取相应的组织方案。

2.组织各站及有关行车部门，按列车运行计划行车，监督各站及有关行车部门的执行情况，并及时正确地发布有关行车命令及指示。

3.监督列车到发及运行情况，遇到列车晚点和突发事件时，及时采取运行调整措施，尽快恢复列车正常运行。

4.当列车运行需要调整时，指导车站及行车部门开展工作。

5.负责编制及组织线路施工、维修的作业计划。

6.负责工程车、试验列车等上线车辆的调度指挥工作。

7.当发生行车事故时，按规定程序及时向上级主管部门汇报，并采取措施防止事故扩大，同时积极参与指挥救援工作。

8.建立健全运营生产、调度指挥等各项原始记录台账及统计、分析报表，并按规定向上级主管部门报告。

（二）列车的调度指挥架构

为了对运输生产活动进行集中领导、统一指挥和实行有效监控，城市轨道交通系统必须设立行车组织的指挥中心。考虑实际运营的需要，城市轨道交通通常采用集中分级式的管理架构，主要分为网络管理层、线路控制层和车站（车场）执行层，如图3-4所示。

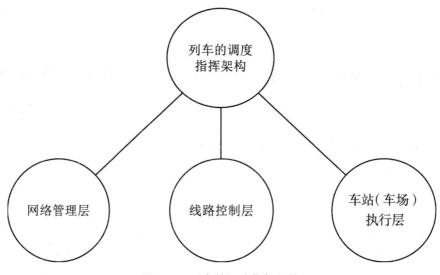

图 3-4　列车的调度指挥架构

1.网络管理层

网络管理层是网络化运营管理的协调中心、信息中心和指挥中枢，包括网络运营协调和应急指挥调度中心和区域应急抢修中心。

网络运营协调中心（COCC）负责全网统筹管理，监督各运营线路的客流变化、列车运行和设备的运营管理，采集、传递各类运营生产信息，发布各项运营生产任务和命令，指挥网络重大突发事件的应急调度。日常工作中需要重点对各线路的运营组织方案进行必要的协调审查、实时监控、运营信息的汇总及网络内的有关问题迅速处理。

2.线路控制层

线路控制层主要指线路控制中心（OCC）。OCC是城市轨道交通日常运输工作的指挥中枢，负责组织指挥线路与列车运行有关的各部门、各工种协同作业，确保列车运行图的实现，组织完成客运生产任务，保证行车和乘客安全，在发生突发事件时执行路网管理层指令。OCC 的职能如下：

（1）负责所辖各条线路的行车系统运营监控和调度指挥，按运营生产计划与列车运行图指挥行车，并根据客流变化及时调整运力安排，合理使用生产资源。

（2）负责突发事件的应急调度指挥与运营信息流转工作，做好抢险指挥工作，调动相关单位人员赶赴现场，采取有效措施减少影响与损失，尽快恢复正常运行秩序；收集事件发生与发展情况，做好信息整理上报，并按事件报告要求，完成情况汇总、数据统计与分析工作。

（3）负责管辖系统运营系统设备的监控，做好设备故障情况的缺陷记录、报修与状态追踪，及时改变设备运行方式与人为干预措施，维持系统运行。

（4）负责线路票务设备运行监控和运营模式设置。

（5）负责按质量管理要求，积极开展质量管理活动。真实、完整地记录运营生产与调度工作情况，及时生成、发布各类日常运营报表。按时做好数据统计、上报工作。定期分析生产运行情况，及时采取纠正预防措施，评估技术管理质量。

（6）参与运营演练项目，协助制定有关规章，落实、执行上级下发的各类技术文件、规章，做好文件有效性控制，不断评估技术管理质量，并及时予以反馈。

控制中心设置控制中心主任，全面负责中心管理工作，其下设置调度班组，分别由主任调度带班管理，每班配备行车调度（正值／副值）、电力调度（正值／副值）、环控调度和客运调度等，负责当班期间本区的调度指挥工作。各个城市轨道交通调度生产组织机构不尽相同，有些城市将行车调度和客运调度并岗称为运营调度，电力调度和环控调度并岗称为设备调度。

另外，控制中心还设有分析调度，主要由运营主管和设备主管担任。运营主管负责行车调度业务的技术指导、突发事件分析与报告、运营统计分析及本区各专业领域的施工管理和安全生产管理；设备主管负责电力、环控专业领域内的技术指导，分析调度也可作为各班主任调度员单线行车组织指挥层次。

1）电力调度。电力调度负责对变电所、接触网设备的运行状态进行实时监控和数据采集，如完成监控范围内的断路器、电动隔离开关的控制操作，完成对有关信息的采集、处理、记录及报表统计等。电力调度通过实时监控供电设备的运行，掌握和处理供电设备的各种故障，确保实现对系统安全、可靠地供电。

2）行车调度。行车调度是列车运行的组织、领导和指挥者，负责组织指挥各部门、各工种严格按照列车运行图工作，检查监督各行车部门执行运行图的情况，发布调度命令，监控列车到达、出发及途中运行情况，确保列车运行秩序正常；随时掌握客流情况，及时调整列车运行方案；当列车运行秩序不正常时，及时采取措施，尽快恢复正常运行秩序；当发生行车异常情况时，及时、准确地处理，防止行车事故的发生；当发生行车事故时，按规定程序及时向上级主管部门汇报，并采取措施防止事故扩大，积极参与组织救援工作；安排各类检修施工作业，组织施工列车开行。

3）环控调度。环控调度员负责管辖范围内环控、消防等设备运行调度和管理工作，通过中央级工作站监控设备监督路网内的气体自动灭火系统、给排水系统、环控通风空调系统等的运行情况，指挥环控系统实现安全、高效、经济的运行，为乘客提供安全、舒适的乘车环境。当地铁区域内发生火灾时，环控调度员通过指挥环控设备执行相应的通风模式，协助、配合火灾扑救工作。

4）客运调度。客运调度负责监控全线各站的客流状况，根据行车调度的列车调整指令，向有关车站下达客流组织指令。

在发生非正常运营状况时，客运调度必须配合行车调度的调整计划，拟定相关的信息告知用语，通知相关车站，通过车站广播、车站乘客信息屏的发布、临时公告等方式告知乘客，以实现对车站客流的有序组织，保证对行车命令中需要乘客配合的部分能有效执行。

3.车站（车场）执行层

（1）电动列车驾驶员。电动列车驾驶员负责正线、停车场内的列车驾驶及列车试车工作。做好车辆在出车前、回场后的检查，负责值乘列车的安全正点运行，做好与行车相关人员的信息传递。在正线载客运行中，按规范服务标准做好对乘客的服务；发现列车故障或在运行途中遇突发事件，按预案要求迅速采取措施，排除故障，缩短处理时间，减少对正常运营的影响。

所有这些与列车运行有关的作业人员都必须服从行车调度指挥，执行行车调度员的命令。如果行车设备在运营时间内发生故障，由行车调度员指挥电力、环控调度配合行车调整及处置。

（2）车站值班员。车站值班员负责监控列车运行，正常情况下按列车运行图组织行车，及时准确地执行调度命令，按行车指挥指令处理车站各类运营突发事件；使用车站广播设备和监控设备做好客运服务和安全工作，适时与相关调度、邻站值班员等通报有关信息，确保列车正常运行；负责车站检修、施工实施确认和许可工作；妥善保管、使用行车设备、日常备品、备件和钥匙等；负责夜间车站安全工作，督促站务员做好夜巡和道床清扫工作；车站设施、设备发生故障时，按规定程序报修并做好报修后的跟进工作，按规定填写相关报表。

为了配合车站值班员的工作，有些城市还配有助理值班员，主要负责接送列车、监护列车运行、交通行车凭证、手信号发车、调车作业现场组织、特殊情况下手摇道岔、协助乘客上下列车等。

（3）停车场运转值班员。停车场运转值班员根据列车运行图及列车检修调试计划，负责安排每日用车，编制列车出入库作业计划；根据检修需要，负责布置电动列车和内燃机车调车、试车作业；根据调度命令，做好列车出入场作业，做好列车运行情况的统计汇总；负责乘务部线路人员的场内出勤、退勤工作；协调场内作业人员的工作，做好停车场内的检修施工管理。

二、列车的日常行车调度指挥

（一）行车组织的正常情况

正常情况的列车运行组织包括运营开始前、运营期间、运营结束和调车作业四个部分，如图 3-5 所示。

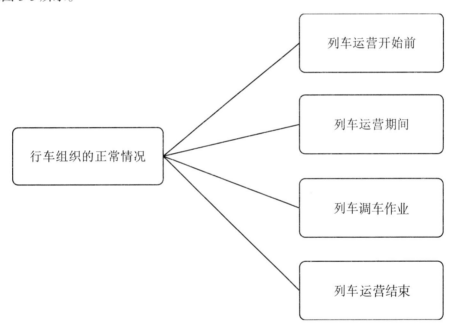

图 3-5　行车组织的正常情况

1. 列车运营开始前

（1）OCC 的行车作业，应满足以下要求：

1）建立或核对当日列车运行计划，检查内容无误。

2）与车辆基地调度员核对确认当日运用车的准备情况。

3）确认供电系统、信号系统、通信系统、站台门系统、环境与设备监控系统及线路情况。

4）车况等与运营有关的设备状况良好。

5）确认中央工作站显示及操作正常，所有集中站控制权按调度命令处于正常状态，线路无异常占用。

6）与行车值班员、车辆基地调度员核对时间。

7）组织确认正线轨行区的施工已全部注销。

（2）车站的行车作业，应满足以下要求：

1）确认车站管辖范围内所有施工检修作业已经完成注销，运营设备运行正常，检查站台门开关是否正常、站台区域是否侵线。

2）提前开启相关运营设备。

（3）车辆基地的行车作业，应满足以下要求：

1）确认车辆基地内所有影响出库的检修工已注销，出库线路空闲。

2）确认投用列车数符合当日列车运行计划要求。

（4）列车驾驶员的行车作业，应满足以下要求：

1）按规定办理出勤手续，确认当日值乘计划和行车组织安全注意事项，并对列车进行技术作业检查，确认车辆设备良好。

2）确认车载设备正常，确认列车无线电话和车辆广播使用功能良好。

3）出乘前与车辆基地调度员核对时间。

2. 列车运营期间

（1）OCC应按列车运行计划组织行车，必要时采取有效措施调整列车运行秩序。

（2）车站应监控设备运转状态，执行行车调度员的命令，并与列车驾驶员执行联控措施。

（3）车辆基地应按列车运行计划优先组织接发列车作业，提前停止影响接发车进路的调车作业和检修施工。

（4）列车驾驶员的行车作业，应满足的要求包括：①在车辆基地内，按程序进行整备作业，与车辆基地调度员办理列车发车手续；②在区间运行时，按车载信号、地面信号显示或行车调度员的调度命令行车，遇到紧急情况应按相关预案要求果断处理；③列车运行中，加强瞭望，按规定进行乘客服务广播；④列车在站台时，开关车门/站台门，监控乘客上下车，确认列车与站台门之间空隙安全。

3. 列车运营结束

（1）OCC负责按列车运行计划组织列车返回车辆基地；根据施工作业计划安排施工作业，必要时由电力调度员关停牵引供电。

（2）车站确认站内无乘客滞留后，及时关闭各出入口及客运服务设备；按施工计划时间，确认符合条件后办理车站施工请销点手续。

（3）车辆基地确认接车线路空闲后，按列车运行计划办理接车进路；按施工计划要求组织工程车或调试列车发车，安排到正线、辅助线进行调试作业或配合施工检修。

（4）列车驾驶员驾驶列车返回车辆基地后，按规定办理退勤手续。

4. 列车调车作业

（1）调车作业包括牵引、推进两种，禁止溜放调车。

（2）列车驾驶员凭车载信号、地面信号或调车手信号显示行车，运行中认真确认进路、道岔位置是否正确；临时停车时，不得擅自后退。

（3）正线调车作业应满足的要求包括：①配合检修、调试作业时的调车作业，按作业负责人要求执行；②信号系统不能正常使用时的调车作业，按行车调度员命令执行。

（4）车辆基地调车作业应满足的要求包括：①车辆基地调度员应结合车辆和线路情况，合理编制调车作业计划，向信号楼值班员和列车驾驶员下达执行信息；②信号楼值班员应在确认线路具备行车条件后方可开放调车发车信号。

（二）列车运行组织的非正常情况

非正常情况主要是指列车运营控制设备出现故障、采用替代闭塞法和车站控制的情形。采用的替代闭塞方法主要是电话闭塞法。

1. 改用时间间隔法时的行车

由于自然灾害或其他原因使车站一切电话中断，车站行车值班员无法与控制中心、邻站取得联系，为了不间断行车，双线区间可改用时间间隔法行车。此时，行车作业办法要求如下：

（1）车站行车值班员指定改用时间间隔法的第一趟列车司机，将实行该行车法的情况通知有关车站。

（2）切除线路两端折返站外，中间站道岔一律置于正线列车运行位置，如车站行车值班员无法在控制台上确认道岔位置或转换道岔，必须随车就地确认或办理。

（3）出站信号机置于停车信号显示，列车进入区间的行车凭证为红色许可证，手信号发车。

（4）两列车的间隔时间和列车运行速度应符合要求。

2. 改为车站控制时的行车

凡发生下列情形之一时，根据行车调度员的命令，由调度集中控制改为车站控制。

（1）对所管辖的道岔或信号失去了控制作用。

（2）表示盘上失去了复示作用或不能正确复示。

（3）停止使用自动闭塞法。

（4）清扫道岔。

（5）列车运行或调车有关工作必须由车站办理。

当调度集中控制改为车站控制时，在行车调度员的指挥下，由车站行车值班员执行闭塞、准备进路、开闭信号和接发列车命令。

3. 电话闭塞行车

在停用基本闭塞设备、车站联锁设备故障、列车反方向运行（反方向运行区段有 ATP 速度码除外）、开行施工列车和轨道车时，均应停止使用基本闭塞法，改用电话闭塞法行车。

在改用电话闭塞法行车时，行车调度员应及时调整使用时刻表，车站值班员根据调整后的使用时刻表，严格按照规定的作业程序与要求办理闭塞、准备进路、显示信号和接发列车。

路票在确认闭塞区间空闲并取得接车站承认闭塞后方可填发。为了确保行车安全，原则上，路票应由车站值班员亲自填写。

路票填写应内容齐全、字迹清楚，涂改无效。无效路票应注销，重新填写。车站值班员应将填写的路票与电话记录号码进行核对，确认无误并签名后方可交给司机。

电话记录号码每站一组，按日循环使用，相邻站不使用相同的号码，每个号码在一次循环内只使用一次，号码一经发出，无论生效与否，不得重复使用。

4. 夜间施工时的行车

夜间施工是城市轨道交通系统生产活动的重要组成部分。运输调度部门既要按照批准的施工计划，保证设备维修更换、线路扩建工程等夜间施工任务顺利完成，又要保证次日的运输生产能正常进行。为此，夜间施工时的行车应按有关作业办法与要求来组织实施。

（1）行车调度员应认真核对当夜施工计划，充分了解施工内容、地点和方法。

（2）当必须向施工封锁区间开行施工列车时，列车进入封锁区间的行车凭证为调度命令。调度命令中应包括列车车次、运行速度、停车地点、停车时间、到达车站的时刻等有关事项。向施工封锁区间开行施工列车，施工地点每一端只准进入一列。施工列车进入施工地段时，应在施工防护人员显示的停车手信号前停车，根据施工负责人的要求，按调车办法，进入指定地点。

（3）施工列车应按闭塞方式运行。当一个区段一条线路上只有一个列车往返多次运行时，可采取封闭区间运行的办法。

（4）行车调度员应在满足施工要求的前提下，尽量缩小线路封锁或封闭的范围，使其对行车和其他施工作业的影响达到最小。

（5）当施工负责人报告不能按时完成施工作业，造成设备损坏、影响邻线列车运行和发生人员伤亡等情况时，行车调度员应立即报告值班调度主任，同时采取有效措施，确保施工安全和次日运输生产能正常进行。

5. 列车反方向运行

因运营调整需要反向运行时，行车调度员应先确认线路空闲、进路准备好，再发布反向运行调度命令，并做好反向运行列车与对向列车的间隔控制，确保行车安全。结合信号功能达到的条件，列车驾驶员应按照安全级别由高至低选择驾驶模式。运行中应认真确认运行进路情况，根据调度命令及所经区段的限速要求运行。列车驾驶员和行车值班员接到反向运行命令后，应及时告知乘客信息，维护乘车秩序。

6. 列车退行

列车因故在区间停车或停站越过停车标须组织退行时，列车驾驶员应立即报告行车调度员，未得到行车调度员同意时，严禁擅自退行。行车调度员应确认列车退行条件满足后，发布允许退行的调度命令。列车驾驶员接到退行命令后应立即告知乘客，并低速退行至规定位置停车。列车退行进入车站时，列车驾驶员应与车站接车人员做好联控。

7. 列车清客

行车调度员发布清客命令后，列车驾驶员、车站应立即执行，并做好乘客服务。列车在区间清客步行疏散前，应立即停止接触轨线路相关区域的牵引供电，并做好安全防护措施。紧急情况下，列车驾驶员须立即向行车调度员申请组织区间列车清客疏散，行车调度员接报后应立即扣停后续及邻线列车，并组织两端车站人员引导乘客疏散。

（三）非运营列车作业

1. 调试列车

调试列车作业原则上在非运营期间执行，作业内容包括车辆调试、信号调试及其他须用列车完成的测试作业。司机负责调试列车车况检查，若车况不符合调试要求，汇报行车调度，行车调度可取消调试计划。动车调试作业须由行车调度发布书面命令，司机根据调度命令规定的行车作业方式出入库、运行至规定车站，调试过程由调试负责人负责指挥调试作业。运营期间的调试作业，调试列车必须具备完备的信号系统，严禁安排调试列车进行载客作业。

2. 施工列车、检测列车

工程车辆原则上在非运营期间开行，若要在运营期间开行须经批准后方可执行。工程车辆在进入运营线路前，施工负责人必须对其技术状态进行全面检查，确保行车和设备安全。

工程车辆进出运营线路必须办理施工计划，并由行车调度发布书面命令，列车根据调度命令规定的行车作业方式开行。工程车辆运行途中不得解编，推进运行时须由列车前部调车员进行引导。

3. 转线车辆

转线作业原则上在非运营期间执行，若要在运营期间开行须经批准后方可执行。转线车辆在转线作业前，必须对其技术状态进行全面检查，确保行车和设备安全；转线作业必须由行车调度发布书面命令，列车根据调度命令规定的行车作业方式，由车场运行至转线接口车站，两线接口车站间列车以电话闭塞法运行；转线车辆到达邻线接口车站后，根据调度命令规定的行车作业方式运行至邻线车场。

（四）列车突发情况下的行车调整作业

1. 恶劣天气

当发生大风、暴雨、冰雪、雾等恶劣天气时，列车驾驶员、车站人员应加强巡查。遇危及行车安全情况时，列车驾驶员应及时采取停车措施，并报告行车调度员。行车调度员应根据恶劣天气影响的情况，发布行车组织方式变更的调度命令，可采取限速、越站、变更行车交路、停运等调整措施，列车驾驶员、车站根据调度命令执行行车作业。

2. 突发大客流

当发生客流持续增多，超出车站承受能力的情况时，车站应及时采取大客流疏导、限流措施，并向行车调度员报告客流情况及应对措施。行车调度员根据实际情况发布行车组织方式变更的调度命令，可采取加开列车、调整停站时间、越站等行车调整措施。列车驾驶员、车站根据调度命令执行行车作业。

3.人员非法进入行车区域

当发现有人员非法进入行车区域时，列车驾驶员或车站应立即采取紧急措施并向行车调度员报告，行车调度员应采取限速措施，视情况采取停电措施，并组织工作人员设法将其带离。发生人员与列车冲撞时，应立即启动相关应急预案：①发生在站台区域时，宜由车站组织事故处置指挥；②发生在区间时，宜由行车调度员组织事故处置指挥；③行车调度员调整其他区域列车运行。

4.列车脱钩、脱轨、冲突、颠覆

发生列车冲突、脱钩、脱轨、颠覆等事故时，列车驾驶员应立即向行车调度员报告。运营单位应立即启动相关抢险救援应急预案。行车调度员应视情况组织列车小交路运行或启动应急公交接驳。抢险完毕后，行车调度员应及时调整列车运行秩序，指挥列车逐步恢复正常运行。

5.火灾、毒气泄露、爆炸

在列车上发生火灾、毒气泄露和爆炸等事件时，列车驾驶员应立即报告行车调度员，并尽量维持列车运行至前方车站；当在车站发生上述事件时，车站值班站长应及时疏散乘客，并立即报告行车调度员。

根据现场情况通知消防、公安、医疗等外部部门赶至现场处置。车站根据调度命令执行行车作业并组织乘客疏散，必要时调整相关环控模式。列车驾驶员根据调度命令执行行车作业。

（五）行车作业标准

1.行车作业应严格执行岗位工作标准，使用标准用语。
2.运营单位应制定正常及非正常情况下行车作业标准和岗位联控作业标准。
3.行车组织作业，宜执行手指口呼自确认制度，必要时可行双确认制度。
4.行车岗位人员应持证上岗，按规定着装，正确佩戴岗位标志。

三、列车运行延误调整策略

城市轨道交通系统中列车运行延误难以避免，长时间的延误会产生服务质量下降、系统能力利用损失、系统运营成本增加和综合社会经济效益降低等不良影响，严重时还会带来安全风险。因此，在日常运营工作中，城市轨道交通的调度人员会及时采取相应的调整措施使列车尽快恢复至正点，并将对乘客的影响降至最小。

列车运行延误具有时间上与空间上的双重传播特征，一趟列车的延误可能会对其他列车的运行产生影响，形成连带延误。由于城市轨道交通线路具有配线简单、行车间隔小、客流量大等特点，延误的传播影响范围大、造成的能力损失严重。而在城市轨道交通网络中，这样的影响则更大，延误还有可能通过客流的传递引起相连线路上列车的延误，使整个网络的正常运营被打乱，对乘客的出行造成严重影响。

（一）列车运行延误的类型

列车运行延误是列车运行图在执行过程中所受到各种因素影响的综合表现形式，共分为到达、出发和通过三种情况。列车运行延误可以分为初始延误和连带延误，如图3-6所示。

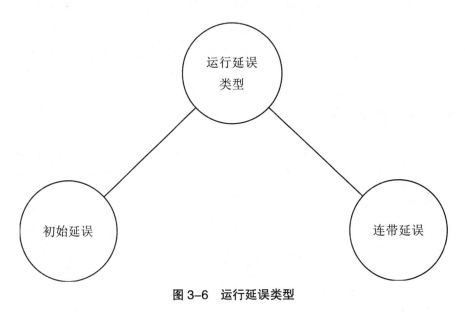

图3-6　运行延误类型

1.初始延误

初始延误是由干扰事件直接造成的延误，城市轨道交通列车初始延误产生的原因很多，既有主观方面的原因，也有客观方面的原因，总体来说主要有以下三方面：

（1）外部因素。这类延误的产生是由乘客、天气等外部因素造成的。这类外部因素具有非常大的随机性和不可控性。外部因素也可分为三大类：

1）乘客等原因。如在高峰时间段，乘客过多导致列车不能按时关闭车门，乘客掉下站台等。

2）不可抗力因素。不可抗力因素主要是指列车受不可抗力影响不能正常运营的因素，如恶劣天气、台风、地震等。

3）其他突发事件。突发事件是指不能预知，而一旦发生就会造成重大人员伤亡，并导致列车停运的事件（如火灾），这类事件对线路的影响是最大的。

显然初始延误的时间是与发生延误的原因和程度相关的，某些原因可能导致延误只持续几秒钟，而有些原因会导致延误持续数小时甚至更长。另外，初始延误的规律与线路设备特性及客流特征等诸多因素相关，因此，很难定义初始延误时间的分布规律。但是，初始延误的随机分布特征可以通过已建成线路的运营实际统计分析，或借鉴国内外其他城市轨道交通线路的运营经验来获得。一般来说，由于高峰时间段行车间隔小、客流量大、车辆信号等设备负荷大等原因，发生初始延误的概率较其他运营时段要大。

（2）基础设施。这类延误产生的原因是道岔、信号、车辆等基础设施发生故障而造成的，这类故障严重时会造成运营中断。对于设备故障，可以划分为直接设备故障和间隔设备故障。直接设备故障主要是指故障直接发生在硬件设备上，这类故障往往是由于设备损坏而造成的，如轨道断裂、道岔被挤坏、车辆发生变形或损坏等。间接设备故障是指由于该类设备发生故障而不能使直接设备正常工作，这类设备大部分为软件系统，如通信系统、控制系统等。

（3）运营管理。这类延误的产生主要是由司机、调度人员、运营计划等因素导致的。这类延误的最大特点是受主观因素影响较大，与管理人员的素质、经验水平等密切相关。

2. 连带延误

连带延误是由于初始延误的影响而造成的延误。连带延误在城市轨道交通系统中非常普遍，也占大部分。导致连带延误的因素有很多，在城市轨道交通系统中，主要有以下方面：

（1）列车自身因素。当某列车在某一地点发生初始延误后，有可能会导致列车在下一个或几个车站发生延误，这种延误是由于列车的自身原因造成的。

（2）缓冲时间。在城市轨道交通运行图中，缓冲时间包括追踪间隔缓冲时间、区间运行缓冲时间、停站缓冲时间、折返缓冲时间、换乘缓冲时间等，缓冲时间的大小与分布将直接影响延误的传播速度与范围。

（3）车底周转。在城市轨道交通线路中，车底周转频率很高，当车底前一列车发生终到延误时，就有可能导致后一列车发生出发延误，从而影响后一列车的运行，进而延误就会传播到线路的另一个方向。

（4）乘务组织。在城市轨道交通系统中，乘务制度往往有包乘制和轮乘制或二者结合。如果乘务制度为包乘制，则乘务组织对延误的传播影响不大；如果乘务制度是轮乘制，则会出现乘务员会因前一列车延误而不能及时担乘另一计划列车。

（5）辅助线数量及其布置形式。在城市轨道交通线路上，辅助线包括折返线、存车线、停车线、渡线和安全线。辅助线的合理设置是列车安全行车、正常运行和提高运营管理应变能力的重要保证。折返线的布置形式决定了车站的折返能力，存车线的数量决定了线路上可以存放备车的数量，停车线主要用于运行中故障列车的临时停放，以减少对正常行车的干扰，也可用于发生长时间延误时改变临时交路。因此，辅助线的数量及其布置形式对列车延误调整起着非常重要的作用。

（6）乘客换乘。在城市轨道交通网络中，列车发生延误后，要充分考虑乘客换乘的要求，如果某一线路列车发生延误，这种延误会造成乘客无法换乘另一线路的列车，这时需要调整另一线路列车的时刻以满足换乘乘客的要求（尤其是在线路末班车的情况下）。

（7）客流变化。在城市轨道交通系统中，由于列车延误会导致客流在车站迅速集聚，这必然会增加乘客的上下车时间，从而使延误列车的延误时间进一步加长。在网络运营条件下，延误很容易由于客流量以及客流选择路径的变化波及相邻的线路，从而对整个城市轨道交通网络的正常运营造成影响，如果延误发生后不及时采取有效措施，延误的影响过程很容易形成"滚雪球"效应，使整个城市轨道交通网络陷入"车越跑越慢，人越聚越多，影响范围越来越广"的恶性循环。

（二）列车运行延误的传播特性

运行延误的传播是指前行列车发生初始延误的条件下所引起的后行列车或其自身的后效延误现象。这种现象的发生是由于列车运行图中运行线间或线群间缓冲时间不足或调整措施不当而引起的。城市轨道交通系统列车运行延误及其传播除了具有轨道交通系统列车运行延误及其传播的基本特性以外，还具有如下4个特性：

1. 延误传播的直接性。城市轨道交通系统车站线路设置相对简单，列车运行过程中几乎不具备列车越行条件，一旦列车运行图确定后，实际运营组织中列车运行顺序不会轻易发生改变，因此列车运行延误将直接在列车间相互传播，会在空间上呈现多米诺骨牌效应的特点。

2. 延误传播的快速性。城市轨道交通系统站间距离短、列车运行间隔小，因此列车运行延误的传播速度快，影响范围广。尤其是发生较长时间的延误后，前后行列车的相互制约加上客流的变化使得延误的传播速度非常快（在高峰时间段内尤为明显）。

3. 延误传播的向前传递性。城市轨道交通系统在发生较长时间的延误时，为了提高服务水平，有时会将延误列车的前行列车扣车，使前行列车的运行间隔逐步增大，以保证一定的服务水平。因此，前行列车也会受到后行列车延误的影响，使延误向前传播，这种特性是城市轨道交通系统特有的。

4.延误传播的双向性。城市轨道交通系统车底折返在日常运营组织中占有十分重要的地位，车底的周期循环运用使得列车运行延误的传播具有双向性，即表现在如果延误列车完成折返作业后，还没有恢复正点运行状态，延误列车将造成对向列车出发晚点，进而导致延误在对向列车间传播。

（三）列车运行延误的减缓措施

1.优化列车运行图

延误的影响程度不仅取决于调度员的调度水平，更重要的是取决于计划运行图的弹性（或可靠性）。铺画列车运行图时，在每一列车运行图周期中应该留出一定量的缓冲时间，这样有利于编制出列车运行调整及应变能力强，且保证良好的列车运行质量和优质的列车运行秩序的"柔性运行图"，从而取代目前主要以充分利用城市轨道交通运输设备潜在能力为目的、调整余地小、应变能力差的"刚性运行图"。

2.加强客流的组织

掌握客流的动态变化规律以及采取一定的客流管理措施有利于减缓客流变化对延误的影响。一旦线路发生延误后，不同车站客流的集聚规律是不一样的，通过对不同车站的客流规律的统计与分析，对不同延误时间条件下的客流进行科学的管理，采用一些特殊的管理措施（如限流、限向等）有利于减少延误对本线或整个路网的影响。

3.提高运营的调度水平

调度人员的水平对缓解延误影响起着重要作用，在同一事件状态下，不同调度员的调度水平对整个延误的恢复时间是不一样的。尤其是当发生较长时间的延误时，列车运营计划被严重打乱，这时需要采取一些特殊的调度措施（如是否跳停、是否变换交路、是否停开某些运行线等），以及外界干扰因素消除后如何尽快恢复至计划运行状态，这些处置过程都要求调度员具备较强的、果断的应急处置能力。因此，可以通过实际操作、模拟演练、培训学习等方法来加强调度员的调度水平。

4.设置备车

如果前一列车发生的终到延误时间很长，并且在该列车终到的车站有备用车底，就可以利用备车接续下一列车，这样列车的延误影响会减少。

在存车线上存放备车，可以在发生较长时间的延误时，利用备车来降低延误对系统的影响。备车设置的数量与存车线的配置数量有关。存放备车时，应充分考虑备车存放的车站及存放位置，以保证在调用时尽量不影响其他列车的正常运营。备车一般应存放在具备存车条件的折返站或客流非常大的中间站。当然，如果有备用乘务组，也可以用备用乘务组临时接替受影响的列车。

5.优化应急处置预案

突发事件的发生是随机的，但发生后所造成的影响是可以事先预估的，城市轨道交通运营部门会针对不同类型的事件制订对应的应急预案，做到未雨绸缪。应急预案的制订是一个需要长期积累与不断完善的过程，好的应急预案能有效预估事件的发展变化，能指导相关人员迅速采取相应的应急措施，从而降低延误的影响。因此，需要在日常的运营工作过程中，对相应的应急处置预案进行总结、完善。

（四）列车运行调整策略

在发生较短时间的列车延误时，城市轨道交通的列车自动控制系统（ATC）可以利用停站与区间运行缓冲时间，通过加速运行、缩短停站时间等方法来自动调整列车，以在最短的时间内使列车恢复到正点运行。但是，当发生长时间延误时，列车自动调整功能往往作用不明显，这时调度员需要采用一些特殊的调整措施。

1.压缩时分策略

城市轨道交通列车运行以运行图为基础。在日常运营中，当小延误发生时，列车自动控制系统（ATC系统）能根据计划运行图自动调整列车运行速度等级，通过压缩停站、区间运行与折返时间等手段完成列车的自动调整过程。而当发生长时间的列车延误时，列车的自动调整效果非常有限，因此不得不采用一些特殊的调整措施。

2.跳停策略

跳停是指列车在某站直接通过而不停车也不进行上下客作业的策略。根据列车跳站停车的目的不同，可分为赶点跳停、空驶跳停和换乘站邻线列车跳停三种情况。

（1）赶点跳停。赶点跳停是指列车发生延误后，为了能尽快恢复至正点运行，在某些车站直接通过，以节省列车在站的停站时分和起停附加时分。

赶点跳停的原则：

第一，在有一定行车间隔保证的条件下才能跳停。跳停列车由于缩短了停站时分和起停车附加时分，当前后行列车的行车间隔过小时，跳停列车容易追上前行列车，但受列车追踪间隔的限制，跳停列车有可能被迫在后续车站停车，从而失去了赶点的意义，因此前后行列车的行车间隔过小时不宜采取跳停策略。

第二，列车跳停要考虑车站的上下车人数和列车满载率。一般情况下，在列车满载率高，车站的上下车需求不大的条件下，建议列车在该站跳停，其他条件下则需要慎重考虑。

第三，末班车不能跳停。为了保证服务质量，不建议末班车采用跳停策略。

第四，为了提高车站的服务水平，同一车站不宜连续被两次跳停，同一列车尽量不要连续跳停多站。

赶点跳停会增加被跳车站的乘客的等候时间，同时也会增加本应在被跳车站下车乘客的换乘次数和旅行时间。因此，只有当线路发生长时间延误、列车运行秩序发生紊乱时才考虑采取此调整策略。

（2）空驶跳停。空驶跳停是指为了缓解线路上某些车站的客流压力，组织空的列车在始发站及部分中间站采用跳站通过，到客流量大的车站才开始停站并载客运行的策略。

空驶跳停适合在高峰时间段内的能力紧张的区段进行，也适合于因大型活动而形成的车站突发大客流的疏散。但空驶跳停会增加被跳车站的乘客候车时间和客流的积压，会在一定程度上打乱列车行车秩序，增加行车组织的难度。

（3）换乘站邻线列车跳停。在网络化运营条件下，一些大型换乘站，受延误线路的行车间隔延长的影响，为了避免邻线客流的大量换人对车站和延误列车造成的冲击，有时需要邻线采取列车跳站运行的措施。该措施的适用条件是被跳停列车有大量前往延误线路的乘客。该措施的实施需要客流组织的配合，由于对乘客的影响较大，需要慎重考虑。

3. 小交路折返策略

小交路折返是指当列车发生较长时间的延误后，为了减少对后续列车的影响，组织延误列车在具备折返条件的车站提前折返的策略。

交路折返的车站必须具备折返的能力和条件（最有利的条件是站后折返，这样在折返过程中对反向列车的影响较少）。小交路折返对行车组织和客流组织（需要提前广播或清客）有更高的要求，同时小交路折返会牺牲某些区段的能力。因此，该方式适合于在延误时间较长且行车密度较高的线路上采用。但该调整策略对客流的影响较大，在实施时尽量做到提前告知乘客，并且在提前折返的车站做好客流的疏导工作。

4. 扣车策略

扣车是指发生长时间延误时，将一列或多列前行列车在前方车站增加停站时间，延迟发车时刻，以均衡列车间的行车间隔。扣车能缩短部分乘客在扣车车站的候车时间，提高车站的服务水平，但也会增加被扣列车上乘客的旅行时间。

扣车的实施需要根据车站客流量和前后行列车的行车间隔来确定，总的原则是使列车在车站的到发尽量均衡，避免大间隔的出现。因此，离延误列车越远的列车扣停时间会越短。

5. 利用备车策略

备车的来源有两种情况：①计划安排在车站存车线上的备车；②在停车场或车辆段存放的备车。从实际运营来看，备用车从准备到上正线的时间偏长，有时甚至会错过时机。因此，一般在正线上的备车都是采用热备（即组织司机在备用车上随时待命）的方式。利用备车是在列车发生故障或长时间延误时，采用备用车底来顶替故障或延误列车的调整策略。利用备车进行列车的运行调整，会增加运输组织的难度，尤其是备车上线时机的选择。在备车开行时，做好车站的客流组织工作，尽量避免客运作业对行车组织过程产生的影响。

6. 其他策略

（1）调整终端站发点。由于某种原因，实际列车上线数少于图定列车数或线路发生拥堵时，可采用调整终端站发点措施；遇早高峰时段，为避免列车晚点，也可采用终端站早发措施，但应控制在一定范围内。

（2）运休列车（收车）。由于设备故障等原因，造成线路拥堵严重，可采取安排列车回库、进存车线（折返线）停运的措施。

（3）改变折返方式。当终端站具有 2 条及以上折返线时，在列车高密度到达的情况下，可采用 2 条折返线交替折返，以缓解车站的到达压力，有效及时地开通区间；当终端站具备站前站后折返模式时，在站后折返设备发生故障时（如道岔故障），可采用站前折返方式，有效降低故障影响。

此外，在实际行车调整中，经常采用的是几种调整策略的组合，如备车与跳停组合、备车与小交路折返组合、扣车与跳停组合等。这些组合策略集合了各种措施的优点，对于缓解延误的影响效果更显著，但对调度员的业务素质要求也更高，而且实施过程中需要加强客运组织的配合。

四、列车的突发事件应急处置

（一）应急管理

应急管理是指政府及其他公共机构在突发公共事件的事前预防、事发应对、事中处置和善后管理过程中，通过建立必要的应对机制，采取一系列必要措施，以保障公众的生命财产安全。城市轨道交通应急机制及处理技术，对提高城市轨道交通系统的运营安全和可靠性，保证在突发事件的情况下，迅速、及时地采取合理有效的应急措施，尽可能地消除、减少突发事件造成的人员伤亡和财产损失，尽快恢复正常运营具有十分重要的意义。

应急管理工作的内容概括起来叫作"一案三制"，其中，"一案"是指应急预案，就是根据发生和可能发生的突发事件，事先研究制订的应对计划和方案。应急预案包括各级政府总体预案、专项预案和部门预案，以及基层单位的预案和大型活动的单项预案。"三制"是指建立健全和完善的应急管理体制，建立健全和完善的应急运行机制，建立健全和完善的应急法制。

（二）突发事件

城市轨道交通的突发事件是指在城市轨道交通运营过程中，因自然灾害、故障灾害、公共卫生、社会安全等造成城市轨道交通运营中断、人员伤亡、乘客被困等危及公共安全的突发事件。

城市轨道交通连续中断 2h 即为运营突发事件，须采取应急措施，包括对城市轨道交通线路实施分区封控、警戒，同时设置交通封控区，防止发生大范围交通瘫痪。

1. 突发事件的形成原因

（1）人为原因。人为原因产生的突发应急事件来自城市轨道交通运维工作人员、乘客等。

（2）设备的不安全原因。在城市轨道交通运营安全中，各种设备本身的故障引起的突发应急事件也是不可忽视的主要原因，此处设备主要包括车辆、供电、通信、信号、综合监控、AFC、FAS、屏蔽门等，设备致灾原因与设备老化和设备本身质量有关。

（3）环境的不安全原因。环境的不安全原因通常指因高温、暴雨、雷电、大风等因素引起的突发应急事件或由于地震等引起的事故。

（4）基础设施的不安全原因。基础设施的不安全原因是指城市轨道交通线网中的隧道塌方、桥梁受损等因素造成的突发应急事件。

（5）管理原因。城市轨道交通运营管理是一个比较复杂的系统工程，涉及许多部门以及先进的技术手段等因素。运营管理的好坏对于减少事故的发生、防止事故扩大、减少事故损失具有非常重要的作用，比如运营管理人员在紧急情况下操作不正确使事故更严重，应急响应不快使得事故后果更严重，设备长久不维护、不更换而引起事故等。

2. 突发事件的特性

（1）全线性。城市轨道交通列车具有依赖单一轨道连续运行的特点，一旦在运行线路上发生严重事件、灾害，会造成整条线路的运营中断，甚至可能影响其他线路的正常运行，而且在一定时间内难以恢复正常运行。

（2）群体性。在城市轨道交通车站、隧道、商场区域，单位面积人数多，在发生突发事件时，极易造成群死群伤，社会影响大。

（3）连带性。城市轨道交通客流量大，乘客活动局限于有限的封闭区域，一旦发生突发事件，除了乘客可能受到直接伤害外，还极易造成其他各类次生、衍生和耦合灾害。

（4）局限性。当城市轨道交通发生突发事件，在实施救援时，由于事发地点空间的限制，给救援工作带来难度。救援工作延续时间越长，灾害的影响程度就越大。

城市轨道交通突发事件的以上特点要求有关部门在最短的时间高效地完成乘客的疏散救援工作，以减小突发事件的扩散和社会影响。

3. 突发事件的类型

根据突发事件的原因、机理与性质，城市轨道交通突发事件可划分为以下三类：

（1）自然灾害事件。这一类突发事件包括水灾、大雾、大风、雷击和地震等。

（2）公共安全事件。这一类突发事件包括火灾、爆炸、投毒等。

（3）运营安全事件。这一类突发事件包括列车冲突、倾覆、脱轨事故，大面积停电，突发大客流等。

（三）应急预案

应急预案是指面对突发事件如自然灾害、重特大事故、环境公害及人为破坏的应急管理、指挥、救援计划等。它一般应建立在综合防灾规划上，是对应急事件进行详细分析，包含应急处理方案的所有规则和原理，涉及应急处理流程的框架、应急组织机构定义、启动预案的基本条件、事件处置的基本原则、应急资源的分布与使用、事件处置流程等。

1. 应急预案体系

应急预案体系包括一般的综合应急预案和专项应急预案。除了一般意义上的综合应急预案外，针对各级各类可能发生的事故和所有危险源制订专项应急预案和现场处置方案，并明确事前、事发、事中、事后的各个过程中相关部门和有关人员的职责。生产规模小、危险因素少的生产经营单位，可以合并编写。

（1）专项应急预案。针对具体的事故类别（如火灾、爆炸等事件）、危险源和应急保障而制订的计划或方案，可作为综合应急预案的附件。专项应急预案应制定明确的救援程序和具体的应急救援措施。

（2）现场处置方案。针对具体的装置、场所或设施、岗位所制定的应急处置措施。方案内容应具体且操作性强，根据风险评估及危险性控制措施逐一编制；要求事故相关人员应知应会，熟练掌握，并通过应急演练，做到反应迅速、处置正确。

（3）综合应急预案。从总体上阐述事故的应急方针、政策，应急组织结构及相关应急职责，应急行动、措施和保障等基本要求和程序，是应对各类事故的综合性文件。

2. 应急预案的分类

（1）应急行动指南或检查表。对已辨识的危险制定特定的应急行动指南，简要描述应急行动必须遵从的基本程序，如发生情况向谁报告，报告什么信息，采取哪些应急措施。应急行动指南或检查表主要起提示作用，可作为其他应急预案的补充。

（2）应急响应预案。针对现场每项设施和场所可能发生的事故编制的预案，内容应包括所有可能的危险状况，明确有关人员在紧急状况下的职责。应急响应预案主要说明处理紧急事务必需的行动，不包括事前要求（如培训、演练等）和事后措施。

（3）互助应急预案。相邻企业为在事故应急处理中共享资源而制订的互助应急预案，适合于资源有限的中、小企业以及高风险的大企业。

（4）应急管理预案。综合性的事故应急预案应详细描述事故前、事故过程中和事故后何人做何事、什么时候做、如何做，要明确制定每一项职责的具体实施程序。应急管理预案包括事故应急的四个逻辑步骤：预防、准备、响应、恢复。

（四）应急处置的工作

突发事件应急处置的基础工作包括建立城市轨道交通应急指挥系统，编制及落实城市轨道交通突发事件应急预案。

1. 建立应急指挥系统

城市轨道交通应急指挥系统是城市应急指挥体系的重要组成部分，也是城市轨道交通系统组织应急救援的现代化指挥平台，承担城市轨道交通突发事件的应急处置职能。

在发生重大突发事件时，有关人员可在网络应急指挥中心，通过专用通信设施了解、汇总和分析相关场所的语音、视频和数据信息，实施应急指挥和组织救援，如现场抢险、乘客疏散、信息传递、资源调配、部门协调和对外联动等。

2. 编制应急预案

突发事件应急预案是应急处置和组织救援的基础。编制应急预案的目的是保证对于突发事件的应急处置及时、有序、高效，防止突发事件扩大与升级，减轻突发事件造成的人员伤亡和财产损失。

应急预案是针对潜在的、可能发生的突发事件，预先编制一个如何应急处置的书面计划。应急预案的基本内容应包括特定突发事件的定义、报警或报告程序、应急处置组织指挥、应急处置程序与措施、抢险抢修方案、现场急救医疗方案，以及通信、交通、救援物资等内部保障条件和救护、消防、公安等外部支援条件。

应急预案一旦编制完毕，应下达到所有有关人员，如应急处置指挥人员、参与应急处置人员、可能与突发事件直接有关人员，以及可能会受到突发事件影响的人员，等等。并且还应通过培训与演习来强化上述人员对应急预案的了解与掌握。

3. 落实应急预案

（1）应急救援组织体系涉及领导机构、指挥平台、救援队伍、专家组、救援物资、专用装备、后勤保障和应急联动等方面，其中领导机构通常由运营单位和有关职能部门的负责人组成，应明确突发事件发生时应急救援的总指挥和现场指挥人。运营公司和维保中心应设置执行应急救援任务的专业队伍。按应急预案要求配备救援器材设备，并确保它们经常处于技术良好状态，这是成功进行救援必须具备的物质基础。在平时应有专人负责救援器材设备的保管、养护和维修。完整的救援组织体系还应包括外援单位，因此需要配备负责对外协调联动的人员。

（2）加强救援培训与演习。组织救援培训与演习，其目的是使有关人员对应急预案内容、救援知识与救援技术做到应知应会。演习方式可以是模拟演习、现场演习或者单项演习，也可以是综合演习。直接执行救援任务的人员必须定期参加演习，通过演习熟悉救援步骤和方法，掌握救援器材设备使用，以及了解如何进行自我防护等。

此外，通过救援演习，还能进一步检验应急预案的可行性，发现应急预案、应急联动方面存在的问题，以便进一步完善应急预案。

第四章　城市轨道交通网络化运营方法与优化

第一节　多编组与变编组列车的运行方法

一、城市轨道交通多编组列车的运行方法

列车编组是决定线路输送能力的重要因素，也直接决定着运用列车数量即运营成本。多编组是指针对城市轨道交通线路客流在不同时段或不同区段的差异，由车辆基地事先设计并发出的，具有不同编组长度列车的运营组织技术。

多编组在运输经济性和服务水平上均有显著优势。多编组可以根据不同时段的客流需求开行具有不同编组长度的列车，使运能与客流的时间分布规律相匹配，提高运营效率。客流低谷期开行频率较高的小编组列车，在满足运能需求的前提下，既能保证较短的发车间隔，以提高城市轨道交通的竞争力，又能避免列车满载率过低，从而有利于减少列车的运行成本。

此外，受车辆配置数量及初期客流相对较低的影响，不少线路在运营初期采用小编组、远期采用大编组的运输组织策略，可以有效缓解车辆供给不足情形下服务水平较低的问题。

（一）多编组列车的运行影响因素

1. 社会经济效益

近年来，我国城市化与机动化的快速发展加剧了中心城区道路交通的拥挤，各城市纷纷将建设城市轨道交通作为解决交通拥挤问题的重要方案。城市轨道交通作为公益性的城市交通基础设施，具有收益率低甚至需要补贴的特性。因此，提供优质服务和节约运营成本不仅可以减少政府财政负担，还可以提高轨道交通对公众的吸引力。

城市轨道交通运营不仅要从乘客的角度出发，提供较高的服务水平，还要从企业角度出发，尽量节约运营成本，统筹考虑服务水平和运营的经济性。所以，运营组织模式的创新显得尤为重要。

多编组运营组织模式可以在较经济的成本下提供高质量的运营服务。多编组运营组织模式采用高峰期大小编组、平峰期小编组发车的运营模式，既满足了高峰期的客流需求，又解决了平峰期乘客候车时间较长的问题，具有一定的经济效益。

多编组运营模式可以缓解车辆供给不足情形下服务水平较低的问题。随着轨道交通运营线路的增多和客流规模的扩大，轨道交通车辆供给与客流需求的矛盾日益凸显。许多轨道交通线路都存在列车不足的困境，多编组运营模式可以在车辆供给不足的条件下，通过增购少量新车与既有旧车重联成大编组。在增购新车全部到位前的过渡阶段，采用大小编组混跑的模式可以提高运力和服务水平。

2. 客流需求

城市轨道交通的服务对象是乘客，客流需求是确立轨道交通运营组织模式的重要影响因素。城市轨道交通在多编组模式下，主要根据客流分布的不均衡性制定列车运行方法，以期更好地匹配运能和需求。

多编组运营模式的采用需要根据全日客流分布特征和不同时期客流分布特征两方面来确定。若某条线路的全日客流具有明显的时间不均衡性，这时就可以采用多编组运营组织模式，在不同时段开行不同编组的列车，提高运能与需求的匹配程度的同时，还可以提高乘客的服务水平。

对于开通运营后，初、近、远期客流量不断变化的城市轨道交通线路，也可以通过增加列车编组的方法适应客流量的变化。在开通初期采用小编组，近远期根据客流情况逐步加入大编组（由新购置的小编组列车与既有小编组列车重联而成）列车形成两种编组列车混跑，直至远期全部采用大编组列车，可以有效适应不同时期的客流需求，同时减少车辆购置数和运营成本。

（1）城市轨道交通客流分类。通常可以按照不同的出行目的及时间将城市轨道交通客流进行分类：

1）按照出行目的划分

第一，通勤流。通常指由学生与上班族组成的早晚高峰时间出行的乘客。其主要特征为出行时间确定且集中，短时间内客流数量大，具有稳定性与确定性。

第二，商务流。通常指参与商务活动，且受到举办时间及地点影响的出行乘客。

第三，其他客流。通常指参与日常活动的出行乘客，如锻炼、娱乐及旅行等。此类出行客流具有不确定性，并且受天气情况与出行便捷性影响较大。

由于出行目的存在差异性，出行客流对舒适性、便捷度以及出行成本也有不同要求。

2）以出行时间划分

第一，平日客流。通常指星期一至星期五的正常工作日出行客流，客流变化情况较小、客流的出行时间相对具有规律性与确定性。

第二，特殊日客流。主要由节假日、周末及特殊活动客流组成，此类客流一般具有不确定性、无规律性与突发性，与法定节假日、出行乘客的生活方式、娱乐方式以及旅游业的发展等因素密切相关。

3）以乘车距离划分

第一，组团内部客流。此类乘客通常为内部出行，一般中心城市的内部出行客流量较大，其主要特征为客流分布不均衡、换乘客流大以及乘车距离短等；而卫星城镇的内部出行乘客较少。

第二，组团间客流。早高峰时出行客流前往中心城区，晚高峰回到卫星城。相对于组团内客流，由于受城市发展水平、人口数量以及交通发展水平等因素影响，其主要特征为旅客人数较少、客流分布具有不均衡性以及乘车距离大等。

（2）线路客流时间分布特性。由于各种因素的影响，轨道交通线路客流量的时间分布特征持续发生着动态变化，通过研究发现，在确定时段内，客流变化具有规律性。全天客流量按不同时段划分其分布具有差异性，一般会有一定的起伏，运营时段开始与结束时乘客数量较少，早晚高峰时出行乘客数量骤增，过后出行乘客数量慢慢减少。

1）基于全日各运营时段客流分布情况，主要分为下列五种形式：

第一，单向峰型。当城市轨道交通线路周围的用地性质相对单一或者出行客流量集中，具有明显的潮汐特点时，就会在上下班时间产生单向峰图。如在早上有一个下车高峰及晚上有一个上车高峰。当车站位于居民区时，则与之相反。

第二，双向峰型。通常是建于功能完善区域的车站，出行乘客以学生及上班族等通勤客流为主；全天运营时段具有对应的早晚高峰。

第三，全峰型。随着新城市群的快速发展，轨道交通周边土地的建设程度显著提高，全天出行客流分布相对均衡。

第四，突峰型。一般来说，沿线某车站附近有大范围聚集性活动时，会出现突发性聚集的分布特征；当活动结束后，短时间内会出现乘车乘客数量骤增现象，随后沿线其余车站将会出现相应的下车人数骤增。

第五，无峰型。通常是指处于建设规模低区域的车站，其乘客数量很少；线路客流波动程度十分小，没有出现早晚高峰。与周内相比，周末一般会出现无高峰的特征。

2）在对全日客流时间分布五种主要形态进行分析的基础上，需要对客流时间分布特性进行具体定量分析，将高峰小时客运量系数作为主要分析指标：

第一，不同运营时间段的客流强度主要由客流时间分布特征的差异来体现，通常用小时客运量系数来表示。

第二，车辆配备数量一般根据高峰小时的客运量来确定，若高峰小时客运量在全天中所占比例越高，则客运量的时间分布越不均衡，则需要的车辆投资就越多。一般来说，随着城市轨道交通的不断发展，客运量也不断增加。规划初、近以及远期的客流组成比通常为 1：2：3，如果在规划期内都使用单一的固定编组开行方案，那么编组需要根据远期最大区间的高峰时段客运量来确定。在规划初期与近期，轨道交通的发车频率低，编组车辆数大，等待时间长，企业服务水平低，制订合理的列车开行方案可以更好地服务规划期不同时段的出行乘客。

（3）线路客流空间分布特征。因为不同的线路周边建设规模、交通发展水平及地理环境，各断面对出行乘客吸引力具有差异性，导致各断面客流规模及分布规律差别较大。一般来说，在断面和方向上可以体现客流的空间分布特性。

1）客流在方向上的动态特性。城市轨道交通客流按照同线路单位时间（一般为 1h）的上行与下行客流空间特征分类：

第一，双向型。"在单位时段内（一般为 1h 内），城市轨道交通线路上各区段的上下行两个方向的断面客流量接近相等。位于市区的线路一般属于双向型。"[①]

第二，单向型。同一线路单位时间的上下行客流数量差异明显，市郊轨道交通一般是单向型。

2）客流断面的分布特征。通常情况下，用单位时间里某一区间断面的客运量来表示断面客流量。断面客流分布一般分为以下五种情况：

第一，凸起型。其主要特征为：高峰客流量的断面分布主要集中在中间，断面客流量为凸起状态。一般情况下主要因为：①该线路为市域线路，其两端分布到郊区，出现中间断面客流多、两端客流少的现象；②该线路是由交通发展的中心城区向外部延伸。

第二，凹陷型。其区间断面的客流量分布出现中间凹陷情况，即两端的断面客流高于中间的情况。

第三，均等型。线路各断面的客流无明显差异，一般情况下，该线路沿线发展程度较高，各断面的客流量相对均匀。

第四，渐变型。其主要特征为：当线路方向发生延伸，其断面客流也随之发生改变。

第五，不规则型。该条线路的各个断面，其客流分布均无规律性。

3. 行车条件

行车条件是轨道交通列车安全运行的基础，也是编制列车编组方案的重要制约条件，主要包括通过能力及站台长度等。

（1）通过能力。城市轨道交通系统的通过能力是指在一定的车辆类型、信号设备和

---

① 吴正阳.城市轨道交通网络客流分配理论与控制技术研究 [D].成都：西南交通大学，2018：18.

行车组织条件下，轨道交通线路上的各项固定设备在单位时间内（通常指高峰小时内）单方向所能通过的最大列车数，主要反映现存硬件系统所具备的运转功能指标。

在采用多编组的同时往往伴随着对列车发车频率的调整，会在某种程度上改变列车的到发间隔，进而影响线路的通过能力。而对于变编组而言，由于涉及列车在车站的解编作业，解编过程对线路的通过能力也会产生一定影响。所以，一般情况下，无论是采用多编组还是变编组，都要求线路的通过能力相对富裕。

（2）车站条件。站台是轨道交通列车停站的位置，也是供乘客乘降、换乘和候车的场所，列车编组数量和多编组方案的实施将直接受站台长度的限制。所以，在规划初期就应该统筹考虑造价、客流等多方面的因素，尽量避免改造情况的发生。

对于计划采用多编组的线路，在设计阶段就要考虑站台长度的预留，否则当通过能力达到上限后，必须通过站台改造才能满足扩编需求，实施较为困难。而变编组的采用除要求预留站台长度外，还要求车站设置相应的解编线/到发线，且其有效长度须满足列车解编作业要求。

4. 设施设备

设施设备是指城市轨道交通系统中的信号设备、屏蔽门设备和车辆设备等。为保证多编组运营模式下的列车运行安全及拆解灵活，信号系统、屏蔽门系统和车辆设备均须具备一定条件。

（1）信号系统和屏蔽门系统。当城市轨道交通采用多编组的运营模式时，为保障列车运行和乘客上下车安全，一方面，信号系统和屏蔽门系统的设计应满足不同编组列车的运营要求，并和站台屏蔽门、列车车门等实现可靠联控，从而使站台屏蔽门的开关数量与列车编组数一致；另一方面，站台应设置信息显示屏显示车辆到达间隔、列车编组辆数及列车目的地，同时通过信息提示系统以及在候车区上方设置红绿指示灯的方式引导乘客到相应位置候车，从而避免由乘客候车无序、焦急引起的安全问题。

此外，由于变编组列车需要实现在线解编及列车编组数量的识别，其对列车信号系统的配置提出了更高的要求：①系统应在列车编组变化时，即车辆牵引与制动性等发生变化时，保证列车运行安全和旅行速度要求；②由于编组变化导致列车数量变化，系统应能适应正线联锁区内控制列车的数量变化；③列车重新编组后，系统的车载设备需保持电气贯通。

（2）轨道交通车辆。城市轨道交通车辆是指可编入列车中运行的单节车，分为动车和拖车两种。多编组运营模式下，大编组列车由新购置的小编组列车与既有小编组列车重联而成，这就需要列车具有灵活编组的特性。通常情况下，全动车编组列车、动拖混合编组列车和动拖单元编组列车这三种类型的列车具有编组灵活的特点，适用于多编组运营模式。其中，全动车编组列车是指各车辆均为动车，且配置基本相同且独立的列车，各车辆可灵活拆解；动拖混合编组列车是指列车由独立的动车和拖车混合编成，且车辆间采用半自动车钩连接；动拖单元编组列车由两个以上的动拖单元编成，各固定单元由动车和拖车通过半永久车钩连接，单元间相互独立可拆解。

对于变编组运营模式而言，列车除具有灵活编组的特性外，还须具备完成在线灵活解体和连挂作业的配套技术条件，主要体现在车钩缓冲装置的结构尺寸设计上，要求每个单元编组的首尾端列车采用全自动钩缓装置。该装置在列车解体时司机仅须按下控制台上的一个解钩按钮，首尾相连的两个编组列车的车钩就能够自动脱开，实现列车解列。同时，在连挂过程中，当两列车低速滑行相遇时，自动车钩可自动关联，实现列车物理连挂，随后实现机械连接、电气连接、气路（压缩空气）连接。

5. 运力资源

（1）运用车辆数。运用车辆数是指为完成日常运输任务所必须配备的、技术状态良好的可用车辆数，它与列车编组、列车周转时间和高峰小时开行的最大列车对数等因素相关。由于城市轨道交通列车价格昂贵，所以在运用多编组的运营模式时，应在不降低乘客服务水平的前提下，尽量节省列车购置成本。

（2）运营组织复杂性。多编组运营模式的复杂性主要体现在合理确定大、小编组列车发车间隔，过渡时段的列车运用以及恰当安排"重联列车"的检修时间等方面。采用多编组运营模式时，高峰时段由于列车编组的不同，需要通过调整发车间隔实现不同编组列车的满载率均衡性；由于高峰与平峰采用的列车编组不同，须安全平稳地实现列车编组的过渡，这就增加了运营组织的复杂性；由于一部分大编组车辆是由小编组列车重联而成，这就给检修管理带来了一定的困难。同样，变编组也面临着检修管理的困难。

此外，列车在线解编作业的过程中，由于解体后至列车在担当运行线之前会一直占用解编线，可能出现作业时间的干扰，要合理安排列车完成解体与连挂作业的场所，必要时须设置存车线。同时，变编组运营方式中，列车在线解编作业的完成需要一定的操作时间，会在某种程度上增加乘客的旅行时间，而且在变编组列车解体后，解体列车往往会驶向不同的目的地，很容易引起乘客的焦急情绪，甚至导致乘客误乘。因此，在变编组运营模式下，还需要向乘客提供相应的信息提示和有序引导，运营组织比多编组更为复杂。

（3）经济成本。多编组的采用都会产生一定的经济成本。对于多编组运营模式而言，大、小编组不同的组合形式，经济成本也会有所不同。在发车间隔一定时，可以通过大、小编组发车频率的合理组合节省运用车辆数和车辆走行公里，从而减少车辆购置费用和运营能耗费用，但同时也要考虑乘务人员的人工成本变化。因此，应对不同运营组织模式的相关技术经济指标进行全面权衡，根据具体情况确定是否应用多编组的运营模式。

（二）多编组列车的车辆编组确定原则

城市轨道交通列车编组是城市轨道交通设计的重要参数，车站长度、供电和通风设备的容量、系统运输能力，以及检修车库的长度等因素都是根据它确定的。车辆编组还关系到工程规模、工程投资、运营费用、服务水平等，因而在确定车辆编组时，应该全方位考虑各种因素。一般遵循以下原则：

（1）必须满足运能需求，即保证全天每个时段内单向断面客流量的需要。

（2）为了达到系统设计的能力（行车密度），运营中所需的信号设备系统必须满足设计要求。

（3）一般应情况下，城市轨道交通客流的主要特征表现包括：早高峰和晚高峰的客流量通常很大，而其他时段的客流量会相对较小；高峰时段持续的时间不是很长。

依据某一高峰时段单向最大断面客流量来确定车辆的编组数量，显然能满足运能需求，然而却不能保证除高峰时段以外其他时段的列车载客率。所以，在确定城市轨道交通列车编组数量时，可以用列车的超员载客量进行校核。这样列车不仅能满足运量需求，又能减少能耗，从而降低运营成本，提高运营企业的效益。

（4）编组不仅能满足初、近期的客流需求，也能满足远期客流需求；随着城市化进程的加快和物质文化水平的提高，在线路运营的初期，客流量不会很大，此时，小编组就能满足运量需求，也能保证旅客的舒适度。而到了近期和远期，随着客流的不断增大，系统设计能力就会出现局限性，出现可能运能过低不能满足运量需求，或是旅客舒适度极低的现象。因而，列车编组必须合理设计，以便满足初、近、远期的客流需求。

（三）多编组运行组织方法

1. 基于不同时期客流变化的多编组运行组织

（1）基于不同时期客流变化的多编组运营组织策略一般包括以下两种情形。

1）运营决策部门根据线路初、近、远期客流量的差异，决定在不同时期采用列车编组辆数不同的编组方案。由于列车编组受站台长度的限制，这种多变组运营组织策略需要在设计之初预留远期编组的空间。因此，当线路不同运营时期的客流量差异较大时，可以考虑在不同时期采用不同的列车编组，以适应不断变化的客流需求。

2）针对客流量可能出现较大的季节性波动的情况，可组织灵活编组列车，采用扩编、解体插编等方法改变车辆编组大小，以满足旅客需求的编组形式。

城市轨道交通客流量在节假日期间会有较大的波动，探亲访友、旅游等高峰期客流量会大幅增长。因此，有必要时须在节假日重新设计列车编组方案，以适应客流量的变化。

（2）不同时期客流量变化的多编组运营可行方案。我国城市轨道交通很多项目均采用了近期小编组、远期大编组的形式，对车站等土建工程按照大编组设计预留，远期进行扩编。下面以4辆B型车扩编至6辆为例介绍扩编的方法。4辆编组列车由两个动力单元车组组成，列车由4辆扩编为6辆编组有两种可行方案。

1）利用4辆编组列车解体插编。本方案是把4辆编组的列车拆分为两个单元车组，分别插到两列4辆编组的列车中间，改编成两列6辆编组的列车。采用这一改造方法，其他车辆都不动，只对插在列车中间带司机室的车辆进行局部改造。

对带司机室的头车的改造内容：①带司机室的车前端为半自动车钩，须更换为半永久牵引杆及增加列车风管的连接，拆除头车前端的排障器、裙板、车载ATC、电笛等设备；②带司机室的车前端，需要在其前端增加各种电气连接器和接线箱，在车下前端增设各电气连接器、接线箱，并对车下配线配管进行改造；③对带有折棚车厢之间的通过台，须加装车门。如果用户在车辆招标文件中，明确远期采用此方案扩编为6辆编组，那么厂家在车辆设计中做一些预留，使列车扩编改造时容易一些。

2）在4辆编组列车中间增加一个新造的动车组。本方案是保持4辆编组的列车不动，在中间增加一个新造的动车组，由此扩编为6辆编组。新造的动车没有司机室，因而可以保持全列车贯通，便于乘客疏散。

6辆编组的列车，一般设置两台空气压缩机组和两台SIV辅助电源。如果初、近期在采购4辆编组列车时，其空气压缩机和SIV辅助电源的容量按6辆编组设计，预计每辆车的平均价格增加2.5%～3%，由此可以减少将来列车扩编时的工作量；否则，远期扩编时有些设备需要扩容，扩编的难度大一些，所花的费用也更多。因为本方案中新造的动车组没有司机室，拖车上没有空气压缩机和SIV辅助电源及其配套设备，车辆采购价格比4辆编组B型车要低7%～8%。

采用基于不同时期客流量变化的多编组方案时，线路初期的土建工程须按远期列车编组考虑，如车站站台长度、车站公共区的设备和管理用房、车辆段或停车场内运用库、检修库长度等均须按远期编组设计。此外，车辆段内与列车编组相配套的检修工艺设备可按近期编组配置，但检修工艺设备的土建须按远期列车编组预留。在对原有车辆进行扩编时，应尽可能借用原有车辆的设计，仔细核对与原有车辆的接口关系，最大限度地要求新增车辆满足已有车辆的接口，实在无法协调时再更改原有车辆。

2. 基于全天不同时段客流量变化的多编组运行组织

对于大城市而言，每天的客流量在不同时段有很大不同，针对这种情况，既要采用比较短的列车运行间隔，保证一定的服务水准，还要保证较高的载客率，达到降低运营成本的目的。低峰、超低峰时段乘客稀少，应采用比较长的列车运行间隔来保持较高的载客率；亦可采用特小列车编组，以减小列车运行间隔。基于全日不同时段客流变化的多编组可以解决每日不同时段客流分布不均衡的问题。

一般而言，采用多编组运营模式的线路大多为较长线路，而且符合市域轨道交通线路的特征，也正是由于市域轨道交通线路客流具有通勤特性，才决定了线路各时段客流需求的差异性，为采用多编组模式提供了条件。当轨道交通线路全日客流时间分布不均衡程度较高时，适宜采用多编组运营组织方式，在高峰时期开行大编组列车或大小编组混跑，满足乘客需求；而在平峰时期开行小编组列车，减小列车的运行间隔同时，保证较高的载客率。

适应全日客流量变化的运营组织方案可分为全部解编和部分解编两种列车组织形式。

（1）全部解编。运营期高峰或平峰时段，只运行单一编组种类的列车，如高峰时期开行大编组列车，平峰时期开行小编组列车。投入运营的列车在车辆段全部由大编组列车解体为小编组列车或由小编组列车编组为大编组列车，然后投入线路进行使用，除大小编组过渡时期外，没有大小编组列车混跑情形。对一般的轨道交通线路来说，由于早高峰之前仅有两个小时的运营时间，且平、高峰之间还要考虑加、减车的过渡，因此每天开行小编组列车的时段可为 10 时—17 时、19 时—24 时，不同城市根据客流量情况的不同会有差异，大致都为每日两次集中解车和一次集中编车。

（2）部分解编。为了适应客流量变化，根据客流需要，部分列车解体或编组成大编组列车，进行大、小编组列车混跑。为保证输送能力并适应初、近、远期客流的变化，混跑列车的比例可以根据客流变化进行调节。

多编组运营的形式可以较好地解决全天不同时段客流差异较大的问题，使得运营更加经济，但同时也存在车辆扩编改造或不同编组混跑的问题。关于是否采用多编组运行方案，还需要从运营管理、列车性能与要求、设备要求等方面予以考虑。多编组列车运行组织过程中的注意事项如下：

1）乘客适应性问题。由于采用不同编组的列车运行，当列车在站台停靠时，乘客的候车位置会相应发生变化。为了提高乘车效率，需要对乘客进行引导和信息提示，如可以通过在候车区上方设置红绿指示灯的方式引导乘客选择正确的候车位置。

2）车辆段出入线要求。多编组列车在车辆段进行解编作业，因此在平峰与高峰过渡时段需要同时进行高频率的列车出入段作业，这就要求车辆段出入线的作业能力要满足能力需求，避免车辆出、入段作业与其他作业之间的干扰。配线设置需要保证列车出、入段作业同时进行且互不干扰，并可以双方向收、发车。

3）编组方案的选择。4/6 编组的运营方案存在车型较多及需要技术改造的问题，而3/6 编组运营方案则保持了设备的完整性和一致性，无论是设备效率还是维修周期都有明显优势，但具体的编组方案还须根据客流量情况进行相应的选择。

4）设备要求。在小编组到大编组或大编组到小编组过渡的过程中，列车信号系统的一致性、车站导向系统的引入是必要的，需要在行车组织设计中予以体现。

二、城市轨道交通变编组列车的运行方法

（一）变编组的技术

变编组是指针对城市轨道交通线路在不同区段所具有的客流量差异性，在运行过程中改变列车编组形式的运行组织技术。当列车运行到设定的改变编组站点时，需要将一列车拆分为多列车或将多列车合并成一列车，并继续运行到目标站。从城市轨道交通形式出现到现在，国内外就城市轨道交通运输组织进行了大量的研究，变编组技术在城市轨道交通列车运输组织方面得到了实际应用。

变编组是针对较长线路在不同区段具有差异化的客流量特征，将列车在某一车站或在其运行线路上进行拆分改编，形成两列或两列以上的列车进入不同的运行线路或到达不同的车站。按照拆分地点的不同，变编组可分为两种情况：①在站台的变编组。当列车的拆分作业发生在某车站时，该过程称为在站台的变编组。列车在车站进行拆改，然后分别去往两个方向。②当拆改作业发生在某条线路上时，该过程称为在线路上的变编组。线路上的拆分作业应该在不影响整体运营的前提下，在支线上完成，并且整个拆分作业应该具有可操作性。若拆改作业时间过长或是对支线的正常运营造成影响，则不宜采用变编组技术。

从客流组织的角度来看，变编组又可分为带客拆改和不带客拆改。

（1）带客拆改。带客拆改是指在整个拆改的过程中，乘客不离开车厢，拆改作业完成后，乘客随新编列车去往相应的线路。该过程可以发生在有技术条件的某个车站，也可发生在某特殊线路（如 Y 型线路）有客流分叉的站点。

在拆分前的客流组织工作中，列车工作人员应将列车拆分去向通知乘客，避免因坐错车厢而导致乘客不能到达目的地。采用带客拆改须考虑客流量的大小和拆改需要的时间。客流量过大会导致客流组织复杂，拆改时间长会导致乘客延误时间长，这都会影响变编组的实施效果。

（2）不带客拆改。不带客拆改是指拆分的车厢内没有乘客，拆分过程根据客流的需要进行，拆分后的车厢可编入其他列车去往相应客流密集线路或是在车站等待重新编组。

（二）变编组的研究意义

变编组是一种行车组织模式，在实际的运营组织过程中，需要以列车运行计划作为实现载体。作为轨道交通运营组织的关键技术文件之一，列车运行计划对轨道交通的运营服

务质量具有重要影响。

Y 型线路由于存在线路间的结点站，运营方案较为灵活，在此基础上考虑变编组模式，则会使运营方案变得更为复杂，增加运营组织难度，给列车运行计划优化提出更高要求。因此，Y 型线路有助于充分发挥变编组，优化运营，提升线路运营效率。

Y 型线路的复杂性和变编组模式的特殊性，增加了城市轨道交通列车运行计划的优化编制难度，使得一般的列车运行计划优化编制方法难以直接应用，需要针对变编组模式和 Y 型线路的具体特征，改进既有方法或探寻新的方法来对列车运行计划进行优化编制。

基于变编组的城市轨道交通 Y 型线路列车运营优化研究，既具有提升轨道交通运营效率的现实意义，还具有补充和完善列车运行计划优化理论方法的学术意义。

（三）Y 型线路中变编组的适用性与特性

1.Y 型线路中变编组的适用性

变编组模式，属于城市轨道交通运营的一种行车组织模式，是针对较长的轨道交通线路在不同区段的客流特征，将运行至特定改变编组站点的某一列车进行拆分，形成两列或者两列以上的列车进入不同的运行线路后去往不同的目标站，或是将多列车合并为一列车后继续运行至同一目标站。

变编组将列车经过拆分后可以去往多条线路，或是组合多列车后继续运行，实现变编组模式是需要多条线路间具有分岔会合点，以便进行列车的组合拆解。Y 型线路通过干线与两条支线的共同连接，形成了线路的结点站，较为符合变编组模式的线路实施条件。

在城市轨道交通 Y 型线路上应用变编组模式，可使分岔后的支线与分岔前的干线拥有同样的发车频率，充分利用支线的运输能力，有效减少乘客的候车时间，保证了城市轨道交通的服务水平。因此，变编组模式能较好地提升线路能力的利用率，降低因干线发车间隔约束造成的客运服务质量下降，保证了 Y 型线路的运输服务水平。

2.Y 型线路中变编组的特性

（1）技术操作。列车的在线连挂和解编是变编组的核心功能和技术难点。就目前国内的技术条件而言，还无法进行全自动连挂和解编，需要人工加挂和解挂，为了保证行车过程的安全性并提高列车在线连挂和解编的效率，需要遵照一定的操作方法。

1）人工加挂。人工加挂两列 RM（人工模式）列车的操作方法可划分为：行调人员通知两列的驾驶司机（以前车和后车为例），即将进行人工加挂列车；前车司机需要确保列车处在 RM 模式且实施列车的紧急制动；后车司机需要确保列车在 RM 模式；行调人员在 CCOT（系统的人机交换界面）上发布车辆控制中心的 TCC 指令开始进行和指导人工加挂列车；后车司机在列车控制面板上选择爬行模式，以 3km/h 的最大速度将列车驶向前车，直至加挂操作完成；当两车结合后，列车完整性丢失，然后又重新获得，当列车完整性丢失时，两车实施紧急制动；行调人员在车辆控制中心上输入 TC 行调命令；前车司机关闭后驾驶室内主开关；后车司机关闭与前车加挂的驾驶室内的主开关；司机从行调人员处收到无线电确认，表明加挂完成，加挂后形成的新车处在 RM 模式。

2）人工解挂。人工解挂 6 车编组列车的操作方法如下：行调人员通知司机开始解挂，需要两位司机（新创建的每列 3 车编组的列车一位）；司机确保列车静止并位于 RM 模式；两列车的司机将关闭模式选择开关；行调人员在车辆控制中心上发布 TCU 命令，进行和指导人工解挂列车作业；后一列 3 车编组列车的司机需要按下解挂按钮；司机等候列车完整性丢失后再重建；行调人员在车辆控制中心上输入 TCV 命令，确认解挂操作和重新配置列车；后一列 3 车编组的列车司机驾驶列车后退 12.5m，将两列车分离；司机确认列车成功分离，并通知行调人员，完成解挂操作。

（2）Y 型线路特征分析

1）线路形态。城市轨道交通 Y 型线在线路形态上由干线和支线组成，干线分为两条支线，两条支线上的车站、两条支线的车站数量可能不同，但具有相同的线路结构，均是以干线上的为端点站，线路的另一端点是具有折返作业能力的车站。

Y 型线的这种线路形态以分支的形式将多个区域连通，在保证线网连通性的同时，可节省线路的建设成本。在城市轨道交通发展中规划 Y 型线路形态，主要是基于如下三方面的考虑：

第一，城市形态决定。受自然因素的影响，中心城区呈带型发展，城市发展的可扩展区域较大。地铁线路需要以直通或引入枢纽站的形式，从多个方向引入中心城区，从形态上形成了 Y 型线，比如深圳、济南等城市。

第二，战略上实现多点相连。杭州市的江南、临平和下沙三个副城均属于城市发展重点，有非常大的向心客流需求，同时战略地位相当。因此，杭州地铁一号线规划为 Y 型线路，将三个副城连通。

第三，解决重大项目的交通问题。多个城市规划了会展中心、软件园区、大学城等大型项目，为应对大规模客流的交通集散问题而规划建设会展中心支线、软件园区支线、大学城支线等项目。

2）运营组织。Y 型线路的运营组织方案较为灵活，国内外典型的运营模式有并线贯通运营、支线独立运营和变编组运营，其中并线贯通运营和支线独立运营均属于固定编组运营。

第一，并线贯通运营。并线贯通运营模式是指干线和支线并线运营，列车分别交替驶入两条支线，全线贯通运营。干线与两条支线分别形成列车交路，两个交路的列车按一定的组合形式和发车频率，在线路上追踪运行，共同分配干线区间的通过能力。这种运营模式下，列车不需要改编，乘客不需要换乘，只需要等待相应方向的列车，不过相对于其他两种模式，等待时间会比较长。此外，由于是多方向列车的混合开行，因此需要提醒干线上的乘客注意所乘列车的去向，避免因坐错列车而导致不能到达原定地点。

第二，支线独立运营。支线独立运营模式是指干线和支线分线运营，其中一条支线独立运营，另一条支线并入干线；或者干线和两条支线都分别独立运营。

干线与其中一条支线形成列车交路，另一条支线独立运营，由于干线与独立运营的支线没有连通，所以干线与这条支线间的乘客需要在分岔点进行换乘，一方面增加了换乘车站的客流组织难度，另一方面增加了乘客的换乘走行成本。支线独立运营模式相当于把一条线路拆分为两条线路进行运营，所以车底使用数量会增多。

变编组运营模式是指列车运行到干线结点站时，将一列车拆分为两列车分别进入支线运行或将两条支线来的列车合并为一列车进入干线运行。列车在线路的分岔点进行连挂和拆解，干线区段运行的是组合列车，支线区段运行的单元列车，可使分岔后的支线与分岔前的干线拥有同样的发车频率，充分利用支线的运输能力，有效减少了乘客的候车时间。但是列车的连挂和拆解需要作业时间，增加了乘客的出行时间。另外，和并线贯通运营模式类似，由于干线上的列车是不同方向列车的组合，因此需要提醒干线上的乘客注意所乘列车车厢的去向，避免坐错车厢。

从变编组模式的适用角度来看，Y型线路具有分岔线路，比普通的城市轨道交通线路更为符合其对线路结构条件的要求，便于实现列车的组合拆解，具有较高的可操作性。从Y型线路的角度来看，变编组模式可以提高运输效率，使分岔后的支线与分岔前的干线拥有同样的发车频率，充分利用支线的运输能力，有效减少了乘客的候车时间；不然，如果采用并线贯通运营，支线上的列车不进行合并编组而是分别独立驶入干线，则必将导致干线列车间隔较小，十分容易超出干线最小列车间隔的极限，甚至导致事故的发生。如果采用支线独立运营，会增加乘客的换乘，造成客运服务质量下降。因此，无论是从变编组特征来看，还是Y型线路特征来看，都可以说明变编组模式在Y型线路上具有一定的适用性。

总之，本部分围绕变编组模式在Y型线路上具有适用性的观点，在详细分析变编组模式的编组形式、技术操作、影响因素和Y型线路的线路形态、客流特征、运营组织的基础上，论证了变编组模式在Y型线路上具有应用价值。为进一步明确变编组模式的优越性，需要借助列车运行计划的优化编制来定量对比分析与评价。

（四）变编组运行组织方法

变编组是在线路能力相对富裕并且不同区段客流需求差异较大的前提下所采用的运输

组织模式。在实际运行组织过程中，为了更好地兼顾客流量在空间分布上的不均衡性，通常将其与其他运输组织模式结合使用，组合方式主要包括变编组与共线运行、变编组与多交路两种。

1. 变编组与共线运行组合模式

共线运行中，共线区段的车站车流量较密集，列车发车频率高，不共线的分支区段受共线区段通过能力影响，列车发车频率较低。因此，一般将共线区段设置在市中心，分支区段由市中心向郊区发散，这就为变编组与共线运行的组合运行组织模式创造了条件。这种组织方法能兼顾客流量在时间和空间上的分布不均衡性，促进运能与客流量匹配，充分利用区段通过能力和列车客座能力。同时，还可以缓解线路终端换乘站的换乘压力，最大限度地提高旅客的直通比例，减少旅客的换乘次数。但该种运输组织方法的运用也须满足一定条件，具体表现在客流条件、运输组织与设备设施三个方面。

（1）客流条件。变编组与共线运行组合运营模式下，共线区段的大编组列车运行至郊区站会拆解成两列小编组列车在非共线路段上独立行驶。不过，这种方法虽可保证各路段具有相同发车频率，但受列车编组数的影响，相较于共线区段，非共线区段上列车运力有所下降，难以适应与其相同的客流量需求。因此，在客流条件方面，该种运行组织方法适用于一定客流量范围内，共线区段客流量相对较大、非共线区段客流量相对较少的线路。

（2）运输组织。运输组织上，这种模式要求上下行两个方向均能独立完成列车连挂、解体作业。具体作业流程如下：

1）列车连挂作业

第一，列车控制系统首先收到信号系统发送的连挂消息，并向连挂监视传递该消息。

第二，连挂监视收到消息后，向列车控制系统发出列车停车点信息，列车开始监视停车点条件，一旦满足停车点条件，列车立即停车。

第三，列车控制系统发出列车安全消息，经过消息传递，连挂控制收到后向制动系统。

第四，行调发布加挂命令，列车进行移动编组，在编组移动前先释放制动，由连挂控制向制动系统发出制动缓解消息，当连挂控制收到制动缓解消息后，列车将以一定的速度移动，在连挂部件检测到编组距离时，开始进行编组。

第五，发出全制动与停放制动消息，当编组距离为0时，完成机械连挂和电气连挂。

第六，当列车结合在一起时，首先会产生列车完整性丢失的信息，此时两列车都实施紧急制动。随后通过通信系统，列车获取编组后的列车完整性信息，同时列车控制系统进行系统重置。

第七，完成控制系统重置后列车上客发车。

2）列车解体作业

第一，列车进入解体模式，由信号系统发送一条解体消息给列车控制系统。

第二，列车控制系统在收到解体消息后先检查列车安全，同时连挂监视在收到列车控制系统的列车安全消息后，将此消息转发给连挂控制。

第三，连挂控制收到该消息后给制动系统发送一条施加全制动或停放制动消息。

第四，制动系统得到消息后实施全制动或停放制动。

第五，连挂控制向连挂监视、列车控制系统回应列车安全消息。

第六，司机执行解体列车指令，组合编组列车实施解体命令，完成电气解体和机械解体。

第七，后车向后开行一定的距离。

第八，完成解体后，列车控制系统自动施加常用制动或停放制动，两列车进行控制系统重置。

第九，完成系统重置后需要继续运行的车辆上客发车。

在列车解编过程中，还要保证较高的解编效率，一般全程不超过 5min，以减小列车解编对前、后列车运行线铺画及线路通过能力的影响。

3）设备设施。设施设备方面，解编站应设置专门的解编设备，按照解编需求设置解编线，同时须配置相应的信号系统在列车连挂、解编后完成对其编组变化的识别，识别方法如下：

第一，对列车完整性的检查。在 3 节编组列车中，车辆通过列车线提供一个高电平给信号与车辆的接口，此信号代表列车机械状态连挂的完整性，即列车是完整的、没有丢失车厢的。若出现低电平则表示列车状态丢失，车载人机界面会给出报警信息。两列 3 节列车开展连挂作业后，信号系统首先会出现低电平，随即两列车的车钩通过电气连挂沟通列车线，给出车辆状态完整的信息。

第二，完成列车车载信号与轨旁 ATP 系统的通信。在列车信号系统中，3 节编组的列车一般会设置两套车载控制器及车地通信天线。两套车载控制器互为热备。轨旁 ATP 系统通过检测主用车载控制器的状态，来识别列车的身份并开展通信，完成对车载控制器命令的传送和列车状态的回采。实现 6 节连挂后，共有 4 套车载控制器，其中一套为主用，其他三台处于热备状态。

第三，将轨旁 ATP 集中设置在中央控制室的车辆控制中心内，为两列车的连挂和解编设置保护。接收调度员指令并命令车载控制器工作，同时接收车载控制器的反馈。

2.变编组与多交路组合模式

多交路行车可以在节约列车资源的同时提高列车运能利用率，但由于其中某些列车会在中间站折返，所以部分径路的直达性较低。而对于变编组而言，列车在运行过程中拆解会涉及被拆解列车的运行路径问题。只要在设计其运行径路时，令一列车继续向前行驶，另一列车在解编车站折返，就可以形成不同交路，即可以通过变编组将列车的折返作业与解编作业相接续。

利用这种运行组织方法，可以减少乘客的换乘次数，提高线路的运营水平和服务效率，但其中涉及的解编作业和折返作业均会对运行线的铺画产生影响，当某列车发生晚点时，后续列车运行恢复的难度会更大。因此，该组合模式的实施会面临诸多困难，并且对列车解编作业和折返作业的效率要求很高，实际运营中较少采用。

第二节　多交路列车运营方法及其优化

一、多交路组织的特征与效益

多交路运营是指针对较长线路上客流分布的区段差异性，某一运营商在同一线路上开行两种或两种以上交路形式列车的运输组织方法。我国很多城市的轨道交通线路采用了多交路运营组织方法。多交路运营方案主要服务于城市中心区与市郊之间的长、短距离出行并存的线路，一方面可促进运力与需求更好地匹配；另一方面可节约列车资源，确保全线各客流区段内列车合理负荷和服务水平。一般而言，多交路运营方案应设置在穿行于城市中心区、边缘区与郊区的长线路上，与城市空间布局相互适应。实施多交路运营方案的前提是短交路的起讫点车站必须具备列车折返条件。

（一）多交路运营组织的特征

相对于形式和运营组织较为简单的单一交路，多交路运营组织具有如下特征：

1.满足不同客流需求。多交路运营根据客流特征设定交路组合，最大限度适应客流发生规律，缩短乘客候车时间。

2.提高运营效率。通过多交路运营，可有效提高各交路列车的装载率，加快短交路列车周转，从而降低运营成本，提高运营效率和收益。

3.对折返站的设施设备要求高。对折返站的地面信号设置要求较高，无论是单向还是双向折返，都需要较复杂的折返作业过程。

4.增加乘客换乘。多交路下的短交路列车须在折返站清客，部分长距离乘客在折返站需要换乘，增加该折返站站台的客流压力。

当不同方向的轨道交通线路利用相同的线路区段为旅客提供多样化服务（不同去向列车）时，这种运营方式称为共线运营。共线运营下的多交路具有如下特点：①强调在客流量大的走廊（共线线路）上提供列车去向不同的服务；②线路一般属于某一线路公司，但不同去向列车经行的线路方向有差异。

（二）多交路运营组织的效益

多交路运营组织的效益主要体现，如图 4-1 所示。

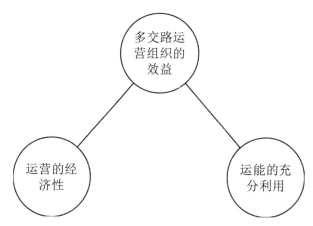

图 4-1　多交路运营组织的效益

1. 运营的经济性。城市轨道交通应用多交路技术可以在大致相同的列车公里水平下提高断面能力利用率的均值，包括降低最大断面负荷、提升利用率低断面负荷两方面；加快列车周转，从而实现运用列车数的节省，降低运营成本。短交路列车须在相应中间折返站铺设折返线、道岔，安装信号设备、换乘设施，这将增加建设投资和运营管理、维护费用，其中折返站台的设置是主要的投资成本。

2. 运能的充分利用。多交路组织方式可促进运力与需求的更好匹配，避免客流量较少区段的运能浪费，还可以节约列车资源，确保全线各客流区段内列车的合理负荷与服务水平。

二、多交路运营方式的类型

多交路运营的组织方式按照交路组合形态不同，可以分为嵌套交路和衔接交路两种。

（一）嵌套交路

嵌套交路在常规大交路运行区段的基础上增加了小交路，大交路列车在线路两端的终点站折返，小交路列车在规定的中间站折返。嵌套交路又称长短交路套跑、大小交路套跑。长短交路列车在线路的部分区段组合运行，长交路列车到达线路终点站后折返，短交路列车在指定的中间站单向折返。

采用嵌套交路可以提高运营效益、服务水平和各交路的列车装载率，并加快短交路列车的周转。不过，嵌套交路会增加小交路未覆盖区段外的乘客的平均候车时间；因线路设置中间折返站而增加投资；影响线路的通过能力等。

（二）衔接交路

衔接交路是若干长短交路的组合衔接（或交错）。列车只在线路某一区段内运行、在指定的中间站折返。根据衔接的交路是否同站折返，还可以进一步分为同站衔接、交错衔接和 Y 型线衔接三种类型。

1.同站衔接交路。同站衔接交路（图4-2）又称分段交路，由几个小交路衔接而成[①]。列车在各自小交路区段独立运营，并在规定的中间站折返。

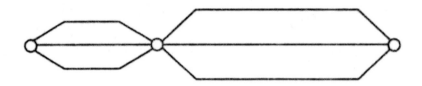

图 4-2　同站衔接交路

同站衔接的优点是交路之间的相互影响较小；能较好地解决相邻两个区段客流需求差异较大的问题，但同站衔接交路会使跨区段出行的乘客直达性降低，换乘增加了乘客的出行时间。在设备设施方面，衔接站须具备双向折返条件，折返线配置要求高，两个交路列车折返作业可能产生进路干扰，折返能力和换乘能力是线路瓶颈。

在目前的轨道交通运营组织中，同站衔接的形式较为常见。但同站衔接对折返站的折返能力要求较高。同时，若同站衔接交路的中间折返站为断面客流出现明显落差的车站，则可能出现站台负荷过饱和的问题，此时适宜采用交错衔接交路，使不同列车交路的中间折返站错开设置。

2.交错衔接交路。交错衔接交路（图4-3）是指两种交路的列车分别在线路的某个区段运行，但两交路又在某一区段交错。一般而言，列车的交错区段位于中心城区，在该区段内列车开行对数最大。交错衔接交路缓解了同站衔接的换乘与折返组织压力；在满足交错区段高强度运输需求的同时，保持其他区段的合理运输能力，但跨越交错区段出行的乘客需要换乘，增加了该部分乘客的出行时间。

① 毛保华，高自友，柏赞，等.城市轨道交通网络运营组织理论与方法 [M].北京：人民交通出版社，2018：186.

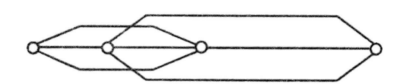

图4-3　交错衔接交路

（3）Y型线衔接交路。Y型线衔接交路（图4-4）包括独立运行和全线贯通运行，对于带有支线的交路形式，可采用独立运行或全线贯通运行。独立运行指正线和其中的一条岔线组成干线，另一条岔线作为支线，干线列车和支线列车均独立运行。全线贯通运行是指正线列车分别交替驶入两条岔线。干线和支线是相对的，一般将客运需求量较小的线路称为支线。

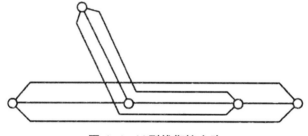

图4-4　Y型线衔接交路

Y型线衔接交路的两个交路之间的影响较小，运营组织简单，一旦发生故障，容易处理，但是干线和支线的交会车站既是换乘站又是折返站，客流量大，运输组织难。

三、多交路列车运营方法优化模型构建

已知城市轨道交通沿线客流分布及相关运营参数，确定不同运营时段下是否开行多交路，以及开行多交路时小交路折返位置、大、小交路列车发车频率和列车编组；在满足乘客需求等约束下，使乘客出行成本和企业运营成本最小。下面以大、小两种交路为例，构建大、小交路列车运行方法优化模型。

假定城市轨道交通线路，大、小两种交路，如图4-5所示。共有 N 座车站，其中大交路列车从1站出发至 N 站方向为上行方向，记 $d=1$，反之为下行，记 $d=2$；小交路列车为部分区段运营，列车从车站 S_0 运行至车站 S_1 后折返；大、小交路列车开行频率分别为 f_1 和 f_2，列车编组辆数分别为 n_1 和 n_2；大、小交路列车共线运行区段记为 M_2，其他区段记为 M_1。

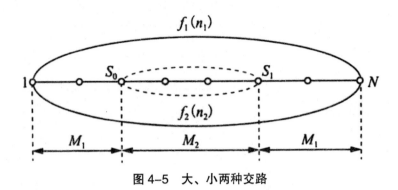

图 4-5 大、小两种交路

图 4-5 中的符号定义如下：

N——车站数量。

d——列车运行方向标记，$d=1$ 为上行方向，$d=2$ 为下行方向。

S_0、S_1——小交路列车折返站。

f_1——大交路列车开行频率。

f_2——小交路列车开行频率。

M_1——大交路列车独立运行区段。

M_2——大、小交路列车共线运行区段。

n——开行单一交路的列车编组辆数。

（一）乘客出行成本

乘客出行成本由乘客在车时间成本和等待时间成本两部分构成，考虑到列车旅行速度相同，乘客在车时间不会发生变化，因此不考虑乘客在车时间，而乘客等待时间与乘客出行成本成正比例关系，因此乘客出行成本最小化目标可由乘客等待时间最小化目标表示。

考虑在城市轨道交通线路开行大、小交路时，M_1 区段的乘客只能乘坐大交路列车，因此 M_1 区段的乘客等待时间仅与大交路列车的开行频率有关。M_2 区段开行大交路和小交路两种类型列车，因此该区段的列车开行频率为大交路列车与小交路列车开行频率之和。城市轨道交通列车发车间隔较小且均匀发车，乘客平均等待时间可以取发车间隔的一半，则上行方向乘客的等待时间表示为：

$$t_{w1} = \frac{1}{2} \left\{ \sum_{k=1}^{S_0-1} \frac{\lambda_k^{1+}}{f_1} + \sum_{k=S_1}^{N-1} \frac{\lambda_k^{1+}}{f_1} + \sum_{k=S_0}^{S_1-1} \left[\frac{\lambda_k^+ \left(k+1, S_1\right)}{f_1 + f_2} + \frac{\lambda_k^+ \left(S_1+1, N\right)}{f_1} \right] \right\} \tag{4-1}$$

式中，第一项和第二项表示 M_1 区段（第 1 站至第 S_0 站，第 S_1 站至第 N 站）的乘客等待时间，第三项表示 M_2 区段的乘客等待时间。

同理，可得到下行方向的乘客等待时间，表示为：

$$t_{w2} = \frac{1}{2}\left\{ \sum_{k=2}^{S_0} \frac{\lambda_k^{2+}}{f_1} + \sum_{k=S_1+1}^{N} \frac{\lambda_k^{2+}}{f_1} + \sum_{k=S_0+1}^{S_1} \left[\frac{\lambda_k^+(S_0, k-1)}{f_1+f_2} + \frac{\lambda_k^+(1, S_0-1)}{f_1} \right] \right\} \qquad (4\text{-}2)$$

式中：

t_{w1}、t_{w2}——乘客等待时间。

k——第 k 个车站。

λ_k——乘客到达车站 k 的到达率。

（二）企业运营成本

企业运营成本主要包括列车运行成本（能源消耗、维护费用等）和人力成本（司乘人员工资、福利等），列车运行成本主要与车辆走行公里相关，人力成本主要与列车运行时间相关。因此，列车运行成本和人力成本可分别由车辆走行公里和列车运行时间衡量，所以企业运营成本最小化目标可分解为车辆走行公里最小化和列车运行时间最小化两个目标，表示如下：

$$\min\quad Z_2 = \sum_{h=1}^{2} f_h n_h t_i \sum_{d=1}^{2} L_{h,d} \qquad (4\text{-}3)$$

$$\min\quad Z_3 = \sum_{h=1}^{2} f_h t_i \left(2\vartheta + \sum_{d=1}^{2} \frac{L_{h,d}}{v_d} \right) \qquad (4\text{-}4)$$

式中：

Z——优化模型目标函数。

f——单一交路运营时的列车发车频率。

h——交路标记，$h=1$ 表示大交路。

n_h——交路 h 运行列车的编组辆数。

t_i——第 i 个运营时段时长。

$L_{h,d}$——交路 h 在方向 d 的长度。

ϑ——列车折返作业时间。

v_d——方向 d 的列车旅行速度。

上述模型的约束条件为：

（1）最小发车频率约束

$$f_1 \geqslant f_0 \qquad (4\text{-}5)$$

（2）线路最大通过能力约束

$$f_1 + f_2 \leqslant f_m \qquad (4\text{-}6)$$

式中：

f_m——线路最大通过能力。

（3）列车最大满载率约束

$$\eta_h \leqslant \eta_{\mathrm{m}} \quad (h = 1,2) \qquad (4\text{-}7)$$

式中：

η_h——交路 h 的列车满载率。

η_{m}——列车最大满载率。

（4）列车最大编组辆数约束

$$n_h \leqslant n_{\mathrm{m}} \quad (h = 1,2) \qquad (4\text{-}8)$$

式中：

n_{m}——列车最大编组辆数。

（5）车底数约束

$$\sum_{h=1}^{2} N_h \leqslant N_0 \qquad (4\text{-}9)$$

式中：

N_h——大、小交路模式下交路 h 的车辆运用数。

N_0——单一交路运营模式下车辆运用数。

（6）小交路折返站位置约束

$$1 \leqslant S_0 < S_1 \leqslant N \qquad (4\text{-}10)$$

（7）客流需求约束

$$f_h = \max_{r \in R_h} \left\{ \frac{Q_{h,\,r}}{C n_h \eta_{\mathrm{m}}} = \frac{\beta_1 \sum_{OD \in M_{1,\,r}} q_{OD} + \beta_2 \sum_{OD \in M_{2,\,r}} q_{OD}}{C n_h \eta_{\mathrm{m}}} \right\} (h = 1,2)$$

$$\beta_1 = \begin{cases} 1 & (h = 1) \\ 0 & (\text{其他情况}) \end{cases} \quad \beta_2 = \begin{cases} f_1 / (f_1 + f_2) & (h = 1) \\ 1 - f_1 / (f_1 + f_2) & (\text{其他情况}) \end{cases} \qquad (4\text{-}11)$$

式中：

r——相邻车站之间的区间。

R_h——交路 h 的区间集合。

$Q_{h,r}$——第 r 个区间上交路为 h 的列车所分担的客流。

β_1、β_2——大、小交路列车的客流分担比例。

$M_{1,r}$、$M_{2,r}$——分别表示属于 M_1 和 M_2 区段经过第 r 个区间的 OD 对集合。

q_{OD}——交通起止点（OD）对客流需求。

总之，城市轨道交通多交路运营方法涉及乘客和运营企业两方面的利益；开行多交路可以有效降低企业运营成本，减少车辆运用数。相同列车公里时，多交路可能会增加长距离（大交路）乘客的等待时间。多交路运营模式可以缓解小交路区段的拥挤状况，降低大交路区段列车满载率的非均衡性，同时改善郊区满载率较低、运力浪费的现象，提高车辆运用效率。

第三节　快慢列车结合运行方法及其优化

一、快慢列车结合的作用

快慢列车（下文简称"快慢车"）结合运行组织是在长距离线路为提高长距离出行乘客旅行速度并兼顾短距离乘客直达性的一种运输组织方法。

快慢车结合运行组织是城市轨道交通市域线常用的运输组织形式，是从运输组织适应客流特征的角度出发，根据线路的长、短途客流特点和通过能力利用状况，在开行站站停慢车（以下简称"慢车"）的基础上，同时开行越站、直达快车（以下简称"快车"）的列车运行方法，从而使运输组织适应不同客流特征的一种运行组织技术。

开行快慢车可以有效减小轨道交通线路不同区间客流特征及列车频繁停站对线路运输的影响。轨道交通线路开行快车后，能提高列车旅行速度，为长距离旅客提供更高水平的服务；同时可提高列车的运营效率，减少运营车辆数。但也会带来一定的负面影响，如由于列车越站运行，被越行车站的客运服务水平将有所下降，平均候车时间增加；在列车密度较高的情况下，快慢列车间将发生越行，会降低线路的通过能力。此外，过多的越行站会导致工程难度与工程造价的增加；而过少的越行站必然会影响线路的通过能力及列车的始发均衡性。因此，需要研究在满足一定的通过能力的条件下，快慢车的发车间隔组合、越行站数量以及越行地点选择等问题。

城市轨道交通线路快慢车运营下，快车在部分车站不停，以提高旅行速度，减少乘客旅行时间，满足乘客对快速性的需求；而慢车则能够满足乘客的直达需求。我国城市轨道交通市域线多数采用无越行模式的快慢车，但发车频率较高时，受线路通过能力约束，快车跨站数量受限而难以发挥快慢车的作用；同时，北京地铁 6 号线、广州地铁 21 号线等多条线路在部分车站均预留了越行配线，为有越行模式的快慢车提供了线路条件。

二、快慢车组织运行方法的划分

快车运行后，快车停站数目减少，使得快车的旅行速度提高。为了满足列车追踪间隔和不同类型列车的发车顺序，会产生后行快车须越行前行慢车的情况。

根据快车是否越行慢车，快慢车方案一般分为两种类型：①开行部分站甩站通过但不越行前车的大站快车。②快车越行慢车。以快慢车开行比例为 1∶1，即开行 1 列慢车，就开行 1 列快车。

（1）大站快车。大站快车是指部分列车不停车通过部分客流量不大的小站，与站站停慢车共用线路与车站股道。

大站快车的优点在于可以提高部分大客流量车站之间的列车运行速度，实现点对点的快速通达；对轨道交通线路要求不高，既有线路即可开行，不须额外的工程投资。

（2）快车越行慢车。在具备越行条件的线路上，根据快车越行慢车地点的不同，越行类型可包括区间越行和车站越行两种。区间越行指快车在线路两站之间越行慢车，一般要求越行区段为 3 线或 4 线；车站越行指快车在车站内越行慢车，一般要求越行车站配备侧线。

快车越行慢车的优点在于可以满足一条线路上不同的交通需求，外围组团的乘客可以以较高的速度到达中心区，同时线网也有足够的覆盖，可提高旅客出行的方便程度。

三、快慢车运营模式

根据线路是否具有越行条件，可将快慢车运营模式分为无越行模式和有越行模式，两者的线路条件、适用客流条件、运行组织方法不同。

（一）无越行模式

我国城市轨道交通市域线通常采用复线形式，且不具备越行条件。在客流平峰时段，市域线的发车频率较小、发车间隔较大，并且市域线具有线路较长、站间距较大的特点，因此具备开行少数车站跨站不停的快慢车的可能性。

当客流空间分布不均衡且不均衡程度较为分散时，此种客流特征适合开行快慢车。此时，快车跨站位置根据客流特点，非连续地分布在线路上。当该线列车间隔较大、跨站数量较少时，在保证安全追踪间隔的基础上，后行快车在前行慢车后面追踪运行，而不会影响前行慢车。

因此，无越行条件下，在客流平峰期发车间隔较大时，市域线可能具备开行快慢车的条件；在高峰期发车间隔较小时，可能不再具备开行快慢车的条件，或者快车的跨站数量减少。能否开行快慢车，以及快车跨站数量的取值范围，受到客流特征、始发间隔、各类追踪间隔和停站时间等因素的影响。

（二）有越行模式

根据市域线的线路条件和越行方式，越行分为区间越行和车站越行两类。区间越行通常发生在线路条件具备三线、四线的情形下，在日本和欧洲一些城市有所应用；而我国城市轨道交通市域线路通常为复线，且仅在部分车站预留越行配线，所以车站越行更符合我国的实际运营情况。

当发车频率较高、快车跨站数量较多时，须采用越行模式开行快慢车。由于后车旅行速度较快，导致与前车的距离逐渐缩短，当不满足安全追踪距离时，后车不再具备与前车追踪运行的条件，而需要在车站越行前车。因此，在发车频率较高、通过能力较为紧张时，比起无越行条件，有越行条件能提高开行快慢车的可能性。当发车频率极高、通过能力紧张时，开行快慢车的条件还有待探讨。

（1）站间越行。此类越行方式，一般要求越行区段为三线（双向共用越行线）或四线，快慢列车在线路的部分区段追踪运行，快车通过越行线越行慢车。

（2）车站越行此类越行方式，要求越行车站配备侧线。根据快车是否通过侧向道岔进入侧线，故一般而言，在城市轨道交通系统中，由于受工程难度和造价的影响，很难做到在每一个可能发生越行的车站设置越行线。因此，可以通过调整列车在始发站的间隔来改变列车的越行地点。这种方法既保证能力，又能保证列车在合适的车站越行。另外，列车在上下行区间需要设置的越行站不一定是同一车站，可以根据需要考虑在某些车站设置单方向的越行线。

（三）快慢车运营方法优化模型构建

1. 基于无越行条件的快慢车运营方法优化模型构建

（1）无越行均衡发车条件下的快慢车运营方法优化。综合考虑线路通过能力、列车发车频率、列车满载率等约束条件，结合乘客在快慢车之间的换乘行为，细致刻画乘客的选择、换乘和滞留行为，以乘客出行感知时间、企业车底购置费用和车公里费用三者最小为目标，构建无越行均衡发车下的快慢车开行方案多目标优化模型，设计相应的求解算法。

1）问题描述。根据快慢车运营模式的特点，研究问题可以归纳为：已知城市轨道交通线路沿线客流 OD 分布及相关运营参数，如何确定是否需要开行快慢车；如果开行快慢车，如何确定快慢车各自的发车频率、快车的不停站位置，以达到乘客出行感知时间、企业车底购置费用和车公里费用三者综合最小的目标。

为便于刻画研究问题和确定研究边界，根据快慢车的运营特点，提出的假设包括：①始发站均衡发车；②线路为复线，且不具备越行条件；③快车与慢车的发车频率互为整数倍；④在快车不停站的车站，慢车不允许有滞留；⑤除了因多列连续快车不停而滞留的乘客外，其他乘客最多接受一次滞留；⑥乘客乘坐快车后，如果快车不能直达，则在终点站前最后一个快车停站的车站换乘慢车；⑦乘客乘坐慢车后，不再换乘，将一直乘坐到终点。

已知线路条件，列车序号记为 i，研究时段为 T_R，慢车发车频率为 f_1，快车发车频率为 f_2。用 $y_{i,j}$ 表示列车 i 在车站 j 是否停站，停站时取值为 1，不停站时取值为 0。研究均衡发车的快慢车开行方案的优化模型。决策变量为：慢车发车频率为 f_1，快车发车频率为 f_2，以及快车跨站位置（ $y_{i,j}$ 为 0 的车站序号）。

2）时间参数描述。快车不停站时，快车与慢车之间的追踪间隔时间受到快车不停站数量、停站时间、区间运行时分等因素的影响，导致始发站的发车间隔增加。因此，当线路发车频率较高时，快慢车运行组织方式会影响线路的通过能力，需要判断适应客流需求的开行方案下，其发车间隔是否具备快慢车的开行条件。

当快慢车发车比例不为 1：1 时，采用密集发车方式，即同种列车连续发车，可以在一定程度上减小对通过能力的影响。因此，研究时段 T_R 可以分成若干个最小循环周期 T_c，每个循环周期内有 I 列车，快慢车发车比例为 1：n 或 n：1 时：

$$I = 1 + n \tag{4-12}$$

式中：

n——快慢车发车频率的倍数关系。

均衡发车模式下，只须计算第一列快车与前一列慢车间的发车间隔，其他快车或慢车与同类列车追踪运行按照此间隔发车即可。

第一，列车到发时刻。区间运行时间：运行时间与快慢车在该区间前后端车站的停站情况有关。公式如下：

$$r_{i,j} = \frac{s_j}{v_{i,j}} + y_{i,j} \cdot \frac{v_{i,j}}{2a_{i,j}^{\text{acc}}} + y_{i,j+1} \frac{v_{i,j}}{2a_{i,j}^{\text{dec}}} \tag{4-13}$$

式中：

$r_{i,j}$——列车 i 在区间 j（车站 j 与 $j+1$ 之间）的运行时间，s。

s_j——区间 j 的站间距，m。

$v_{i,j}$——列车巡航速度，m/s。

$y_{i,j}$——列车 i 在车站 j 是否停站，决策变量，$y_{i,j}=1$ 时停站，$y_{i,j}=0$ 时不停站。

$a_{i,j}^{\text{acc}}$——列车加速度，m/s²。

$a_{i,j}^{\text{dec}}$——列车减速度，m/s²。

第二，列车在各站的到发时刻。某站的出发时刻由该站到达时刻和停站时间决定，某站到达时刻由前一站出发时刻和前一区间运行时间决定。公式如下：

$$d_{i,j} = a_{i,j} + y_{i,j} \cdot ts_{i,j} \tag{4-14}$$

$$a_{i,j+1} = d_{i,j} + r_{i,j} \tag{4-15}$$

式中：

$d_{i,j}$——列车 i 在车站 j 的出发时刻。

$a_{i,j}$——列车 i 在车站 j 的到达时刻。

$ts_{i,j}$——列车 i 在车站 j 的停站时间，s。

j——车站序号。

第三，各类追踪间隔时间约束。列车在车站的状态分为到达、通过和出发三类，根据前后列车在车站状态的不同组合，其最小间隔时间的类型和取值不同。公式如下：

$$a_{i,j} - d_{i-1,j} \geqslant y_{i-1,j} y_{i,j} I_{\text{da}} + \left(1 - y_{i-1,j}\right) y_{i,j} I_{\text{ta}} + y_{i-1,j}\left(1 - y_{i,j}\right) I_{\text{dt}} + \left(1 - y_{i-1,j}\right)\left(1 - y_{i,j}\right) I_{\text{tt}} \tag{4-16}$$

式中：

I_{da}——在同一车站，前车发车且后车到达的最小追踪间隔时间，s。

I_{ta}——在同一车站，前车通过且后车到达的最小追踪间隔时间，s。

I_{dt}——在同一车站，前车发车且后车通过的最小追踪间隔时间，s。

I_{tt}——在同一车站，前车通过且后车通过的最小追踪间隔时间，s。

3）始发站发车间隔。快慢车运营下，前后列车的停站状态不同时，两者之间最小间隔时间可能不同。因此，有必要分析快车跨站位置和终点站的追踪间隔时间约束，计算因此导致始发间隔的增加量，以便计算后行快车与前行慢车在始发站的最小发车间隔，满足此间隔才可能具备开行该快慢车方案的条件。

第一，快车跨站位置对始发间隔的影响。当快车在多个车站跨站不停时，计算最后一个快车跨站位置对始发间隔的影响即可，用 $i=1$ 代表慢车，$i=2$ 代表快车。公式如下：

$$d_{2,j} - d_{1,j} = I_{\text{dd}} - (N-1)ts_{i,j} - 0.5Nt_{\text{dec}} - 0.5(N-1)t_{\text{acc}} \tag{4-17}$$

$$d_{2,j} - d_{1,j} \geqslant I_{dt} \tag{4-18}$$

$$\Delta t_1 = I_{dt} - I_{dd} + Nts_{i,j} + 0.5Nt_{dec} + 0.5(N-1)t_{acc} \tag{4-19}$$

式中：

I_{dd}——在同一车站，前车发车且后车发车时的最小追踪间隔时间，s。

N——每列快车跨站不停的车站数量，决策变量。

Δt_1——快车跨站不停导致始发站发车间隔须增加的时间，s。

式 4-17 描述了前行慢车发车且后行快车通过车站 j 时两列车的追踪间隔时间，单位为 s；式 4-18 确保了列车在此站的间隔时间满足安全间隔时间要求。

第二，终点站到达间隔对始发间隔的影响。列车在终点站的到达间隔须满足追踪间隔约束，否则须增加始发间隔。公式如下：

$$d_{2,K} - d_{1,K} = I_{dt} - 0.5t_{acc} \tag{4-20}$$

$$d_{2,K} - d_{1,K} \geqslant I_{aa} \tag{4-21}$$

$$\Delta t_2 = \begin{cases} I_{aa} + 0.5t_{acc} - I_{dt}, & d_{2,K} - d_{1,K} < I_{aa} \\ 0, & d_{2,K} - d_{1,K} \geqslant I_{aa} \end{cases} \tag{4-22}$$

式中：

Δt_2——终点站到达间隔约束导致始发站发车间隔须增加的时间，s。

式 4-20 描述了列车在终点站的到达间隔时间，单位为 s；式 4-21 确保了列车在此站到达间隔时间满足安全间隔要求。

第三，均衡发车模式下始发站发车间隔计算。

总之，计算始发站后行快车与前行慢车的最小发车间隔如式 4-23 所示，由于研究问题是在始发站均衡发车的条件下，因此各列车的始发间隔均相等。

$$T_{min} = I_{dd} + \Delta t_1 + \Delta t_2 \tag{4-23}$$

$$T = \frac{T_R}{f_1 + f_2} \tag{4-24}$$

$$T_{min} \leqslant T \tag{4-25}$$

$$d_{i+1,1} = d_{i,1} + T \tag{4-26}$$

式中：

$T_{\min}$——快车跨站数量为 N 时，始发站的最小发车间隔时间，s。

式 4-25 保证了平均发车间隔 T 满足因快车跨站而增加的最小始发间隔 $T_{\min}$，否则该开行方案不具备快车跨站数量为 N 的开行条件；式 4-26 描述了均衡发车模式下各列车的始发时刻。

4）乘客参数描述。乘客参数包括候车乘客数量、在车乘客数量、滞留乘客数量、换乘乘客数量以及乘客乘降量等，从首站开始定义各站的乘客参数。具体如下：

第一，首站候车乘客数量。均衡发车模式下，首站候车乘客数量的计算如式 4-27 所示。

$$w_{i,1}^{\text{wait}} = \sum_{k=1}^{K}\Big[\lambda_{i,1,k}\left(d_{i,1} - d_{i-1,1}\right)\Big] \qquad (4\text{-}27)$$

$$w_{i,1}^{\text{want}} = \sum_{k=1}^{K}\Big(\lambda_{i,1,k} \times q_{i,j,k}\Big)\Big(d_{i,1} - d_{i-1,1}\Big) \qquad (4\text{-}28)$$

式中：

$w_{i,j}^{\text{wait}}$——在车站 j 等候列车 i 的乘客数量，人。

$w_{i,j}^{\text{want}}$——愿意乘坐当前列车的乘客数量，人。

$\lambda_{i,j,k}$——车站 j 上车并将在车站 k 下车的乘客到达车站 j 的速率，人 /h。

$d_{i,1} - d_{i-1,1}$——前后行列车在首站的始发间隔时间，s。

$q_{i,j,k}$——出行起讫点分别为车站 j 和 k 的乘客遇到列车 i 时的乘车概率（考虑乘客乘车意愿的前提下），取值范围 [0，1]。

第二，在车乘客数量，滞留乘客数量。均衡发车模式下，在车乘客数量和滞留乘客数量的计算如式 4-29 到式 4-32 所示。

$$n_{i,j} = n_{i,j-1} - n_{i,j}^{\text{alight}} + n_{i,j}^{\text{board}} \qquad (4\text{-}29)$$

$$n_{i,j}^{\text{remain}} = z - n_{i,j-1} + n_{i,j}^{\text{alight}} \qquad (4\text{-}30)$$

$$n_{i,j}^{\text{board}} = \min\Big(n_{i,j}^{\text{remain}}, y_{i,j} \cdot w_{i,j}^{\text{want}}\Big) \qquad (4\text{-}31)$$

$$w_{i,j} = w_{i,j}^{\text{wait}} - n_{i,j}^{\text{board}} \qquad (4\text{-}32)$$

式中：

$n_{i,j}$——列车 i 离开车站 j 后的在车人数，人。

$n_{i,j}^{\text{alight}}$——列车 i 在车站 j 下车的乘客数量，人。

$n_{i,j}^{\text{board}}$——在车站 j 实际乘坐列车 i 的乘客数量，人。

$n_{i,j}^{\text{remain}}$——列车 i 离开车站 j 时的列车剩余能力，人。

$w_{i,j}$——列车 i 离开车站 j 后在车站 j 的滞留乘客数量，人。

第三，换乘乘客数量。均衡发车模式下，换乘乘客数量的计算如下：

$$transfer\ _{i,j}^{e-l} = \sum_{l=1}^{j} \sum_{i'=j+1}^{m-1} \left[\lambda_{i,l,l} \left(d_{i,l} - d_{i-1,l} \right) \right] \tag{4-33}$$

$$\sum_{i'=j+1}^{m-1} y_{i,l'} = 0, y_{i,l} \cdot y_{i,j} \cdot y_{i,m} = 1 \tag{4-34}$$

式中：

$transfer\ _{i,j}^{e-l}$——乘坐快车 i 不能直达而在 j 站换慢车的乘客数量，人。

式中，快车在 j 站的上一个停站位置是车站 m'，下一个停站位置是车站 m。根据假设 ⑥（乘客乘坐快车后，如果快车不能直达，则在终点站前最后一个快车停站的车站换乘慢车），从车站 $[1, j–1]$ 乘坐快车去往车站 $[j+1, m–1]$ 的乘客均在 j 站换乘慢车。

第四，各站的候车乘客数量。均衡发车模式下，各站的候车乘客数量的计算公式如下：

$$w_{i,j}^{\text{wait}} = w_{i-1,j} + \sum_{k=j+1}^{K} \left[\lambda_{i,j,k} \left(d_{i,j} - d_{i-1,j} \right) \right] \tag{4-35}$$

$$w_{i,j}^{\text{want}} = w_{i-1,j} + \sum_{k=j+1}^{K} \left(\lambda_{i,j,k} \times q_{i,j,k} \right) \left(d_{i,j} - d_{i-1,j} \right) \tag{4-36}$$

5）目标函数。优化模型的目标函数应包括企业费用和乘客出行感知时间两个方面，其中企业费用包括车底购置费用和车公里费用。

第一，车底购置费用。快慢车运行组织方式减少了快车的周转时间，从而减少了车底运用数量。因此，车底购置费用能够反映车底周转时间的变化，通过快车和慢车周转时间除以各自的平均始发间隔，并与列车购置费用乘积得到车底购置费用。计算公式如下：

$$E_{\text{total}} = \begin{cases} \left(\dfrac{a_{1,K} - d_{1,1}}{T_{\text{c}}} + \dfrac{a_{2,K} - d_{2,1}}{T_{\text{c}}/n} \right) \times c_{\text{v}}, & f_1 : f_2 = 1 : n \text{ 时} \\[4mm] \left(\dfrac{a_{1,K} - d_{1,1}}{T_{\text{c}}/n} + \dfrac{a_{2,K} - d_{2,1}}{T_{\text{c}}} \right) \times c_{\text{v}}, & f_1 : f_2 = n : 1 \text{ 时} \end{cases} \tag{4-37}$$

式中：

E_{total}——研究时段内的车底运用费用，百万元。

第二，车公里费用。车公里费用包括能耗和维修养护费用等，是列车单位走行公里费用、走行公里数与发车频率的乘积，能够反映发车频率对企业成本的影响。计算公式如下：

$$C_{\text{total}} = \sum_{j=1}^{K-1} s_j \cdot (f_1 + f_2) c \tag{4-38}$$

式中：

C_{total} ——研究时段内的车公里费用，万元。

c ——列车平均走行公里费用，万元。

第三，乘客出行感知时间。乘客出行时间由乘客候车时间和乘客在车时间构成，候车时间需要根据乘客是否乘坐当前列车分类计算，将换乘乘客的换乘候车时间也计算在此部分中；在车时间根据在车乘客、区间运行时间和停站时间等参数计算。

通常情况下，乘客对候车时间的感知大于在车时间的感知，故引入乘客候车感知时间系数，计算乘客候车时间、在车时间和出行感知时间。计算公式如下：

$$t_i^{\text{wait}} = \sum_{j=1}^{K-1} \left[\sum_{j=1}^{K-1} \left[w^{\text{wait}}{}_{i,j} \cdot \frac{1}{2} (d_{i,j} - d_{i-1,j}) + w_{i,j} (d_{i+1,j} - d_{i,j}) + transfer_{i,j}^{e-1} (d_{i+1,j} - a_{i,j}) \right] \right] \tag{4-39}$$

$$t_i^{\text{in-vehicle}} = \sum_{j=1}^{K-1} \left[n_{i,j} \cdot r_{i,j} + y_{i,j} \left(n_{i,j} - n_{i,j+1}^{\text{alight}} \right) ts_{i,j} \right] \tag{4-40}$$

$$t_{\text{total}} = \frac{T_R}{T_c} \sum_{i=1}^{I} \left(r_{\text{wait}} \cdot t_i^{\text{wait}} + t_i^{\text{in-vehicle}} \right) \tag{4-41}$$

式中：

$t_i^{\text{in-vehicle}}$ ——乘客在车时间，s。

6）多目标优化模型。针对研究问题，优化目标包括乘客出行感知时间和企业成本两方面，由于计算单位不同，采用线性加权法将多目标优化问题转化为单目标优化问题。为了衡量运营效果，计算各目标函数的标准值并加权求和，其中，企业成本由车底购置费用和车公里费用构成，两者采用相同权重。以乘客和企业成本最小为总目标，加权目标函数，公式如下：

$$\text{Min } Z = \alpha \cdot \frac{E_{\text{total,nom}} + C_{\text{total,nom}}}{2} + \beta \cdot t_{\text{total,nom}} \tag{4-42}$$

$$X_{\text{nom}} = \frac{X - X_{\min}}{X_{\max} - X_{\min}} \tag{4-43}$$

$$\alpha + \beta = 1 \tag{4-44}$$

式中：

z——加权目标函数。

α——企业效益的权重系数。

$E_{total,nom}$——车底购置费用的标准值。

$C_{total,nom}$——列车满载率均衡性的标准值。

β——乘客效益的权重系数。

$t_{total\,nom}$——乘客出行感知时间的标准值。

模型约束条件如下：

第一，最小追踪间隔约束，保证列车发车间隔不大于线路的最小发车间隔。

$$f_1 + f_2 \leqslant \frac{T_R}{I_{dd}} \tag{4-45}$$

第二，满载率上下限约束，保证列车最大断面区间的平均满载率在一定范围内。

$$\frac{q_{j\max}}{z \cdot \eta_{\min}} \geqslant f_1 + f_2 \geqslant \frac{q_{j\max}}{z \cdot \eta_{\max}} \tag{4-46}$$

式中：

$q_{j\max}$——研究时段 T_R 最大断面区间的客流量，人。

$\eta_{\min}$——列车在最大断面区间平均满载率的最小值。

$\eta_{\max}$——列车在最大断面区间平均满载率的最大值。

第三，最小法定发车频率约束，保证慢车发车频率不小于法定发车频率。

$$f_1 \geqslant f_{\min} \tag{4-47}$$

第四，发车频率倍数关系，满足假设③（快车与慢车的发车频率互为整数倍），保证快慢车的发车频率互为整数倍关系，以减少对线路通过能力的影响，以及方便周期性运行图铺画。

$$(f_1 = nf_2) \cup (f_2 = nf_1) \tag{4-48}$$

（2）无越行非均衡发车条件下的快慢车开行方案优化。快慢车运行组织受到追踪间隔时间的约束，快车不停站导致始发间隔增加；采用非均衡发车模式，在满足最小发车间隔的基础上调整始发间隔，将提高快慢车运营的灵活性，提高快车跨站数量和旅行速度，进一步发挥运营作用。

1）问题描述。已知市域线沿线客流 OD 分布及相关运营参数，确定是否开行快慢车，求解企业成本、乘客出行时间等目标最优的快慢车开行方案，决策变量包括快慢车发车频率、快车跨站位置、列车在始发站的发车间隔等参数。

为便于刻画研究问题和确定研究边界，根据快慢车运营特点，提出以下假设：列车在始发站不均衡发车。其他假设与无越行均衡发车模式下相同。

2）模型构建。通过调整各列车在始发站的发车间隔，研究非均衡发车模式下快慢车开行方案。将后行快车与前行慢车在始发站的发车间隔 T_{l-e} 作为首要调整对象，然后调整后行慢车与前行快车在始发站的发车间隔 T_{e-l}；当快慢车发车比例不为 1 ∶ 1 时，其他同种类列车之间的发车间隔保持均衡，包括前后行快车在始发站的发车间隔为 T_{e-e}，以及前后行慢车在始发站的发车间隔为 T_{l-l}。

决策变量为：慢车发车频率 f_1，快车发车频率 f_2，快车跨站位置（$y_{i,j}$ 为 0 的车站序号），以及快慢车在始发站的发车间隔 T_{l-e}、T_{e-l}、T_{e-e} 和 T_{l-l}。

上述符号的定义：

T_{l-e}——后行快车与前行慢车在始发站的发车间隔，s。

T_{e-l}——后行慢车与前行快车在始发站的发车间隔，s。

T_{e-e}——前后行快车在始发站的发车间隔，s。

T_{l-l}——前后行慢车在始发站的发车间隔，s。

第一，后行快车与前行慢车的始发间隔 T_{l-e}。调整后行快车与前行慢车在始发站的发车间隔 T_{l-e}，在上述计算得到最小发车间隔 $T_{\min}$ 后，增加量为 x。公式如下：

$$T_{\min} = I_{dd} + \Delta t_1 + \Delta t_2 \tag{4-49}$$

$$T_c = \frac{T_R}{f_1 + f_2} \cdot (1+n) \tag{4-50}$$

$$T_{l-e} = T_{\min} + x \tag{4-51}$$

式中：

T_c——研究时段内最小循环周期。

第二，后行慢车与前行快车的始发间隔 T_{e-l}。快慢车运行组织中，通常快车后面的慢车因为承担前车的滞留而满载率较高，因此将后行慢车与前行快车之间的间隔时间相应减小。公式如下：

$$T_{e-l} = T_c - T_{l-e} - (n-1)T_{e-e} \tag{4-52}$$

$$T_{\min} + (n-1) \cdot I_{dd} \leqslant T_c \tag{4-53}$$

式 4-52 保证了该开行方案的最小循环周期 T_c。能满足始发间隔的约束，即不小于始发间隔最小值 I_{dd}，否则不具备该跨站数量快慢车的开行条件。

第三，同类列车的始发间隔 T_{e-e} 或 T_{l-l}。如果开行比例不为 1∶1，则其他同种类列车之间的发车间隔包括 T_{e-e} 和 T_{l-l} 保持均衡；以上调整均基于所有列车的发车间隔最小取值均为 I_{dd}。

$$T_{e-e} = \frac{T_c}{n+1} \qquad (4\text{-}54)$$

$$T_{l-l} = \frac{T_c}{n+1} \qquad (4\text{-}55)$$

第四，各列车的始发时刻。

总之，前后列车的类型决定前后车间隔时间，分别根据式 4-52 到式 4-55 取值。非均衡发车模式下，列车的始发时刻与前车始发时刻、前后列车的类型有关。其计算公式如下：

$$d_{i+1,1} = \begin{cases} d_{i,1} + T_{l-e}, \sum_{i=1}^{K} y_{i,j} = K \cap \sum_{i=1}^{K} y_{i+1,j} < K \\[2mm] d_{i,1} + T_{e-e}, \sum_{i=1}^{K} y_{i,j} < K \cap \sum_{i=1}^{K} y_{i+1,j} < K \\[2mm] d_{i,1} + T_{l-l}, \sum_{i=1}^{K} y_{i,j} = K \cap \sum_{i=1}^{K} y_{i+1,j} = K \\[2mm] d_{i,1} + T_{e-l}, \sum_{i=1}^{K} y_{i,j} < K \cap \sum_{i=1}^{K} y_{i+1,j} = K \end{cases} \qquad (4\text{-}56)$$

式中：

$\sum_{i=1}^{K} y_{i,j} = K$ ——表示该列车为站站停慢车。

$\sum_{i=1}^{K} y_{i,j} < K$ ——表示该列车为跨站停快车。

2. 基于有越行条件的快慢车运营方法优化模型构建

无越行条件下，快车只能在慢车后面追踪运行，快慢车的运营效果有限。而且客流需求较大时，无越行的快慢车对线路通过能力影响较大。应考虑越行的快慢车开行方案对企业和乘客的影响，研究如何确定快慢车开行频率、快车跨站位置、列车在各站发到时刻，以及快车越行慢车的位置。

（1）问题描述。已知市域线沿线客流 OD 分布及相关运营参数，确定是否需要开行有越行的快慢车，求解企业成本、乘客出行时间等目标最优的快慢车开行方案，决策变量包括快慢车各自的发车频率、快车跨站位置、快车越行位置以及列车在各站发到时刻等参数。列车越行前后的运行组织，如图 4-6 所示[①]。

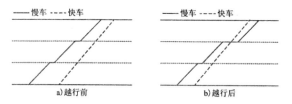

图 4-6 考虑越行的后行快车越行前行慢车过程

为便于刻画研究问题和确定研究边界，根据列车越行的特点，提出以下假设：①列车在始发站不均衡发车；②线路为复线，所有车站均具备越行条件，但区间不具备越行条件；③快车越行慢车时采用不停站越行方式，以减少对通过能力的影响；④每列慢车最多被快车越行一次，每列快车最多越行慢车一次。

（2）模型构建。研究考虑越行的快慢车开行方案，允许始发站的发车间隔不均衡，后行快车与前行慢车在始发站的发车间隔为 T_{l-e}，后行慢车与前行快车在始发站的发车间隔为 T_{e-l}。当快慢车发车比例不为 1：1 时，前后行快车在始发站的发车间隔为 T_{e-l}，前后行慢车在始发站的发车间隔为 T_{l-l}。用 $y_{i,j}$ 表示列车 i 在车站 j 是否停站，停站时取值为 1，不停站时取值为 0；用 $o_{i,j}$ 表示列车 i 在车站 j 是否越行前面某列车，越行时取值为 1，不越行时取值为 0。

决策变量为：慢车发车频率 f_1，快车发车频率 f_2，快车跨站位置（$y_{i,j}$ =0 的车站序号），快车越行位置（$o_{i,j}$ =1 的车站序号），以及快慢车在始发站的发车间隔 T_{l-e}、T_{e-l}、T_{e-e} 和 T_{l-l} 在各站的发到时刻。

1）始发站发车间隔。后行快车与前行慢车在始发站的发车间隔为 T_{l-e}，后行慢车与前行快车在始发站的发车间隔为 T_{e-l}；如果开行比例不为 1：1，则其他同种类列车之间的发车间隔包括 T_{e-e} 和 T_{l-l} 保持均衡。以上调整基于所有列车的发车间隔最小取值均为 I_{dd}。

各列车的始发间隔时间如式 4-57 到式 4-60 所示。

$$T_c = \frac{T_R}{f_1 + f_2} \cdot (1+n) \tag{4-57}$$

$$T_{e-e} = \frac{T_c}{n+1} \tag{4-58}$$

$$T_{e-l} = T_c - T_{l-e} - (n-1)T_{e-e} \tag{4-59}$$

$$T_{l-e} \geqslant I_{dd} \bigcap T_{e-l} \geqslant I_{dd} \tag{4-60}$$

---

① 毛保华，高自友，柏赟，等 . 城市轨道交通网络运营组织理论与方法 [M]. 北京：人民交通出版社，2018：221.

$$d_{i+1,1} = \begin{cases} d_{i,1} + T_{l-e}, \sum_{i=1}^{K} y_{i,j} = K \bigcap \sum_{i=1}^{K} y_{i+1,j} < K \\ d_{i,1} + T_{e-e}, \sum_{i=1}^{K} y_{i,j} < K \bigcap \sum_{i=1}^{K} y_{i+1,j} < K \\ d_{i,1} + T_{l-l}, \sum_{i=1}^{K} y_{i,j} = K \bigcap \sum_{i=1}^{K} y_{i+1,j} = K \\ d_{i,1} + T_{e-l}, \sum_{i=1}^{K} y_{i,j} < K \bigcap \sum_{i=1}^{K} y_{i+1,j} = K \end{cases}$$ （4-61）

式 4-60 保证了各列车始发间隔均不小于最小值 I_{dd}；式 4-61 描述了在上述调整后，根据前后车的类型计算始发站各列车的发车时刻。

2）越行条件判定。根据列车的到发时刻，判断快车是否需要越行慢车。根据列车在终点站 K 的到达间隔是否满足最小追踪间隔，判断运行过程是否发生越行，如式 4-62 所示。

$$t_K^{i-1,i} = T_{l-e} + (a_{i,K} - d_{i,1}) - (a_{i-1,K} - d_{i-1,1}) - I_{aa}$$ （4-62）

式中：

$t_K^{i-1,i}$——列车 i 与 $i-1$ 在终点站 K 站的到达间隔时间是否满足最小追踪间隔的判断值。

当 $t_K^{i-1,i}$ 小于 0 时，在 $1 \sim K$ 站之间存在越行，否则不存在越行。当发生越行时，须判断越行发生位置；判断条件分为两类，满足任何一类都会产生越行。

第一，当前后列车在 j 站的发车间隔满足要求，但在 $j+1$ 站的到达间隔不满足要求时，快车须在 j 站越行慢车。根据快车在 j 站是否停站可分为两类，分别如图 4-7a）和图 4-7b）所示；根据列车在 j 站的间隔时间种类计算判断条件，如式 4-64 所示。

$$taa_j^{i-1,i} = a_{i,j} - a_{i-1,j}$$ （4-63）

$$tdd_j^{i-1,i} = d_{i,j} - d_{i-1,j}$$ （4-64）

式中：

$taa_j^{i-1,i}$——列车 i 在 j 站与前车的到达间隔时间，s。

$tdd_j^{i-1,i}$——列车 i 在 j 站与前车的发车间隔时间，s。

$$o_{i,j} = \begin{cases} 1, & tdd_j^{i-1,i} \geq y_{i,j}I_{dd} + (1 - y_{i,j})I_{dt} \bigcap taa_{j+1}^{i-1,i} < I_{aa} \\ 0, & tdd_j^{i-1,i} \geq y_{i,j}I_{dd} + (1 - y_{i,j})I_{dt} \cap taa_{j+1}^{i-1,i} \geq I_{aa} \end{cases}$$ （4-65）

式中：

$o_{i,j}$——列车在车站 i 是否越行前面某列车，决策变量；如果 $o_{i,j}$ s=0 时，列车不越行，如果 $o_{i,j}$ s=1 时，列车越行。

O——每列快车越行前车的次数，决策变量。

第二，当前后列车在 j 站的到达间隔满足要求，但在 j 站的发车间隔不满足要求时，快车须在 j 站越行慢车。根据快车在 j 站是否停站可分为两类，分别如图 4-7c）和图 4-7d）所示；根据列车在 j 站的间隔时间种类计算判断条件，如式 4-66 所示。

$$o_{i,j} = \begin{cases} 1, & taa_j^{i-1,i} \geq y_{i,j}I_{aa} + \left(1 - y_{i,j}\right)I_{at} \bigcap tdd_j^{i-1,i} < y_{i,j}I_{dd} + \left(1 - y_{i,j}\right)I_{dt} \\ 0, & taa_j^{i-1,i} \geq y_{i,j}I_{aa} + \left(1 - y_{i,j}\right)I_{at} \bigcap tdd_j^{i-1,i} \geq y_{i,j}I_{dd} + \left(1 - y_{i,j}\right)I_{dt} \end{cases} \tag{4-66}$$

式中：

I_{aa}——在同一车站，前车到达且后车到达时的最小追踪间隔时间，s。

I_{at}——在同一车站，前车到达且后车到通过的最小追踪间隔时间，s。

$$O = \sum_{j=1}^{j} O_{i,j} \tag{4-67}$$

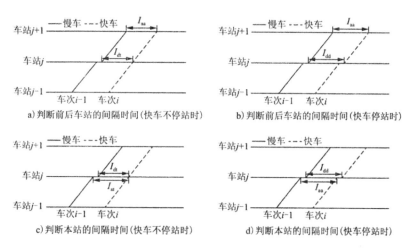

a）判断前后车站的间隔时间（快车不停站时）　　b）判断前后车站的间隔时间（快车停站时）

c）判断本站的间隔时间（快车不停站时）　　d）判断本站的间隔时间（快车停站时）

图 4-7　越行条件判断

式 4-65 是越行位置的判断条件，根据快车是否停站，前后列车在 j 站的发车间隔分为连发 I_{dd}、发通 I_{dt} 两类间隔，当前后列车发车间隔满足最小追踪间隔要求，但在 $j+1$ 站的到达间隔 I_{aa} 不满足要求时，则后车在 j 站越行前车。另外，式 4-66 同样是越行位置的判断条件，根据快车是否停站，两列车在 j 站的到达间隔分为到通 I_{at}、连到 I_{aa} 两类间隔，出发间隔分为发通 I_{dt}、连发 I_{dd} 两类间隔，当前后列车在 j 站的到达间隔满足最小追踪间隔，但出发间隔不满足最小追踪间隔时，则后车在 j 站越行前车。

第三，发生越行后的调整。非均衡发车模式下，如果发生越行，需要调整前后列车在越行站的到发时刻。根据快慢车开行比例，越行后调整过程中受到各类间隔时间约束，如图 4-8 所示。

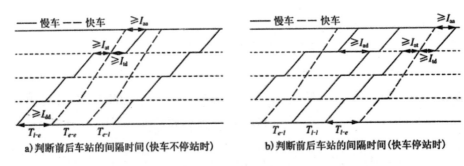

a) 判断前后车站的间隔时间（快车不停站时）　　　b) 判断前后车站的间隔时间（快车停站时）

图 4-8　安排越行后各间隔时间的变化

越行行为会影响前后列车到达、离开此站的最小间隔时间以及被越行列车的停站时间。当 $o_{i,j}=1$ 时，结合假设③（快车越行慢车时采用不停站越行方式，以减少对通过能力的影响），列车在越行站的发到时刻如式 4-68 到式 4-70 所示。

$$d_{i,j} - a_{i-1,j} \geqslant I_{\mathrm{at}} \tag{4-68}$$

$$d_{i-1,j} - a_{i,j} \geqslant I_{\mathrm{td}} \tag{4-69}$$

$$ts_{i-1,j} \geqslant I_{\mathrm{at}} + I_{\mathrm{td}} \tag{4-70}$$

$$a_{i+1,j} - d_{i,j} \geqslant I_{\mathrm{ad}} \tag{4-71}$$

慢车被越行时停站时间增加，为了提高服务质量，在各列车始发间隔均满足最小连发间隔的基础上，尽量使式 4-68 取等号，从而减少慢车被越行时的停站时间，同时更新慢车到达此站前在各站的到发时刻，提高慢车的旅行速度。

3）乘客参数描述。未发生越行时，列车在时空上的前后顺序与其车次编号一致，编号越小，发生越早；发生越行后，列车在时空上的前后顺序与其序号不再一致，根据假设④（每列慢车最多被快车越行一次，每列快车最多越行慢车一次），则快车 i、慢车 $i-1$ 以及后续列车 $i+1$ 的相关乘客参数描述会受到影响，受到影响的列车数量与快慢车比例有关。当快慢车发车比例为 1：1，定义前行慢车和后行快车的相关参数即可，如式 4-72 到式 4-75 所示。

$$\Delta t_{i,j} = d_{i,j} - d_{i-2,j}, o_{i,j}=1 \text{且} j \geqslant j' \text{ 时} \tag{4-72}$$

$$\Delta t_{i-1,j} = d_{i-1,j} - d_{i,j}, o_{i,j}=1 \text{ 且} j \geqslant j' \text{时} \tag{4-73}$$

$$w_{i,j}^{\mathrm{wait}} = w_{i-2,j} + \sum_{k=j+1}^{K} \left[\left(\lambda_{i,j,k} \left(d_{i,j} - d_{i-2,j} \right) \right] \right], o_{i,j}=1 \text{且} j \geqslant j' \text{时} \tag{4-74}$$

$$w_{i-1,j}^{\mathrm{wait}} = w_{i,j} + \sum_{k=j+1}^{K} \left[\left(\lambda_{i,j,k} \left(d_{i-1,j} - d_{i,j} \right) \right] \right], o_{i,j}=1 \text{且} j \geqslant j' \text{时} \tag{4-75}$$

式中：

w^{wait} ——在车站 j 等候列车 i 的乘客数量，人。

当发车比例不为 1 ：1 时，须增加后行快车后一列车的相关参数，如式 4-76 到式 4-77 所示。

$$\Delta t_{i+1,j} = d_{i+1,j} - d_{i-1,j}, o_{i,j} = 1且\,j \geqslant j'时 \tag{4-76}$$

$$w^{\text{wait}}_{i+1,j} = w_{i-1,j} + \sum_{k=j+1}^{K}\left[\left(\lambda_{i,j,k}\left(d_{i+1,j} - d_{i-1,j}\right)\right)\right], o_{i,j} = 1且\,j \geqslant j'时 \tag{4-77}$$

4）目标函数。关于乘客出行感知时间，考虑越行时，列车空间关系发生变化，因此乘客候车时间的计算方法与无越行条件不同，乘客出行感知时间公式如下所示。乘客候车时间、乘客在车时间和乘客出行感知时间的计算方法如式 4-78 到式 4-80 所示。

$$t^{\text{wait}}_i = \sum_{j=1}^{K-1}\left[w^{\text{wait}}_{i,j}\cdot\Delta t_{i,j} + w_{i,j}\cdot\Delta t_{i+1,j} + \text{transfer}^{e-l}_{i,j}\cdot\left(d_{i+1,j} - a_{i,j}\right)\right] \tag{4-78}$$

$$t^{\text{in-vehicle}}_i = \sum_{j=1}^{K-1}\left[n_{i,j}\cdot r_{i,j} + y_{i,j}\left(n_{i,j} - n^{\text{alight}}_{i,j+1}\right)ts_{i,j}\right] \tag{4-79}$$

$$t_{\text{total}} = \frac{T_R}{T_c}\sum_{i=1}^{I}\left(r_{\text{wait}}\cdot t^{\text{wait}}_i + t^{\text{in-vehicle}}_i\right) \tag{4-80}$$

5）多目标优化模型。模型构建中，考虑乘客出行时间和企业成本两方面，采用线性加权法将多目标优化问题转化为单目标优化问题，如式 4-81 所示。

$$\text{Min}\,Z = \alpha\cdot\frac{\left(E_{\text{total, nom}} + C_{\text{total, nom}}\right)}{2} + \beta\cdot t_{\text{total, nom}} \tag{4-81}$$

式 4-68 到式 4-71 保证了越行后列车间各类间隔时间均满足各类追踪间隔最小值的要求。除上述约束条件外，式 4-82 为间隔约束条件，保证各列车间的始发间隔均满足最小追踪间隔的要求。

$$T_{l-e} \geq I_{dd} \cap T_{e-l} \geq I_{dd} \tag{4-82}$$

另外，上述多目标优化模型的基本约束条件还包括式 4-44 到式 4-49。

总之，当客流量较小、发车频率较低、列车之间间隔较大时，无越行的快慢车运行方法较为适合，即可提高乘客和企业的效益；当客流量适中时，越行可以提高列车在各站到发时间的均衡性，因而乘客候车时间略有减少；越行减少了快车的周转时间，降低了车底购置费用，提高了快车运行速度，减少了乘客在车时间。因此，有越行的快慢车方案更优。

第五章　城市轨道交通网络化运营管理技术探究

第一节　城市轨道交通网络资源运营共享技术

城市轨道交通网络资源运营共享是指在城市轨道交通网络的两条、多条或全网共享各类资源，以便优化资源配置，提高资源利用率，降低网络运营成本，更好地发挥轨道交通网络的整体效益。

城市轨道交通网络资源运营共享的现实意义包括：①从轨道交通网络整个发展阶段来看，建设初期，因线路规模小，运营的线路相对分散，资源共享程度较低；随着网络的拓建，线网不断加密，各线相互联络功能增强，资源共享条件逐渐成熟，资源共享可能性越来越高。②从时间与空间角度实现轨道交通资源的共享，可有效减小轨道交通的投资和运营成本。

一、城市轨道交通网络资源共享的原则

城市轨道交通资源共享涵盖的范围非常广，要实现资源共享，充分利用城市有限而宝贵的资源，应遵循的原则如图 5-1 所示。

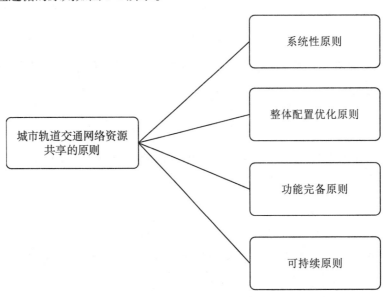

图 5-1　城市轨道交通网络资源共享的原则

（1）系统性原则。城市轨道交通是城市的重要组成部分，不仅要考虑轨道线路之间的资源共享，也要重视与其他交通方式的资源共享，还要从城市土地利用角度来考虑资源共享，避免重复建设。

（2）整体配置优化原则。城市轨道交通各类资源的配置不仅涉及城市轨道交通的运营成本，关系到运营效益，也是减少用地、降低工程造价的重要手段，其配置要从整个线网的高度来统筹考虑。

（3）功能完备原则。必须满足城市轨道交通系统运行的各种功能要求，不能片面追求降低投资而忽视基本的功能要求。

（4）可持续原则。要充分考虑规划城市轨道交通线网上各线路建设的时序差异，各类资源的建设要考虑功能的互补性、技术的先进性和发展的可持续性。

城市轨道交通网络资源运营共享技术，应从两个角度入手：①软件。软件方面主要研究城市轨道交通人力资源、技术规范与制度、管理经验的共享利用，其中，人力资源包括运营管理人员、培训人员和维修人员。②硬件。硬件方面包括运营设备与设施资源、检修设施与设备资源两个方面。

二、城市轨道交通网络运营设备与设施资源共享

运营设备与设施共享资源主要包括车辆、主变电站、信号设备、控制中心和其他运营设备设施等五个方面，如图 5-2 所示。

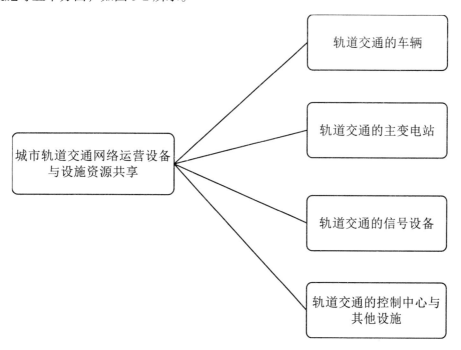

图 5-2　城市轨道交通网络运营设备与设施资源共享

（一）轨道交通的车辆

车辆是城市轨道交通最为重要的运营设备，车辆购置费在城市轨道交通建设投资中占有相当大的比例，其运营管理维修费用也较大。实现车辆及其备品备件的资源共享，不仅可减少备用车数量，有利于车辆备品备件的统一调配，而且有利于车辆检修设施资源的综合利用和管理以及检修人力资源的共享。

1. 车辆资源共享的优点

实现车辆资源的共享能够提高车辆的利用率、降低运营成本、方便乘客出行、减少备用车数量、保证新开通线路的用车、减少车辆段及检修设备的投入、减少维修备品备件。

（1）提高车辆利用率。地铁运营网络中的车辆资源实现跨线运行，能够有效提高车辆的利用率。实际上，各条运营线路有其自身的客流特征，客流高峰出现时间不尽相同，通过合理调配线路间的车辆能够提高车辆的平均载客率，有效疏解高峰时段的客流量。

（2）方便乘客出行，提高运输效率。不同线路间实现一定程度上的联运，将可以减少乘客乘坐城市轨道交通出行的换乘次数，增加轨道交通的可达性。同时使得行车组织多样化，采用灵活的列车运行方式以适应线路客流不均衡的状况，提高整个运营网络的运输效率。

（3）减少备用车数量。一条线路的车辆配置数量为运用车数、备用车数，以及检修车数之和。其中，运用车数量根据高峰小时行车密度计算；备用车主要用于替补因故障退出正常运营的车辆，其值根据运用车数量乘以一定系数来计算。

（4）保证新开通线路的用车。地铁线路的建设需要较长的时间，当一条线路建成投入使用后，线路周边的客流状况往往与工程建设之初的客流预测有较大的出入，可能会出现某一线路开通时客流量就达到预测的远期客流量水平的情况，因此，需要增加车辆，提高运力。实现车辆的资源共享后，一旦出现此种情况，可以选择合适的线路抽调一部分车辆暂时在该线路运行，缓解客流压力，保证乘客需求。

（5）减少车辆段及检修设备的投入。实现车辆资源共享后，某些线路的车辆可以在彼此的线路上运行。这些线路的车辆可以在一定程度上共用车辆段的大型检修设备，从而减少车辆段以及检修设备的资金投入，提高设备使用率。

（6）减少维修备品备件。地铁车辆设备复杂，涉及众多技术领域，减少车辆的制式和型号有利于减少维修中备品备件的种类和数量，从而减少资金的占用，提高维修资源的使用效率。

2.车辆资源共享的途径

要更有效、更方便地实现车辆及其备品备件资源的共享，城市轨道交通网络各线的轨道交通模式、车辆型号和制式应力求统一，使车辆可以灵活编组。此外，对轨道网络及相关设计有一定要求，如：轨道交通网络应为互通型，线路之间应具备联络条件，甚至过轨运营条件、线路的设计标准应尽量统一，轨道交通线的机电设备制式须统一或兼容。

选择车辆的主要原则是从城市轨道交通网络出发，满足客流要求，考虑技术进步、经济实用、安全可靠、低寿命周期成本、资源共享，尽可能减少车辆制式和型号。

由于地铁车辆与供电、信号、通信、综合监控、土建、线路及轨道等专业有密切联系，彼此之间相互影响。因此，车辆的资源共享从线路规划设计、车辆招标采购等环节就要加以考虑，这是一项复杂的系统工程，需要综合考虑相关专业，整体把握，才能实现车辆资源共享。转变单线运营时的工作思路，要从整个运营网络考虑各种问题。

车辆资源共享的途径，如图 5-3 所示。

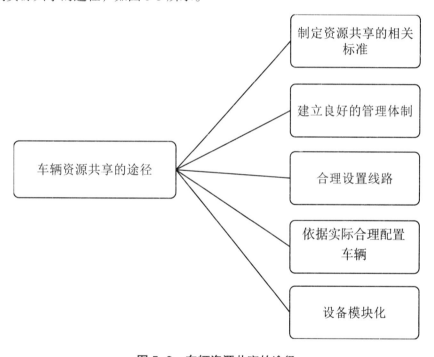

图 5-3　车辆资源共享的途径

（1）制定资源共享的相关标准。如针对城市轨道交通新线设计和建设过程中的资源共享问题；设备招标采购过程中的同种类新旧设备之间的兼容性问题，出台或者修改国家标准、地方标准和行业标准，保证地铁车辆资源共享实现的物质基础。

（2）建立良好的管理体制。地铁车辆的资源共享体现在车辆的运用、维修等方面，但是实现这种共享的根本在于线路规划设计时要考虑车辆的跨线联运、车辆段维修设备共享、车辆统一标准等诸多问题，应在线路设计之前予以考虑，因此，需要建立适合于网络化运营特点的管理体制，保证城市轨道交通规划设计、建设、运营、设备厂商、管理部门等相关单位共同参与线路的设计，各单位提出的合理意见能够被广泛采纳。需要建立良好的协调机制，确保各部门之间顺畅沟通。

（3）合理设置线路。实现城市轨道交通车辆资源共享，发挥整个运输网络强大功能的根本在于规划设计。这就要求规划设计部门转变单线运营模式的思想，从全局考虑，合理设计，为车辆资源共享创造必要的条件。

在网络化运营中，车辆与不同线路间的各种设施设备，如线路、隧道、土建、供电、信号、通信、环控屏蔽门、车辆段、车辆限界等均应有良好的技术接口，但若没有联络线，则无法实现车辆段及维修设备的共享；若没有合理地设置配线，则不能实现多种交路的运营、开行快慢车、不同线路间的联运等行车组织方式。可见，在规划设计中要充分考虑未来的运营，这样才能为车辆的资源共享提供条件。

（4）依据实际合理配置车辆。车辆的资源共享要以实际情况为依据合理配置，可以根据不同线路的技术条件、客流情况等将车辆分成几种不同制式，同一制式尽量采用相同的技术标准、技术参数和车辆编组等，使车辆运用管理、维修技术与设备实现不同程度的共享。选择好的车辆共享方式和共享程度可以实现一定程度上的车辆资源共享。

（5）设备模块化。对于不同制式、不同型号的车辆，可以将某些部件或子系统做成通用的模块，从而实现资源共享。

车辆维修使用的备品备件数量大、种类多，如果车辆有很大一部分部件能够通用，将可以减少备品备件的种类和数量。备品备件的储备数量减少，将可以降低资金占用，节约运营成本，减小维修难度。同时，很多部件或子系统可以通用，将使车辆的维修和保养变得相对简单，能节省维修人员的培训成本。

（二）轨道交通的主变电站

城市轨道交通供电方式有分散式和集中式两种。当采用分散式供电方式时，可直接享用城市电网设施资源，即与城市其他用户共享资源。但很多城市为了保证城市轨道交通运营的可靠性，选择了集中供电方式。当城市轨道交通采用集中方式供电时，就必须设置主变电站。

主变电站不仅设备投资大、电源引入费用高，而且用地和用房面积较大。设备应在满足各线功能要求的条件下，将主变电站设在相关线路交会处附近，力求两线或多线合用或合建，实现设施资源共享和综合利用。

为实现电力资源的合理利用、综合配置、高效使用和保护环境的目的，供电系统网络资源共享应与城市轨道交通路网规划相结合，将轨道交通供电系统资源提升到网络的高度，进行统一规划、统筹考虑，设置较为合理的主变电站布点。在修建一条线路主变电站的同时，预留兼顾向其他相邻轨道交通线路供电的资源，将会节约大量的投资，并可为今后轨道交通建设的投资决策提供科学依据。

1. 供电网络资源共享的可靠性要求与影响

（1）城市轨道交通供电系统可靠性要求。城市轨道交通供电系统包括给轨道交通运行主体的车辆及辅助系统提供电能的牵引供电系统和变配电系统，是城市电网重要用电大户，其用电负荷属一级负荷。高度安全可靠而又经济合理的轨道交通供电系统是保证城市轨道交通正常运营的必要条件。

（2）主变电站共享后，对城市轨道交通供电系统可靠性的影响。对于牵引供电系统和车站变配电系统来说，实现主变电站资源共享，进行供电网络优化后，其接线方式与主变电站未资源共享时没有发生变化，因此，其供电可靠性也没有发生变化，满足城市轨道交通供电负荷等级要求。

对全网络供电系统主变电站的布点进行统一考虑、优化组合后，实行资源共享的主变电站由原来承担一条轨道交通线路供电的方式，变成了同时承担两条或两条以上轨道交通线路的供电方式。共享主变电站故障解列时，影响范围扩大，但采取措施后，对于每条参与共享的线路而言，每座主变电站仍然满足至少有两路独立电源引入，确保了其供电范围内全部一、二级负荷用电。

对于每座参与资源共享的主变电站而言，进线电源之间、主变电站之间完全满足互为备用；同一座主变电站内，两台主变压器之间完全满足互为备用的要求。

城市轨道交通供电网络优化后，只要按照新的主接线设置综合自动化装置和继电保护装置，供电系统内部发生电气故障时，通过自身的继电保护装置，能够确保设备和线路的安全运行。因此，城市轨道交通供电系统实现主变电站资源共享、网络优化后，既能保证轨道交通系统正常情况下的用电需求，又能保证一座主变电站解列情况下相互间的供电支援，从而确保整个供电网络安全可靠地运行。

2. 共享主变电站的优化配置的要求

共享主变电站的优化配置要求主要包括站址与规模选择、进线电源及主接线两方面。

（1）共享主变电站站址与规模选择的要求

1）城市轨道交通主变电站的站址和电源点应尽可能靠近负荷中心。

2）主变电站的选址、变更，应从电力系统的电源点位置、供电能力、规划要求、征地条件、负荷位置等多方面进行经济、技术比选后确定。

3）主变电站应尽量设置在线路交会车站。结合电力系统的供电资源，分析选择主变电站同时向多条轨道交通线路供电的可能性。

4）主变电站布点要求。相邻主变电站排列，另一个主变电站的供电半径按25～30km考虑，以确保在一个受电点故障全停时，非故障受电点可及时向故障受电点供电；并满足轨道交通内部电网的电压要求，使轨道交通线路正常运行。

5）城市轨道交通线路主变电站布点设计按远期线网规划进行，按近期轨道交通线路基本网络建设计划实施方案设计，并对远期布点方案进行适当调整。

6）结合城市轨道交通线路建设次序和公用电网的发展，城市有关部门应有步骤地规划利用可为城市轨道交通线路供电的公用电网电源点。

7）尽量避免在城市建筑密集的市中心建设主变电站，以减少动拆迁量，便于站址落实，为建设地面站创造条件，以降低投资。

（2）共享主变电站电源及主接线的要求

1）城市轨道交通是重要用户，属一级负荷。其供电系统的两路电源应来自不同的公用变电站或同一公用变电站不同的母线段。

2）两条轨道交通线路共享的主变电站。两路电源进线宜采用不同沟电缆排管的敷设方式引入；超过两条轨道交通线路共享的主变电站，其两路电源进线应采用不同沟电缆排管的敷设方式引入。

3）城市轨道交通线路每座主变电站引入的两路电源，应互为备用，当其中一路发生故障或检修停电时，另一路应能承担该主变电站的一、二级负荷。

4）城市轨道交通线路的供电方式以集中供电为主，但根据公用电网及轨道交通线路的具体情况，可考虑混合供电方式。根据负荷容量的要求，对经济、技术进行比较后，确定分散供电变电站进线电源的电压等级。

5）城市轨道交通供电系统与城市电力变配电系统应做到相互协调、规划建设、资源共享、充分利用。

6）共享主变电站对每条后建线路的供电可按每段母线出线考虑，共享主变电站与后建线路的供电接口设在共享主变电站35kV开关柜的下槽头。

7）后建城市轨道交通线路的供电采用开关站的模式，开关站的两路进线电源引自共享主变电站的两段35kV母线。

（三）轨道交通的信号设备

1. 轨道交通信号设备的形式

（1）技术共享。城市轨道交通信号设备的技术共享，要求安全控制方式、地车信息传输、列车定位、驾驶模式等影响资源共享或互联互通的关键方式基本兼容和统一。

同一信号制式，根据不同的实现方式，找出这些不同实现方式的兼容与统一接口，达到在同一信号制式下的信号技术互联互通。

（2）车辆互联互通。信号技术的互联互通是车辆运营互联互通的基础条件。在信号系统本身技术共享的前提下，在车辆、通信、线路、供电等其他专业的制式相兼容或统一的客观条件下，通过对车辆信号设备的规范，即可实现车辆联通、联动、统一调配使用车辆的目的，使车辆利用率最大幅度地得到提高。

（3）操作界面和方式的共享。在信号系统的选型和实施中，作为城市轨道交通最简单、最容易、最有效的资源共享就是做到信号系统的地面调度员的操作界面和操作方式统一，同时可以做到车载信号设备 MMI 的界面和司机操作兼容统一，这样可以减少对司机和调度人员的培训，同时在运营过程中故障处理的时间将缩短。

（4）检修设备共享。检修设备资源共享也是轨道交通资源共享的重要内容之一。随着技术进步，信号设备的技术含量及系统化程度越来越高，检修设备的复杂度和价格也越来越高。对于一些价格昂贵的特殊信号检修设备，应尽可能考虑资源共享和综合利用，降低检修设备的投入。

（5）人力资源共享。在信号制式选型和规划时，不仅应考虑先进的技术，也应充分考虑人力资源成本，尽可能达到路网中信号专业管理人员及技术维修工人的资源共享，降低企业人员成本。

（6）维修工艺共享。不同线路的信号系统，在选型时应保证其具有相同或相似的维修工艺，以降低人员培训成本，提高维修质量，确保列车安全可靠地运行，实现维修工艺和设备的共享，降低固定资金的投资；同时，也便于维修管理，在提高维修率的同时提高车辆的利用率。

（7）仿真培训设备资源共享。随着技术进步，信号设备的技术含量及系统化程度越来越高，信号维护人员上岗前必须借助仿真培训设备进行严格的培训；另外，运营中出现的问题也需要经过仿真系统进行分析，及时发现并排除故障。

2. 轨道交通信号设备的实现原则

信号设备资源共享是网络资源运营共享的一个关键技术，其共享技术实现的基本原则如图 5-4 所示。

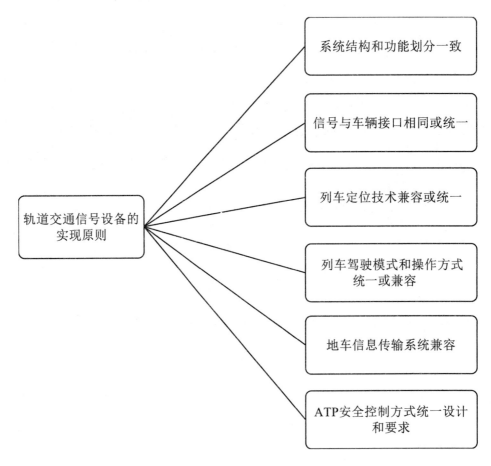

图 5-4 轨道交通信号设备的实现原则

（1）系统结构和功能划分一致。对于资源共享的线路群来说，同一制式信号系统的结构和功能划分必须是一致的，否则不可能做到兼容和统一。

（2）信号与车辆接口相同或统一。为了使信号系统的资源得到共享，需要车载信号设备能够与不同的车辆厂商进行接口。到目前为止，车辆与信号之间的接口不尽相同，因此是最难得到兼容和统一的。接口主要从机械和电气两部分考虑。同时，应注意合理分配信号与乘客信息系统（PIS）频道和接口。目前，基于通信的列车控制系统采用的地车信息传输系统的无线频段与 PIS 在一个频段，这样就会造成相互干扰。需要与通信专业协商，合理分配频道，或由信号专业负责无线通道并提供与 PIS 的接口，保证信号安全控制和乘客信息均能顺利工作。

（3）列车定位技术兼容或统一。在信号控制中，只有准确知道列车的位置才能实施精确控制。列车定位系统一般包括轨旁定位系统和车载定位系统。对于固定闭塞制式只有轨旁列车定位系统，而准移动和移动闭塞系统则包括轨旁和车载定位系统。如果有共线运行的信号系统，列车定位技术必须完全兼容或统一。

（4）列车驾驶模式和操作方式统一或兼容。列车的驾驶模式一般包括限制人工驾驶模式、列车超速防护、ATP控制下人工驾驶模式、自动驾驶模式、自动折返模式和非常切除模式等。为了保证系统的资源共享，必须对这些驾驶模式赋予统一的定义和速度限制，这样才能保证信号系统在资源共享时的安全性。

（5）地车信息传输系统兼容。在同一种信号制式中，实现地车信息传输的方式有多种，为达到资源共享，保证地车信息传输系统兼容统一是必要的，要求地车信息传输的地面和车载设备应遵循同样的地车通信协议。

（6）ATP安全控制方式统一设计和要求。不同的信号制式具有不同的安全控制方式，主要的控制方式有两种："速度码台阶"控制和"速度—距离"模式曲线控制。在"速度—距离"模式曲线控制中，因采用的制动模型不一致而有所区别，这样就需要对同一种控制方式的模型进行统一设计和要求，从而可以保证不同厂商的信号系统在安全控制上是一致的、安全的。

3. 轨道交通信号设备的实施要求

（1）信号制式体系内共享。根据一个城市轨道交通的现状和规划，按照各条线路的客流量统计，信号选型一般分成四大类：固定闭塞、准移动闭塞、虚拟/逻辑闭塞和移动闭塞。这对于一个特大都市来说也是合理的。如果做到这四种信号制式及其内部互相兼容和统一，可以降低建设和运营成本。

（2）线路群内共享。达到上述共享是很理想化的，但可以通过努力，从规划的互联互通要求和维修管理角度出发，达到在一个线路群内的共享，即保证在同一线路群内不同线路的信号资源互为共享，便于人、财、物的管理。这个线路群内的线路可能是一条或多条。以上共享原则，可作为信号制式选型时的指导方针，尽可能按自上而下更高一级的共享来实施。

此外，为了实现全网络或线路群内的信号互联互通，最为关键的是信号车载设备必须能够与列车所经过线路的地面信号设备间彼此交换、识别及处理"控制信号"，以实现安全运行。可实现手段包括：①采用同一厂商相同制式的信号系统；②加装多套信号车载设备；③加装多套信号地面设备；④采用通用的信号车载设备；⑤实现规范和标准的信号互联互通。

（3）全网络共享。对于城市轨道交通网来说，理论上最合理的方案是整个网络达到信号资源技术和运营共享，在信号制式选型时兼顾前述8种共享形式。对于各条线路客流量的不同，可通过相同的信号制式、不同的自动化程度和发车间隔来满足各线客流需求，但这将对运营组织提出更高的要求。

（四）轨道交通的控制中心与其他设施

城市轨道交通的控制中心作为轨道交通运营的指挥中心，应该集中设置。城市轨道交通网设置控制中心，不仅有利于轨道交通运营的调度指挥，而且有利于实现资源共享和综合利用。城市轨道交通控制中心应尽可能多线共享，其机电设备制式应尽可能统一或兼容。控制中心的共享内容也包括土地、建筑设施、各系统设备和管理人员等方面的内容。此外，很多城市轨道交通防灾报警系统、设备监控系统和数据采集电力监控系统，采用综合监控系统，不仅便于高效地运营管理，而且可以实现计算机等设备资源的共享，有利于节省设备投资，降低工程造价。

线路设施中的车站配线（存车线和折返线）在运营时间之外，夜间可以用作存放列车，也可实现设施综合利用，并可减少车辆基地用地面积、停车库规模和投资。

三、城市轨道交通网络检修设施与设备资源共享

车辆基地既是城市轨道交通车辆的检修地，也是轨道交通各类设施、设备和工务的综合维修中心，实现车辆基地的资源共享具有十分重要的意义。车辆基地共享资源包括：土地、车辆厂修、架修、试车线和运用整备等设施，机电设备维修设施资源和工务维修、辅助生产设施，办公及生活设施，以及管理人员与维修人员，等等。因此，车辆基地应尽可能多线合建（用），轨道交通网络车辆及机电设备制式尽可能统一，以便最大限度地实现基地资源的共享。

我国车辆段的用地，一般还包括食堂、宿舍、浴室、购物、医务室等生活设施，以及培训基地、综合仓库等衍生设施。我国车辆段的作业区（包括办公区）一般占整个车辆段的 75% ~ 90%。因此，有必要采用共用车辆段，以尽量减少占用城市土地资源。

（一）轨道交通的车辆基地类型

1. 停车场。停车场是城市轨道交通车辆停放的场所，是规模较小的车辆段，承担城市轨道交通车辆的停放、清洁、维护和乘务工作。一般每条轨道交通线路按其配属车辆的多少，设置一处或多处停车场，规模较小的停车场仅设置停车列检设施，规模较大的停车场还设有定修、临修和月检设施。

2. 车辆段。车辆段是城市轨道交通车辆更换损坏部件的场所，在停车场的基础上增加了车辆检修设施，其中以大修、架修设施为主，主要检修手段为互换修。互换下的损坏部件直接送车辆大修厂进行维修；车辆段主要划分为检修区和运营区。所有的检修工作均集中在检修区进行，运营区主要负责段属车辆的停放、列检和乘务工作。

3. 车辆大修厂。车辆大修厂一般设在市郊土地较为充裕的地区，是城市轨道交通线网中车辆互换部件（模块）的维修中心，规模较大，设备齐全，具有较高的车辆检修技术力量，承担线网中车辆段、停车场车辆互换部件的检修工作；同时具备到车辆段、停车场维修现场进行部件检查、简易维修的能力，在一定年限后还将承担列车的翻新和改造工作。

4. 共用车辆基地

（1）根据共用资源划分。共用车辆基地按照共用资源的具体情况，可以分为两种类型：①共用列检车辆段。车辆共用车辆段内的停车设施和一些日常检修设施，仅能完成停车列检、临修、月检等维护工作。②共用架修、大修车辆段。车辆共用车辆段内的大型维修设备。一般的共用车辆段属于此种类型。

（2）根据共用对象划分。根据共用车辆基地的车辆类型可以分为两种类型：①城市轨道交通系统与城际铁路（国铁）共用车辆段。②城市轨道交通系统内部共用车辆段。主要指各条地铁线路之间、地铁与轻轨线路之间的共用车辆段。

（二）轨道交通的车辆基地共享适用性

1. 车辆基地的联络线设置

联络线设置是实现车辆段、停车场资源共享的重要途径，它使网络中的各条线路相互连通，以实现检修车辆在线路间的往返取送。联络线分城市轨道交通与城际铁路间联络线和城市轨道交通与城市轨道交通间联络线两种，原则上联络线的设置以后者为主，主要因为采用后者可使检修车辆走行距离短，调度方便。

联络线设置受地形条件、设备条件（信号制式、供电方式、建筑限界等）、设备能力（主要车辆段大修、架修能力）等因素制约，而且还须符合必要性、可行性和经济性。特别是地下联络线，一般造价较高，有必要经过技术经济比较后再确定。

在轨道交通系统初期，由于网络尚未成形，城市轨道交通线路间的互相联络条件较差，可适当利用国铁相互沟通。随着城市轨道交通系统的发展，网络逐步成形，城市轨道交通线路间的联络条件较好时，应多考虑城市轨道间的联络线。

2. 车辆基地的资源共享程度

车辆段、停车场随着资源共享程度的提高，检修设施和设备资源共享程度必须处于一个合理的程度，即在考虑资源共享的同时，还须充分考虑此项共享对线路运营的影响，包括运营成本变动、运营的行车计划修改、检修车的空走距离里程变化、车辆检修工艺是否适合资源共享、是否会与线路养护工作冲突等因素。须特别注意以下方面：

（1）停车设施和一些日常检修设施不宜资源共享。对于停车列检、周检、月检以及定修等列车日常维护设施，其设施的投资较低而利用率一般较高，大多在80%～90%；而且涉及每日的运营，检修周期也较短，因此这些设施不宜考虑资源共享，一般各线独立设置较为适宜。

（2）架修、大修设施宜多线资源共享。城市轨道交通车辆段架修、大修设施投资和用地较多，如果每条线都设置车辆段会造成架修、大修设备利用率过低。因此，架修、大修设施宜多线资源共享。

（3）车辆检修设备的共用适应性。为了满足车辆集中的架修、大修，一个城市轨道交通网络中车辆宜有统一的技术标准，即需要车辆的外形限界统一，各部件模块化、兼容化，这样既有利于检修车辆在各线路间的往返取送，也便于车辆段采用较高效的互换修。车辆段的检修也应朝着均衡修、状态修的方向发展，以提高车辆检修效率，使之与集中架修、大修相适应。

总之，必须在多个运营主体时统一列车技术规格与维修规程、零部件及备用品标准等，使车辆模块化、检修均衡化。而影响车辆检修社会化的因素较复杂，除部分社会化条件比较成熟的部件或项目外，大部件检修暂不宜考虑社会化。

第二节　城市轨道交通网络化运营票务决策与技术

一、城市轨道交通网络化清分影响因素

（一）乘客的社会经济因素

乘客的社会经济因素如图 5-5 所示。

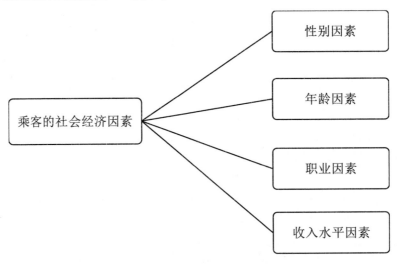

图 5-5　乘客的社会经济因素

1. 性别因素。女乘客对于不同距离的换乘意向相对来说没有男乘客明显，其更希望选择方便、舒适的路径。

2.年龄因素。通常，年龄较大的乘客由于身体原因，更希望选择换乘次数少的路径。出行距离越长，则换乘对乘客的路径选择影响越大。一般来说，对于长途出行，倾向于不换乘的比例随着年龄增长而增加。对于短距离出行，换乘的可能性较小，而且通过换乘对于总的出行时间的节省并不明显，因此，年龄因素在乘客路径选择中的影响并不明显，各个年龄段的人群都希望选择时间更短的路径。

3.职业因素。职业因素对乘客路径的选择具有一定影响：一般情况下，第一产业的工作人员更希望选择换乘次数少的路径，第二、三产业的工作人员更倾向于出行时间最短的路径。

4.收入水平因素。收入水平影响乘客的出行期望，"随着收入水平的提高，乘客对于方便、舒适和安全等方面的要求会逐渐提高，更希望选择换乘次数少且方便舒适的路径"[1]。

（二）乘客的出行特征因素

乘客的出行特征因素如图 5-6 所示。

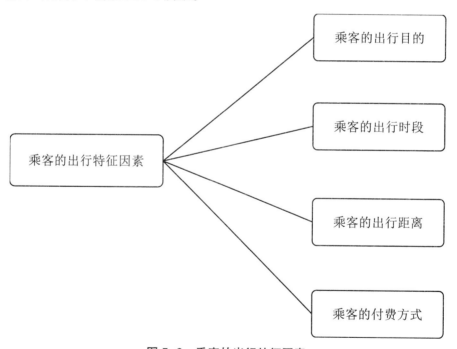

图 5-6　乘客的出行特征因素

1.乘客的出行目的。不同的出行目的，导致乘客对路径的选择也是不同的，以探亲访友为目的的乘客更在意出行过程中的方便舒适因素，上班或公务的出行则更希望能够通过换乘来节省总的出行时间。

2.乘客的出行时段。出行时段包括高峰和平峰时段。在高峰时段,由于上下车的人数很多,车厢内和车站的乘客也很多,每次换乘都要上下车和步行一段距离,消耗一定体力。因此,乘客希望能选择换乘次数少的路径,对于时间的敏感度不是很高。

3.乘客的出行距离。出行距离是指乘客一次轨道交通出行中,由起点到终点的距离。通常,不同的出行距离对乘客选择路径具有一定的影响。对于长途出行,乘客更希望通过换乘而减少总的出行时间;对于短途出行,乘客则不希望选择换乘次数较多的路径。

4.乘客的付费方式。目前,城市轨道交通的付费方式有月票、一卡通、现金和乘车证等形式。上班和上学的居民使用月票和一卡通的较多,偶尔出行的居民多采用现金付费方式,乘车证为地铁员工的乘车证明。通常,付费方式对于乘客的路径选择没有影响。

(三)轨道交通网络因素

1.出行所需时间与换乘方便性

(1)出行所需时间。出行所需时间是指乘客从轨道交通起始点至轨道交通出行终点所需的全部时间,包括乘车时间、换乘时间等。

(2)换乘方便性。换乘方便性是指轨道交通乘客在换乘距离、时间等方面的便利程度。基本内容主要包括:发车间隔,有无自动扶梯,自动扶梯可使用程度,自动售检票系统可靠性,换乘步行距离,站内导向指引,等等。乘客更希望选择换乘方便的路径。

2.运营模式

(1)单路径单运营商。单一有效路径只涉及一家运营商。在单路径单运营商的情况下,收入分配较为简单,乘客此次出行的运费按照清分规则应全部规划为唯一的路径所涉及的唯一的运营商所有。

(2)单路径多运营商。单一有效路径涉及多家运营商。单路径多运营商的情况下,由于担当运输任务的是多家运营商,因此,可以按照各自承担的运距比例分配收入。

(3)多路径单运营商。多条有效路径只涉及一家运营商。多路径单运营商的情况下,首先应该将运费在多条路径之间分配,然后每条路径所得的运费再分配给所涉及的唯一运营商。

(4)多路径多运营商。多条有效路径涉及多家运营商。多路径多运营商的情况下的收入分配较为复杂,要分为两步计算:①把该起点到终点(Origin-Destination,O-D)的运费在多条可选路径之间分配;②针对每条路径,根据所涉及的各运营商的运距比例分配该路径的运费收入。

3.线路的运营时间

运营时间对于收入分配的影响较为容易判断。路网中的各条线路的运营时间可能不完全一致，有的可能一天运营 18h，有的可能一天运营 16h。因此，O-D 之间的路径的运营时间就是在该路径涉及线路的运营时间的共同部分。运营时间对于收入分配的影响主要体现在，当某 O-D 之间存在多条乘客的可能选择路径时，每条路径的运营时间可能不一致，因此，根据各条路径的运营时间，可以得到一天当中的不同时段由不同路径参与该 O-D 的收入分配流程。

4.路网结构

在城市轨道交通网络中，各条线路之间相互交叉连接，构成了相当多的环形结构，使得路网的连通度提高，也将为乘客在两站之间出行路径决策提供更多的选择。这就要求在确定清分规则的时候充分考虑乘客出行路径选择多样性的特点，采用切实有效、接近实际的清分方法确保运费在做出经济贡献的各运营主体之间进行合理分配。

（四）运营商管理因素

运营商管理因素是指由于运营商提供的差别化服务，而导致乘客出行需求中质量需求的变化，它体现了乘客对不同运营商的服务差异度的理解，以及由此产生的路径选择偏好。

1.票价因素。一般情况下，乘客会选择票价较低的路径。但在目前国内各大城市轨道交通中，一旦 O-D 点确定，则该 O-D 点之间的票价就是确定的。也就是说，不同路径上的乘客所支付的票价都是一样的，因此，票价对乘客的路径选择没有影响。

2.安全性因素。安全性是指运营商保证乘客使用其轨道交通线路的安全程度。目前，这一因素对乘客的路径选择也没有显著影响。

3.方便舒适性因素。舒适性和方便性参数是指乘客在使用轨道时能享受到的一些舒适功能。基本内容包括是否拥挤、是否有空调、车内座椅的舒适程度、站内设施的布局合理程度等。通常，在其他条件不变的情况下，乘客更愿意选择更方便、更舒适的线路出行。

4.正点率因素。正点率是指在运营商的运输组织时，提供给乘客出行的客运产品，即运行列车的准时程度。高的正点率会节约乘客的时间，满足乘客出行对于时间的需求。目前，由于不同的线路在正点率上没有明显区别，可以忽略该因素对乘客路径选择的影响。

二、城市轨道交通网络化运营票务决策

城市轨道交通网络化运营票务决策包括票价票制的制定与听证，制定城市地铁票价的基本原则是兼顾乘客、企业（地铁运营公司）、政府三者的利益。

（一）城市轨道交通网络化运营的票价制定

在网络化运营条件下，要综合考虑各方利益，兼顾各条线路的各自情况，制定合理的票制以及票价。

1. 票制与票种

（1）票制。票制是指票价的结构。目前国内外轨道交通现行的票制大体上可分为两大类，即基本票制和辅助票制，其中应用较为广泛的是单一票制和计程票制。

1）单一票制。单一票制是不论乘车距离的远近都支付相同的票价。单一票制一般适用于小范围的交通网络，在运营里程较短、运营线路单一的情况下，乘客乘距在较小范围内波动，制定单一票价基本上能反映价值与价格的关系。同时，在单一票制情况下乘客使用方便，运营企业票务管理和实际操作简便，优势较为明显。但是在运营规模较大的网络中，单一票制无法同时兼顾长途和短途乘客的需求，必将造成轨道交通票价与运输价值的长期背离，导致实际客运量与运输能力之间的矛盾。

2）计程票制。计程票制又可分为里程计程票制和区段计程票制。

第一，里程计程票制。里程计程票制是以1km作为基本计价单位，累计加价的计程票制。里程计程票制的优点是收费标准精确合理，在规模较大的交通网络中能够精确反映价值与价格的关系，有效地兼顾长、短途乘客的需求，实现客运量与运输能力之间的平衡。但是要保证收费标准精确合理，必然要制定多个收费等级，同时计费难以取整。因此，此种票制的系统复杂程度很高，必须依托高效的自动化设备。在实际应用中，轨道交通运营企业的票务管理和实际操作烦琐，乘客使用十分不便。

第二，区段计程票制。区段计程票制是以规定里程作为基本计价单位，累计加价的计程票制。区段计程票制有效地弥补了单一票制和里程计程票制的缺陷。这种票制基本上能够反映价值与价格的关系，兼顾长、短途乘客的需求。同时，设置的收费等级相对较少，计费易于取整。在运用中，既减轻了运营企业票务管理和实际操作的复杂程度，又能够方便乘客使用。鉴于区段计程票制的多种优势，在各国城市轨道交通网络规模不断扩大的基础上，这种票制逐渐被各运营企业广泛应用。

（2）票种。城市轨道交通车票从运营管理的角度出发，按乘行次数的不同，可将票种分为单程票、储值票、定值票等；按使用期限的不同，可分为日票、周票、月票、季度票、年票等；按持有人的不同，可分为学生票、老人票、福利票、员工票等；按优惠幅度的不同，可分为全额票、优惠票等。

为更好地分析车票流转过程，一票通车票根据管理方式可划分为回收类车票与非回收类车票两类。

1）回收类车票。回收类车票主要指除纪念单程票外的单程类车票，包括普通单程票、出站票、往返票及带行李单程票。回收类车票在轨道交通中代币使用，由自动售票机、半自动售票机发售，当日有效，票款在购票时写入，出站时根据进出站信息判断购买的票款是否足够，以决定是否合法放行，不能充值。回收类车票中的往返票，首次出站时乘客可以带出，但是回程到达目的地时由出站闸机回收。在轨道交通常用的单程类车票中，除纪念票外均属于回收类车票，这类车票可以在地铁系统内循环使用。

2）非回收类车票。非回收类车票是指可以存储金额或乘坐次数的IC介质车票，轨道交通中的纪念单程票和储值类车票属于该类车票。储值类车票允许乘客一次购买充值、多次使用，乘客购买时交付押金。储值类车票在进站闸机上写入进站信息，出站时根据进出站信息扣除乘资，车票不回收；超时出站，则根据运营规定追加乘车费用；票内余额不足时，须在补票亭对储值票进行充值再扣费出站。

2. 票价的制定因素

（1）企业运营成本及效益。地铁一般被定位为"准公共产品"，因此其定价要充分考虑其公益性，可以通过政府在财政及政策上的支持，以低于或等于运输成本的票价，向乘客提供以社会效益最大化为目标的客运服务，在社会效益最大化的前提下兼顾企业的经济效益。

（2）乘客的承受能力。承受能力与当地人均可支配收入有直接关系，通常需要对居民的消费结构进行统计分析，按交通费用占居民收入平均比例推算乘客的承受能力。另外，也可采用具有针对性的抽样调查方式，通过问卷等直接了解乘客的承受能力。

（3）城市其他公共交通工具的比价关系。为城市公共交通中的一员，其价格要与公交车、出租车建立合理的比价关系。通常认为，地铁票价应高于公交车，同时低于出租车。

（4）其他城市地铁票价水平。地铁的开通应该根据当地政府的财力情况和经济发展水平，采用具有本地城市特色的票价方案，在制定票价时不能盲从其他城市，要从当地实际情况出发，实事求是地定价。

3. 票价的定价策略

定价策略主要是研究票价在不同的约束条件下为达到定价目标应采取何种对策，也即要寻求实现目标的最佳途径。目前，运输企业在遵循定价原则的前提下，主要根据客运市场的运输需求价格弹性、运输需求的交叉价格弹性和运输弹性等因素采取具体的行为准则。

（1）运输需求的价格弹性。运输需求的价格弹性是定价策略制定的最直接、最重要的影响因素。运输需求受到各种因素的影响，但影响的作用程度是不同的，即当某个因素发生一定程度的变化后，运输需求究竟能发生多大程度的变化，这就需要对运输需求的弹性大小做定量分析。运输需求的价格弹性是指运输需求的影响因素价格发生一定幅度的变动后，运输需求对其反应的灵敏程度。

出行者对城市的交通需求呈现多样性，因而对票价的敏感度是不同的。因此，应该从不同层面对客运需求价格弹性进行分类分析，如从不同出行目的、不同费用支付方式、出行时间（高峰期与非高峰期）、长途出行与短途出行以及长期与短期、出行者的收入水平等方面进行需求弹性分析。一般来说，对于需求缺乏弹性的客运市场，票价的上涨会引起总收益的增加；反之，若需求富有弹性，则票价上涨会引起总收益减少。因此，在制定票价时，针对不同弹性水平的客运需求应采取不同的定价策略。

（2）运输需求的交叉价格弹性。运输需求的交叉价格弹性是分析某种交通方式的客运需求受其他交通方式价格影响程度的有效工具。分析不同交通方式之间的需求交叉价格弹性，对轨道交通运营企业的策略制定具有十分重要的实用价值和现实意义。

（3）运输弹性。国民经济增长速度与运输需求增长速度之间的弹性关系称为运输弹性，用公式表示为：

$$E_n = \frac{N}{M} \qquad (5\text{-}1)$$

式中：

E_n ——运输弹性系数。

N ——运输需求增长速度。

M ——国民经济增长速度。

运输弹性的发展规律是：在经济发展初期，由于基础设施建设的大量兴起和劳动密集型经济所占比重较大，交通运输量急速增长，其增长速度高于经济增长速度，运输弹性系数大于1；当经济发展水平达到一定程度后，交通运输的增长速度减缓，与经济几乎同步增长，运输弹性系数接近1；之后，交通运输的增长速度将低于经济增长速度，运输弹性系数小于1。

4. 票价的制订方案

（1）分区段计程票价制方案。采用计程票价制方案是遵循市场经济规律，按实际乘距的大小收取和支付不同的费用。在一定程度上，这是运营部门和乘客都可接受的方案，是合情合理的计价方案。根据我国城市轨道交通的发展趋势，分段计程票价方案将是未来国内大多数轨道交通企业将会采用的计价方法，因此，对分区段计程制票价的研究势在必行。

采用分区段计程票价，是固定一个基本票价，然后按照乘距的递增而增加票价。公式如下：

$$F = P + R_1 \times D_1 + R_2 \times D_2 + \cdots + R_n \times D_n \tag{5-2}$$

式中：

F——票价。

P——基本票价。

D_1、D_2、$\cdots$、D_n——乘距。

R_1、R_2、$\cdots$、R_n——随乘距增加而递减的票价率。

1）确定票价率和收费区段。确定票价率和收费区段是指票价率是扣除基本票价后的折算平均票价率。其计算式可表示为：

$$票价率 = \frac{平均票价 - 基本票价}{平均运距} \tag{5-3}$$

在实际的收费操作中，考虑到找零的方便性以及费进制取整为原则，即计程票价根据乘距远近在基本票价的基础上以 1 元为加价标准，则每一个计程区段长度可以表示为：计程区段长度 =1/ 票价率。确定出每一个计程区段长度以后，根据平均站间距把计程区段长度换算为乘车区间数，以此确定几个乘车区间为一个收费区段。

2）确定计程区段。收费区间过多，对客运管理、票务管理等压力较大，特别是对售、检票设备的要求较高，故计费区间数量的确定关系到客运企业的运营效率，意义重大。方案如下：

第一，按照实际乘距确定，不确定最高限。按乘客的乘距确定收费标准，乘距越长收费越高，随着乘客的一次可乘车距离的延长，收费区间数量逐渐增加。

此种方案符合市场价值规律，乘距长交费多，对长短途乘客都比较合理。但根据多年的运营经验，可乘车距离越长，实际乘车距离最长的乘客占总乘客的比例就越小。也就是说，增设这个档次的计费区间，对票款收入的影响并不大，但是对设备的要求就要增加很多，管理难度也会加大。

第二，按照实际乘距确定，但确定最高限。在一定范围的路网内，根据乘客不同乘距的划分，将乘距相对集中的区域划分等级，把乘距较长、所占较小比例的范围划分为一个档次，确定为最高限，降低收费区间数，以便客运、票务等日常管理。

此种方案对乘距集中的乘客按乘距计费，而对于乘距过长的乘客，则确定一个最高限，超出界限的乘距属于优惠，这样便于吸引长距离乘客，由于其占总量的比例较小，则对票款收入的影响并不大。同时减少了设备，降低了运营成本。

第三，按照实际乘距，逐渐增加优惠。轨道交通运输，具有大容量、快捷、舒适的特点，对乘客出行具有较大吸引力。从轨道交通、公交乘客的对比资料看，轨道交通乘客的乘距相对公交乘客而言要长得多。显然轨道交通运输对长距离乘客有较强的吸引力。而对于短途乘客而言，轨道交通运输快捷、舒适的优势与进出站、换乘及相对票价的劣势相比并不占优，所以轨道交通的吸引力也就相对减弱，这是客观规律。所以在制定计程票制时应该考虑尽可能多地吸引中长途乘客，对短途乘客只要把握相对合理的角度，使其可接受就不会失去太多短途乘客。

此种方案既照顾了短途，也照顾了长途，对于乘距不长，从距离上感觉乘坐地铁、公交均可的乘客，确定最低票价以尽可能吸引；对于长途出行，从时间上感觉乘坐地铁、出租车均可的乘客，以价格优势最大可能地吸引这部分乘客。最大限度地发挥轨道交通的运输能力，也就是最大额度地获得运输收益。

综合比较分析以上三种方法，认为第三种方法较合理，它充分体现了轨道交通运输中长距离运输的功能。因此，推荐第三种方法作为制定计费区间的方法。

3）计程票价制方案的确定。根据以上分析，计程票价是基本票价与里程票价的总和。采用计程票制，是轨道交通运输企业适应市场经济发展、提高企业管理水平、实现自我价值体现的必要举措，同时也是企业利用市场经济规律来达到降低运营成本、增加运营收入，努力通过提高企业自身机能，使轨道交通事业的发展步入良性循环的关键一步。

（2）分时段票价制方案。分时段票价制通过不同时段的不同票价来引导交通需求，以实现社会经济效益的优化。实行分时段票价制的前提条件是，在轨道交通运营的高峰时段与非高峰时段，乘客需求的价格弹性是不同的。

行程越远受票价影响越小，长距离出行客流量相对于轨道交通较为稳定，因而分时段票价制的确定应尽可能多地吸引中短途客流。轨道交通线路建成运营后，为了使轨道交通和常规公交能各自发挥其运输优势，与轨道交通线路走向一致的常规公交线路应进行调整，一般经调整后轨道交通车站与常规公交站点相重叠的以 2～3 个区间居多。这段区间内的客流中包括了一部分因轨道交通票价高而选乘价廉公共汽车的中短途乘客，也是分时段优惠票价所能吸引的对象。

分时段票价方案具有一定的可行性。当然在具体操作中，还要进行广泛宣传，每个车站公布高峰与非高峰两张票价表（分时票价），既有利于提高轨道交通的吸引力，又能使广大市民享受到更多公共交通的实惠、快速和便利。总体而言，在非高峰期实行分时段票价制作为一种策略会使消费者进一步得益，能提高轨道交通的效用，因此，我国城市轨道交通的发展应积极探索分时段票价制方案实施的可能性。

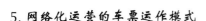

5.网络化运营的车票运作模式

（1）车票运作管理是采取线网集中的方式，配票层次为中央—车站，适用于各线路隶属同一个运营公司的情况或线路运营初期。第一部分是清分结算中心（AFC Clearing Centre，ACC），主要负责中央票库的管理，包括车票的采购、制作以及车票的整体流通业务；第二部分是车站票务管理部门（Station Computer，SC），主要负责车票在车站的使用及管理，包括车票发售、充值等业务服务工作，以及车站内部车票的流通。

（2）车票运作管理采取线网集中的方式，配票层次为中央—车站，设专门的车票配送部门。第一部分是清分结算中心（制票中心），主要负责中央票库的管理，包括车票的采购、制作、库存管理以及车票的整体流通业务；第二部分是车站票务管理部门，主要负责车票在车站的使用及管理，包括车票发售、充值等业务服务工作，以及车站内部车票的流通；第三部分是专门的配送部门，主要是根据车站管理部门和制票中心提交的车票配送/回收需求制订计划，根据配票计划将车票配送到指定车站，将车站设备产生的废票及可循环使用的车票统一回收，送到制票中心处理。

（二）城市轨道交通网络化运营的票价听证

价格听证会由政府价格主管部门主持，是消费者直接参与定价的重要形式。进行票价听证有利于沟通经营者与消费者之间的联系，加深相互理解，促使经营者加强经营管理，提高消费者的心理承受能力，使价格决策形成多方制约的格局，提高政府制定价格的科学性、全面性，减少盲目性、片面性。作为价格听证制度的一种，我国轨道交通收费实施价格听证制度属于狭义的听证范畴。轨道交通收费价格听证是依法必须进行的听证，轨道交通收费关系到广大人民的切身利益，对日常工作与生活影响重大。因此，有关部门在制定相关的政府调节价、政府定价时应当举行听证会。

城市轨道交通网络化运营的票价听证的意义如下：

1.提高收费服务质量的需要。实行价格听证，使社会净福利和消费者剩余有所增加。轨道交通收费价格听证的实行，可以使消费者得到服务好、价格低的实惠。

2.消除乘客与轨道交通经营者之间矛盾的需要。在轨道交通收费听证会上，通过经营者与乘客之间面对面的质疑和解答，彼此之间加深理解，使经营者、乘客和社会各方面的利益得以维护，矛盾得以消除。听证会吸纳了调价的承受方——乘客参加，乘客的意见成为政府定价的一项重要参考内容，政府价格决策部门综合社会各方面意见后再制定最终价格，易为乘客接受。

3.制约轨道交通行业垄断经营的需要。听证制度建立起政府决策部门、经营者和利益相关人共同参与、相互制约的新的价格决策机制，使价格决策的结果更加民主、科学和公正。轨道交通行业垄断因其经济技术优势，形成与社会公众、管制部门之间严重的信息不对称。听证会的好处是将轨道交通行业垄断的价格决定由过去面对政府改为直接面对消费者、面对全社会的公众。这样，一是可以使行业垄断面向群众，直接与消费者沟通，增强群众观念；二是可以增强行业垄断的市场意识，避免经营者与实际情况脱节。

4. 提高政府定价的科学性、公正性、民主性的需要。轨道交通收费价格听证会制度是价格决策民主化和科学化的体现，是让消费者直接参与定价的重要措施。它遵循"发扬民主、广开言路、实事求是、集思广益"的原则，参加听证会的各方代表，可以对调定价的必要性、可行性发表意见，不仅便于消费者与经营者之间面对面地质疑、答辩，还可以通过新闻媒介的宣传与报道，使定价过程公开化，从而提高政府价格的科学性、合理性，使定价更加切合实际。

三、城市轨道交通网络化运营票务技术——自动售检票系统

自动售检票（Auto Fare Collection，AFC）系统在地铁运营过程中在发挥着重要作用。AFC 系统扮演着售票员、检票员、会计员的角色，实现了票务管理的高度自动化，是地铁运营收益管理的重要手段。

（一）AFC 系统的架构层次与功能

地铁 AFC 系统一般采用五层架构，从底层到上层分别为：车票、车站终端设备（SLE）层、车站计算机（SC）层、线路中央计算机（LCC）层、清分中心（ACC）层。AFC 系统的五层架构主要依据功能划分，通过分层，AFC 系统的功能结构更加清晰。各层间通过以太网连接，实现数据的采集和处理。其中：

1. 第一层车票层由非接触式 IC 车票和公交交通卡等组成，是乘客所持的车费支付媒介。

2. 第二层车站终端机层由自动售检票设备组成，直接为乘客提供售检票服务。这些设备包括自动售票机、半自动售票机、进 / 出站检票机等。

3. 第三层由车站计算机系统组成，主要功能是监控第二层的终端设备及收集本站产生的交易和审计数据。该层一般包括车站计算机、操作终端、票务工作站、打印机、不间断稳压电源和网络链接设备等，与本站终端设备通过局域网互联。

4. 第四层为线路中央计算机系统，其主要功能是对本线路 AFC 系统产生的交易和审计数据进行采集，并将此数据传送给 ACC 清分系统，以及与其进行对账。该层一般包括处理主机、通信前置机、设备监控、客流监视、报表、财务结算、网管和系统维护工作站、数据备份恢复设备、网络链接设备、不间断稳压电源、IC 车票清洗设备、加密机和编码 / 分拣机等。

5. 第五层为清分中心系统，主要功能是接收各线路发送来的原始交易记录，制定并根据票务清分规则为各线路运营商提供票务收益清分的服务，同时负责连接 AFC 系统和城市一卡通清分系统，规定了对车票管理、票务管理、运营管理和系统维护管理的技术要求。该层一般由处理主机、通信前置机、应用主机、客流监视平台、安全管理平台、IC 车票编码 / 分拣系统、运行监控系统、网络链接设备、网络管理平台、不间断稳压电源和存储、备份 / 恢复设备等组成。

各级子系统共同合作完成票卡的制票、销售、检验与票款的清分清算工作。其中，票卡的制作、销售、检验和回收由各车站的终端设备完成；票款的清分清算则由各级计算机配合完成。

（二）网络化运营环境下的票款清算

城市轨道交通可以利用 AFC 系统的基础数据，一般网络化运营环境下的票款清分，可以采用有障碍换乘条件下的清分方法。如 AFC 系统可以针对某乘客的某次出行，读取终端设备内记录的票据信息，确定乘客在线网内的起讫车站和换乘车站，进而确定其出行路径及其所涉及的运营线路，按照运营里程，得到各线路在出行中的运营比例。

线路与线路运营公司的对应关系是固定的，无论一对一还是多对一关系，都可通过线路确定唯一的线路运营公司。因此，当经营核算实体为线路运营公司时，可通过线路确定唯一的经营核算实体。

在网络化运营环境下，一条线路仅开行本线线路运营公司的列车，经营核算实体为本线线路运营公司。因此，可以将线路与经营核算实体一一对应。以此出行中的各线路的运营比例及各运营公司的贡献比例，结合票款收入，即可得到公司的应得票款。

第三节　城市轨道交通信号系统互联互通技术

随着城市轨道交通规模化及网络化的形成，城市轨道交通网络化运营对互联互通的需求日益凸显出来。"城市轨道交通的互联互通是指，装备不同信号厂家车载设备的列车可以在装备不同信号厂家轨旁设备的一条轨道交通线路内，或多条轨道交通线路上，无缝互通安全可靠运营。"[①]

信号系统是确保系统安全、正点、高效运营的关键。为了解决我国城市轨道交通信号系统的互联互通需求，2018 年底中国城市轨道交通协会从系统、接口、测试和工程四个

---

① 万勇兵，王大庆.城市轨道交通 CBTC 系统互联互通测试平台的设计与实现 [J].城市轨道交通研究，2021，24（01）：149.

方面发布了一系列关于基于通信的列车控制（CBTC）系统互联互通的规范。

一、城市轨道交通 CBTC 系统的总体结构与功能

CBTC 系统是利用高精度的列车定位（不依赖于轨道电路），双向连续、大容量的车地数据通信，车载、地面的安全功能处理器实现的一种连续自动列车控制系统。

（一）城市轨道交通 CBTC 系统的结构

城市轨道交通 CBTC 系统的结构如图 5-7 所示。

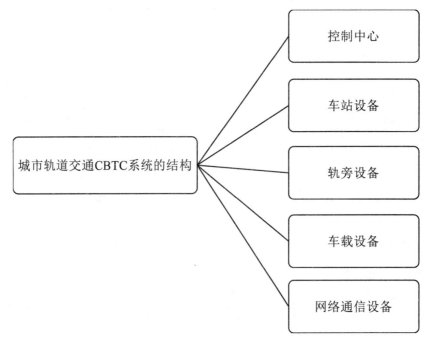

图 5-7　城市轨道交通 CBTC 系统的结构

1. 控制中心。控制中心设备主要包括列车自动监控子系统（Automatic Train Supervision，ATS）设备，负责城市地铁线路运行列车的整体运营控制和调整。

2. 车站设备。车站设备主要包括区域控制器（Zone Controller，ZC）设备、数据存储设备、计算机联锁（Computer Interlocking，CI）设备及车站 ATS 设备，负责联锁处理和移动授权计算等功能。

3. 轨旁设备。轨旁设备主要包括应答器、计轴等，负责列车运行时的位置校准和监测区段处于占用或空闲等功能。

4. 车载设备。车载设备主要包括列车自动防护子系统（Automatic Train Protection，ATP）设备、列车自动运行子系统（Automatic Train Operation，ATO）设备、人机交互设备（Man Machine Interface，MMI）等，主要完成列车运行过程中的安全防护、列车自动

驾驶以及系统与司机之间的交互等工作。

5. 网络通信设备。网络通信设备分为有线网络设备和车地无线通信网络设备，用于传输 CBTC 系统各模块之间的数据。

这五部分设备的配合工作，可以实现 CBTC 系统所规定的全部功能。其中控制中心设备、车站设备、轨旁设备和网络通信设备都属于地面子系统，车载设备属于车载子系统。

（二）城市轨道交通 CBTC 系统的功能

CBTC 系统作为地铁的列控系统，对安全性能要求非常高，其核心是保障轨道交通的安全运行。城市轨道交通 CBTC 系统应该具有以下功能：

1. 保护和辅助乘客。乘客的出行安全也是 CBTC 系统除了保证行车安全之外的另一个重要功能，系统必须时刻监控和防护车门和站台屏蔽门等乘客需要接触的设备，以确保乘客在乘坐地铁时的安全。主要完成列车车门管理、屏蔽门管理、授权驶离站台和管理站台紧急停车按钮等功能。

2. 辅助列车运行。CBTC 系统为了确保列车运行，系统中的设备自检以及为司机提供驾驶信息等辅助列车运行，同时运营人员可以通过信息对列车的运行状态进行监控。

3. 辅助驾驶。CBTC 系统包含的 ATO 功能，用以减轻司机的工作量，主要完成列车自动激活、时刻表自动调整、计算牵引和制动命令和管理列车折返等功能。

4. 保证行车安全。确保列车的行车安全是列控系统的重中之重，主要完成确定轨道占用信息、列车追踪速度曲线计算、列车超速防护、列车自主测速定位和列车轮径校正等功能。

5. 提供技术支持。CBTC 系统具有系统出现故障的分析功能模块、自我维护和管理等支持性技术。主要实现时钟同步、网络管理和运营记录、系统故障报警和培训设备功能等。

二、城市轨道交通信号系统互联互通项目建设

（一）信号系统构架与数据流

为了实现城市轨道交通系统互联互通目标，需要建立更加统一的系统构架，尽量减少系统内部修改量。在信号系统内部增加外接口，在设备与设备互联互通时，可以依靠这些外部接口实现，避免对设备内部结构进行大规模改造、改造成本过高等问题的出现，使信号系统互联互通的建设目标尽早实现。

由于城市轨道交通信号系统互联互通需要使各设备能够互换连接，因此需要在每个

设备处设置标准接口，将各子系统点对点的通信作为信号系统互联互通目标实现的必要条件。针对不同交通信号系统的通信要求，对通信结构进行进一步优化。

（二）信号系统的互联互通基础设备设计

城市轨道交通信号系统要实现互联互通目标，需要对基础设备设计方案进行不断优化及完善。

1.注重信号系统内部基础设施信号机、计轴设备的设计工作。在设备数量配置期间，应当将互联互通参与的各信号系统数量作为参考依据，在保障信号系统安全可靠运行的基础上合理安排设备安装位置。结合互联互通要求设置更加严谨的设备安装标准，确保设计出的各项基础设备能够在扩大信号传播范围、提高信号实际利用率中发挥重要作用。

2.做好基础设备应答器与信标设备设计工作。应答器与信标设备是城市轨道交通信号系统内部的重要组成部分，两设备的选型工作可直接影响互联互通目标的实现。欧标应用范围广，由不同供货商共同编制。因此，在技术设备设计期间，可以将欧标作为统一应答器标准，为建设轨道交通信号系统互联互通项目奠定坚实的技术基础。

3.加大基础设备内部车地无线通信设计管控力度。车地无线通信是城市轨道交通信号系统互联互通项目建设的重要内容，需要选择功能完善、类型统一的车地无线通信设备，才可切实保障车载系统跨线运营时的通信通畅度，促进轨道交通信号系统互联互通目标的实现。选择使用通用无线设备作为车地无线通信系统，并在其中使用通用无线协议，使信号的可承受范围进一步扩大。因此，可尝试使用通用通信协议，逐步发展 LTE 网络承载综合业务，以便能够更好地适应城市轨道交通信号系统互联互通的发展趋势。

（三）信号系统的互联互通接口设计

城市轨道交通信号系统的互联互通需要对不同供应商设备信号系统接口进行统一优化，不同接口设计所须注重的要点不同。

在车地无线通信接口过程中，为切实满足无线开放环境下的报文信息安全管理要求，可以选择当前更加完善的 RSSP-Ⅱ协议。为使通信报文系统能够更好地实现互联互通目标，还需要使用求同存异的方式定义报文内容。设置信号系统内部车载信息及接口信息，确保这些信息能够在各设备内部联动使用。

在车地点式通信信号设计的过程中，要求设计出的应答器编码与解码需要满足欧标应答器技术标准，统一内部报文格式，并采用最大化报文方法解决数据差异问题。

为有效控制交互设备的信息传输量，还可以在跨线处设置信号机，使信号系统的运行更加平稳。各自交互的子系统内部物理区间、信号机、紧急关闭按钮等也需要互联互通，完善系统的各项功能，保障信号的传输效果。

在跨线 ATS 接口设计的过程中，应当在接口间设置防火墙隔离方式，依照相关要求分别传输相邻站场的信息、跨线列车控制数据等，确保这些信息能够在加大轨道列车管理力度期间提供重要的参考依据。

（四）信号系统的互联互通系统功能分配

在城市轨道交通信号系统互联互通目标实现的过程中，需要做好系统功能分配工作。采用统一通信协议作为标准定义，明确各子系统肩负起的运行职责。要求各生产厂家也应当严格依照统一设计标准确定系统功能，使互联互通下的信号系统能够实现安全可靠的运行目标。

为从根本上提升城市轨道交通信号系统功能分配的可行性，还须使用叠加式设计与模块化设计手段，利用车载设备实现列车间隔控制、移动授权等功能，减少设备内部接口数量，进一步提升信号系统互联互通期间的通畅性。

目前，CBTC 信号系统的叠加式设计和模块化设计为实现联通联运提供了有利条件。随着 3C 技术的发展，以轨旁为中心的 CBTC 列控系统将会被以列车为中心的 CBTC 系统所取代。

以列车为中心的 CBTC 系统结构将变得更简单，轨旁 ATP 设备和联锁设备将会被取消，轨旁 ATP 设备功能会分配给车载设备来实现，由车载设备来实现列车的间隔控制、提供移动授权等功能，这时系统内部的接口减少，接口间信息量将非常小，将会更容易实现城市轨道信号系统的互联互通。

第六章　城市轨道交通网络化运营控制技术研究

第一节　网络化运营客流分配理论与控制技术

在城市轨道交通网络流量分配理论中，根据是否考虑交通量对出行费用的影响，可将交通分配方法分为有容量限制与无容量限制两种；根据是否将出行费用作为随机变量看待，可将交通分配方法分为确定型与随机型两种；根据交通分配的原则与立场的不同，可将其分为用户最优和系统最优两种。

城市轨道交通客流分配是将 OD 点间的客流量按照一定的路径选择原则与分配方法，符合实际地分配到路网上各路段的过程。从整体的选择规律来看，效用越大（费用越小）的路径被选择的概率越大，效用越小（费用越大）的路径被选择的概率越小。即可通过得到 OD 间有效路径的选择概率来获得各有效路径上的客流分配量。

一、网络化运营的有效路径搜索

对城市轨道交通网络客流进行分配前需要选取适当的方法搜索城市轨道交通网络中的有效路径，用于有效路径搜索的方法有 Dial 算法、K 短路径搜索算法和图的遍历算法。

1. Dial 算法。"Dial 算法是一种使用较为广泛的有效路径搜索算法，具有不需要枚举路径、计算效率高的优点。"[1] 作为研究路网有效路径的有效方法，Dial 算法的核心思想是如果某条路径上的所有路段都使得乘客距离终点的最小费用越来越小，并且距离起点的最小费用越来越大，那么这条路径就是有效路径。Dial 算法避免了对路径进行枚举，时间复杂度较低，效率较高。

2. K 短路径搜索算法。在实际的路径选择中，乘客会结合自身的实际情况选择最短路径以外的其他路径，而这些可能被选择的路径通常来源第 K 短路径，这些第 K 短路径的集合即为有效路径集合，据此提出了 K 短路径搜索算法。该算法的核心思想是利用最短路算法求出最短路径，然后将最短路径上的边依次删掉后形成的网络，再用最短路竞算法求最短路径，将所有删边后求得的最短路径进行比较，最短的便是此最短路径。

---

[1] 周薇. 城市轨道交通有效路径选择的改进 Dial 算法 [J]. 西华大学学报（自然科学版），2013，32（06）：38.

由于该算法要多次调用最短路径算法，调用次数且随着网络增大、OD点对间的弧段增加而快速增加，时间复杂度较高，计算效率低，只适用于小规模网络中有效路径的搜索。

3. 图的遍历算法。图的遍历算法的基本思想是搜索网络中起点至终点满足约束条件的所有路径，满足约束条件则记录该路径，否则返回上一层节点重新开始搜索，以此类推，直到搜索完所有网络节点。图的遍历就是反复选择判断再返回的过程。图的遍历算法根据搜索方向的不同分为"深度优先搜索算法"和"广度优先搜索算法"。

利用图的遍历算法搜索有效路径时需要先计算OD点对间的最小费用，然后据此对该OD之间的有效路径出行费用设置一个约束阈值，凡是满足这个费用阈值约束条件的路径都是该OD点对间的有效路径。

图的遍历算法搜索效率高，适应性强，对于较大规模的轨道交通路网，用该算法可以在较短时间内找到多条可能的有效路径，所以被广泛使用于有效路径的搜索问题中。

二、网络化运营的客流传播机制

在城市轨道交通网络系统中，乘客从起点到终点的移动是基于列车在轨道线路上的移动实现的。客流在城市轨道交通网络中的传播规律，由线路运行图与换乘站换乘时间两大因素体现。乘客出行是按照运行图上的某一条运行线进行的，该运行线决定了列车在始发站的出发时刻以及终到站的到站时刻，如果乘客需要换乘才能到达目的地，则换乘时间决定了乘客选择换乘线路运行图上的哪一条运行线出行，所以线路的运行图及换乘时间体现了客流在城市轨道交通网络中的时空变化规律。

城市轨道交通网络是由两条及以上的城市轨道交通线路构成的，每一条线路独立运营，乘客通过换乘站进行跨线乘坐列车，即客流通过换乘站完成网络化传播。对于每一条线路，有与之匹配的运行图，通常包括工作日运行图和周末运行图。每一张运行图由多条运行线组成，每一条运行线代表一列列车，运行图上同时也规定好了列车的交路。

运行图上的运行线是列车在时空网络图上的运行轨迹，每条运行线都是由列车通过具有先后顺序的车站到达、出发时间组成的集合。对于每一条运行线路，都存在着一张线路客流—运行图网络。

线路客流—运行图网络是将客流弧与列车运行时空网络弧整合到一张网络中，将单一空间匹配和多时间点匹配的多维度问题降为二维网络流问题。线路客流—运行图能描述出线路客流在城市轨道交通线路中的时空变化规律，即线路客流在城市轨道交通线路中的传播机制可以通过线路客流—运行图体现。

列车的交路方式及列车的停站方案都会影响客流在城市轨道交通网络上的传播，列车运行图包括所有列车运行需要的要素，即列车完全是按照运行图进行到站、停站、出发以及交路运行。

三、网络化运营客流指标体系

（一）车站客流指标体系

客流指标是运营管理者制订运营管理计划的依据，也用于衡量城市轨道交通的运营效益。根据城市轨道交通车站的客流特性，车站客流指标体系包括以下内容：

1. 进站客流量。进站客流量是指在单位时间内各进站口各个方向的客流量之和。

2. 出站客流量。出站客流量是指在单位时间内各出站口各个方向的客流量之和。

3. 站台承担最大客流量。站台承担最大客流量是指站台内的客流密度到达最大，但又不影响乘客上下车时站台内的客流量。

4. 车站换乘客流量。车站换乘客流量是为换乘站内各换乘线路间各方向换乘客流的总量，可用于衡量换乘设施的利用率。

车站乘降客流量指在单位时间内车站上下车（进出站）的乘客数，可用于计算各线路区间断面的客流量。车站的站台宽度、楼扶梯与出入口通道宽度以及售检票机数量由车站高峰小时的乘降客流量决定。车站换乘客流量决定了换乘站内的换乘方式及换乘设施设备的容量。

对于换乘站，各车站客流指标的确定要相对复杂些，特别是经通道换乘的换乘站，得到上下行分向客流指标比较困难。

（二）线路客流指标体系

对于城市轨道交通客流，线路客流指标由线路上各车站客流指标统计得到。

1. 出行量。出行量是一段时间内（1h 或 1d）出行乘客的总量，即每个站间区间的上车人数之和。

2. 线路客运量。线路客运量是指在单位时间内线路运送的乘客量。对于一条独立运行的轨道交通线路，由于只存在本线进出的客流，进线客运量等于出线客运量，也等于线路客运量；在网络运营环境下，线路客运量由本线进本线出、本线进他线出、他线进本线出以及途经本线的四部分客流组成。该线路客流指标是用于计算运营票务收入及进行运营效益评价的主要参数。

3. 线路换乘量。线路换乘量是由他线进本线出的客流量与途经本线的客流量两部分组成的。线路的换乘客流包含本线进他线出客流、他线进本线出客流和进出站均不在本线的途经客流这三部分。在实际运营中，线路换乘量用线路换入乘客量来统计表示，换入乘客量为他线进本线出乘客人数与途经本线乘客人数之和。

4. 客运周转量。客运周转量是指一段时间内（1h 或 1d）乘客位移的产品总量，即一段时间内所有乘客在轨道交通系统内出行的距离之和。

5. 断面客流量。断面客流量是指某一断面在某一时间段内沿某一运行方向通过的乘客数。断面客流指标主要有分时断面客流量和全日断面客流量两类。高峰小时断面客流量指在高峰时段内 1h 的分时断面客流量，在某一个方向（上行或下行）上高峰断面客流量最大的一个区间称为"三高"断面，轨道交通运量等级、交通制式、列车编组以及最大行车密度都由该客流指标确定。

6. 高峰小时系数。高峰小时系数是用高峰小时客流量与平峰时段客流量均值的比值来表示的。

7. 换乘系数。换乘系数是乘客总出行次数与总换乘次数的和与总出行次数的比值，是公共交通中衡量乘客换乘程度的一个指标。该系数可以用线路客运量与进线量的比值来表示，即：

$$\gamma = \frac{P_{客运量}}{P_{进线量}}$$

（6-1）

换乘系数的物理意义表示平均一个乘客完成一次出行所需乘坐的线路条数。该值越小表明轨道交通线网直达的程度越高，线网规划的合理性和运营服务水平也越好；该值越大表明路网的规划与主流出行 OD 的偏离就越大，乘坐的便捷性就越低。一般来说，大城市轨道交通线网换乘系数的合理值要高于中小城市。

8. 运输效率。运力的利用率可以用运输效率来衡量，运输效率 $\bar{\alpha}$ 指实际完成的客运周转量与所提供的运力的比值。该值表示运营部门沿着这条线路所提供的运力被乘客所利用的程度。

$$\bar{\alpha} = \frac{w}{w_o} = \frac{\sum_i P_i \times l_i}{C \times L}$$

（6-2）

9. 平均客流密度 P_{av}（线路负荷强度）。平均客流密度 P_{av}（线路负荷强度）是指单位时间内，在单位运营轨道线路上平均承担的客运周转量，计量单位一般为人 /h 或人 /d。用一段时间内线路总客运周转量与线路长度 L 的比值来表示。该指标反映了轨道交通线路的运营效率，可以用来评价各方案线路的经济性。

$$P_{av} = \frac{\sum P_i \times l_i}{L}$$

（6-3）

（三）网络客流指标体系

在城市轨道交通网络中，网络客流指标的统计计算较为复杂，需要以乘客对出行路径的选择、网络客流分配等为研究基础。

1.路网客运量为所有线路的客运量之和。由于在换乘站无法得到换乘上车的乘客人数，即无法得到换乘站准确的上车人数，所以不能简单地将全路网各车站的进站量或出站量进行相加表示路网客运量。

2.路网客运周转量。路网客运周转量是指单位时间内全路网所有乘客位移的产品总量，是反映全路网运输效率的指标。计算方法与线路客运周转量相同。

3.路网换乘客流量。路网换乘客流量是指路网各线路换乘量总和。

4.平均运距。平均运距（乘客平均出行距离）是用一段时间内所有乘客的总出行距离（周转量）与出行量的比值来表示的。

5.线网负荷度指标。线网负荷度反映了整个网络实际负荷的能力，体现路网是否适应客流需求，用轨道交通网络客流量与网络容量的比值表示。

$$S = \frac{Q}{C} = \frac{\sum\limits_i^n q_i l_i}{\sum\limits_i^m c_i l_i} \quad\quad (6\text{-}4)$$

式中：

S——轨道交通线网负荷度。

Q——整个轨道交通网络的服务客流量或分配客流量（万人/d）。

C——整个轨道交通网络的服务客流的能力（万人/d）。

q_i——第 i 个路段的实际服务客流量或分配客流量（万人/d）。

c_i——第 i 个路段的服务客流的能力（万人/d）。

l_i——第 i 个路段里程（km）。

m——轨道交通网络中路段总数。

（6）线网里程饱和率。线网里程饱和率用轨道交通路网中所有饱和路段（饱和度大于等于1）的里程之和与总里程的比值来表示。

$$\rho_N = \frac{\sum\limits_i L_{si}}{L_N} \quad\quad (6\text{-}5)$$

式中：

L_{si}——第 i 个饱和路段里程（km）。

L_N——路网总里程（km）。

四、网络化运营客流协同控制的类型、方法与措施

随着城市轨道交通快速发展，城市轨道交通由简单线路到简单网络再到复杂网络，快

速增长的客流需求与有限的运输能力间的供需矛盾日益严重，客流拥挤问题日益突出，给城市轨道交通运营带来了极大的安全隐患。为使城市轨道交通安全、可靠、高效地运营，缓解客流拥挤问题的措施主要有以下两个方面：①提高城市轨道交通的运输供给能力，一般通过缩短发车间隔、优化列车运输组织等措施实现；②调节城市轨道交通客流需求，从需求管理的角度对城市轨道交通客流需求总量和客流需求时空分布进行限制调节。

（一）城市轨道交通客流控制的类型

城市轨道交通客流控制的主要目的是降低乘客进站速度，从而减少单位时间内的进站乘客量，以降低运营压力，使城市轨道交通安全、高效、可靠地运营。宏观层面的客流控制包括车站级客流控制、单线级客流控制以及线网级客流控制三个控制级别；微观层面的客流控制是以车站为控制对象，根据车站内客流拥挤的不同程度以及对应的处置措施，可以将客流控制分为三不同的个客流控制强度等级：

1.一级客流控制。一级客流控制为车站级客流控制的最低等级，关注车站内的客流变化及服务情况，计算各设施设备的服务水平，一般表现为设施设备处开始出现长时间的等待和严重的排队现象。

2.二级客流控制。二级客流控制是一级客流控制触发后情况加重的触发等级，计算车站内各空间的客流密度，表现为车站内各空间出现客流拥挤现象。

3.三级客流控制。三级客流控制是客流控制的最高等级，不仅需要对客流进行流入控制，而且需要引导乘客快速出站。建立客流控制理论的相关指标，可以更科学地对客流控制进行等级划分。

（二）城市轨道交通客流控制的方式

在实际的城市轨道交通运输组织中，一般以进站客流控制为主，换乘客流走行控制为辅，上车客流控制为补充。同时进站客流控制可分为进站客流总量控制与分方向的客流流入控制。两种方式叙述如下：

1.进站客流总量控制，该控制方式在目前的常态限流中经常采用，控制方式较为简单，比较容易执行。该种控制方式不考虑进站的乘客去往的候车站台，仅考虑进站客流量对车站的最大聚集影响。进站客流总量控制虽然能够降低客流进站速度，但会使得部分进站乘坐低满载率列车的乘客无法进站，造成运力浪费。

2.分方向的客流流入控制，指对进入同一个车站不同候车站台的乘客采取不同的流入控制方案。当在车站内搭乘不同方向的列车具有不同的候车站台时，该控制方式比较容易实现。对于搭乘不同方向列车在同一个站台的情况，该控制方式的实现需要针对站内客流组织以及设施设备。

（三）城市轨道交通客流控制的措施

从控流范围层面出发，城市轨道交通客流控制的措施包括点、线、网三种控流级别，即车站级控流、线路级控流以及网络级控流。不管选用哪一种控流级别，最终实施各种客流控制措施及客流导向手段时都是以车站为基本单位。因此，各种具体的客流控制措施都是以城市轨道交通车站为对象进行讨论，按作用及目的可分为的类型，如图6-1所示。

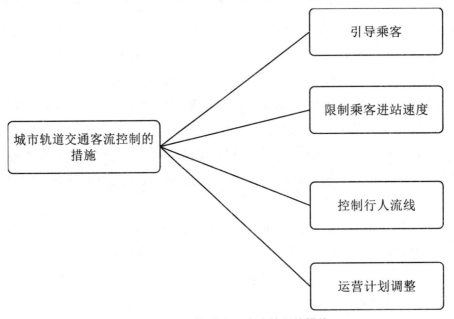

图 6-1　城市轨道交通客流控制的措施

1. 引导乘客。引导乘客是指车站工作人员、增加设施设备以及设置标志引导乘客快速、安全地到达车站内的目的地。具体措施包括布设栅栏、标志牌对乘客进行分流引导；在分岔口设置人员对乘客进行指挥引导。这些措施都可加快乘客的在站移动速度。

2. 限制乘客进站速度。工作人员通过采取一定的措施降低乘客的进站速度，从而减少在单位时间内的进站客流量，车站内各设施设备的负荷可以有效降低。具体的措施包括减少闸机工作数量、减少自动售票机工作数量、关闭人工售票窗口、出入口外设置铁马围栏、限制出入口走行方向以及封闭出入口。

3. 控制行人流线。在高峰期，一般可通过控制所有的通过设施设备以及布置栅栏等措施对乘客的走行路线进行控制。

4. 运营计划调整。运营计划调整是指为应对突发大客流而采取越站、清客等措施来缓解城市轨道交通车站的客流。

第二节 城市轨道交通网络化运营节能控制技术

城市轨道交通在缓解拥堵、为市民出行带来极大便利的同时，也带来了电能消耗的迅速增加。良好的地铁节能运行方案可以为地铁公司节省大量的能源成本，同时也能为可持续发展提供驱动力。

一、网络化运营的再生制动能量处理方式

"再生制动是利用能量转换原理将动能转换掉，只是将制动中产生的电能反馈到直流供电电网中去加以利用。"[1] 目前，国内外对再生制动能量的处理方式主要分为无源和有源两种。无源方式主要包括线路节能坡设计，有源方式主要包括储能型与能馈型两种。

（一）节能坡方式

列车从车站启动后借助下坡将势能转化为列车动能，进站时则借助上坡将动能转换势能，从而达到提高减小再生制动能量、节约牵引能耗的目的。由于节能坡的坡度在线路设计之初就已经决定了，因此该方案比较适合用于地铁线路建设设计期，对于既有线路无法应用。

（二）储能装置方式

在直流母线上或车辆上接一个储能装置，列车制动时储能装置存储能量；列车启动时储能装置释放能量。按储能方式的不同可以分为空气储能、液压储能、飞轮储能与电化学储能。超级电容凭借其效率高、寿命长、充放电电流大等优势，逐渐成为几种能量存储方式中的研究主流。列车使用超级电容能有效提高能量利用率、抑制电压波动、减小峰值功率。

以超级电容节能为例，城市轨道交通再生制动能量储存利用装置，利用超级电容（或超性能电池组）储能技术，在地铁列车制动过程中，把再生制动能量储存起来，在用电高峰时释放出来再利用是一种有效的办法。

车载超级电容储能系统的装置主要由两部分组成：①能量变换装置双向 DC-DC 变换器；②超级电容组。双向 DC-DC 变换器的控制与列车牵引逆变器的控制是相互独立的，所以在不改变原有列车的控制策略的基础上，超级电容储能装置就能装在现有的城轨列车上使用。

超级电容器的使用过程中是没有任何化学反应，也没有高速旋转等机械运动；对

---

① 张德明，梁亮．城市轨道交通调度系统节能策略研究 [J]．铁道通信信号，2015，51（09）：73．

于环境没有污染，也没有任何噪声；它的结构简单、体积小，是非常理想的储能设备。超级电容产品具有的技术特性包括：①充电速度快。充满其额定容量的 95% 以上仅需 10s ~ 10min。②循环寿命长。深度充放电循环可达 50 万次。③能量转换效率高。大电流能量循环效率大于 90%。④功率密度高。可达 300 ~ 50 000W/kg，为蓄电池的 5 ~ 10 倍。⑤原材料生产、使用、存储及拆解过程均无污染，是理想的绿色环保电源；安全系数高，长期使用免维护。⑥高充放电效率。由于内阻很小，所以充放电损耗也很小，具有很高的充放电效率，可达 90% 以上。⑦检测控制方便。剩余电量只需要检测端电压就可以确定所储存的能量，荷电状态（SOC）的计算简单准确，因此易于能量管理与控制。

超级电容能量回收系统在北京的成功，已经证明了超级电容系统在轨道交通系统中的应用的可行性。无论是从节能还是稳压角度都给我们证明了超级电容储能系统的作用。从长远角度看，超级电容的耐压在不断提高，容量在不断增大，单体的成本也在不断下降，在不远的将来，随着国产超级电容技术的进一步成熟，超级电容能量回收系统在地铁领域的大面积应用，必将成为轨道交通牵引供电技术发展的方向。

（三）能馈型方式

能馈型方式是利用逆变器将列车制动时产生的电能转换为与通风或照明供电系统电压同频同相且幅值相等的交流电，供给变电站其他负荷。欧洲国家常采用这种方式。逆变回馈装置不仅可以有效吸收列车再生制动能量并将其送至供电网，而且有降低谐波含量、稳定网压的作用。使用该方案需要安装设备并对现有供电系统进行改造，会影响列车运营。

以逆变回馈系统为例。逆变回馈系统为三相电流型逆变电源，它的主要功能是将地铁车辆制动时产生的能量通过整流变压器反馈回交流 35kV 中压环网，供其他负载使用，起到节约能源的作用，同时稳定直流牵引网电压，保证地铁直流牵引供电系统安全可靠地运行。

逆变回馈系统的工作原理描述如下：

1. 系统回馈运行。逆变回馈装置启动后，装置首先按照启动时序将各断路器、接触器闭合，使装置进入待机状态。进入待机状态后，装置实时检测直流母线电压，当装置检测到直流母线电压高于设定值 DC1750V（可调节）后，会立即开启 PWM 脉冲信号，控制功率器件 IGBT，使其工作，通过快速调节电流，使直流母线侧由地铁刹车制动时产生的能量快速回馈到电网中；同时稳定直流母线电压，将直流母线电压稳定在设定值 DC1750V（可调节），确保地铁直流供电系统的安全稳定。此时由于直流母线电压值高于整流器不可控整流值，整流器一极便会自动停止工作。

2. 系统待机运行。当装置检测到直流电流的方向发生改变时，回馈变流器为整流工作状态，即车辆处于牵引状态，因地铁牵引启动需要的能量大于回馈装置的容量，此时回馈装置即刻封锁 PWM 脉冲信号并退出运行，进入待机状态，地铁牵引所需能量完全由牵引整流机组提供，直流母线电压快速回落至 DC1500V 附近。另外当回馈装置运行后，检测到回馈的能量接近于 0（0s 内平均值），装置会自动退出运行，进入待机运行，因此可避免电网电压 AC1180V 侧较高时引起回馈装置误动作。

随着国内关键技术的掌握和发展，开发逆变回馈型再生制动能量吸收装置无论从技术上还是造价上已具有可行性。例如国内一些公司在逆变回馈型再生制动能量吸收装置的自主创新上已进入样机研制阶段，而且开展自主研发或集成引进创新这一装置是十分必要的。从降低轨道交通运营成本和节约能源的角度出发，研究逆变回馈型再生制动能量吸收装置具有重要意义，符合国家节能减排、低碳环保政策。

二、网络化运营的列车优化运行节能操纵方法与技术

列车优化运行节能是在考虑一定的机车、车辆、线路等环境变量条件和列车运行图、列车编组计划等运营管理状况的条件下，通过优化列车在线运行加速、匀速、惰行及减速四种工况以实现列车节能运行。由于地铁列车运行是一个多变量、非线性系统，所以优化须利用遗传算法等启发式算法进行程序仿真计算。

（一）网络化运营的列车节能操纵方法

列车运行过程分为启动加速、途中运行、停站制动 3 个阶段，各阶段的节能操纵方法，见表 6-1。

表 6-1　网络化运营的列车节能操纵方法

启动初期	机车主控手柄位应尽量低，缓慢拉伸列车，到尾部移动后，再逐渐提高主控手柄位；启动后期，以最大牵引力加速列车，对于有极牵引来说，在满足手柄位转换时间、持续时间的条件下应尽快将手柄位上升为较大手柄位
途中运行阶段	平直道，锯齿形的操纵方法或匀速牵引；起伏坡道，在满足运行时分的前提下尽可能提高惰行比例，减少列车行驶过程中的制动次数和制动时间
停车制动阶段	列车制动前惰行以降低制动前的运行速度，并以适宜的制动力停车制动

列车节能操纵运行，运行时分一定时，列车以匀速牵引运行克服的基本阻力最小；列车以最大加速度加速可减小加速过程中的基本阻力；列车以最大制动能力制动有利于节能。

（二）网络化运营的列车节能技术

1. 网络化运营的列车惰行控制

列车在某一运行区间按照节时模式运行所需要的时间叫作该运行区间列车运行的最小运行时间，列车运行图中的某一运行区间的运行时间叫作该运行区间列车运行的计划运行时间。

实际情况中，列车在某一运行区间的计划运行时间总是大于该区间列车运行的最小运行时间，即如果列车在某一运行区间采用非节时模式运行，可以采用很多种运行控制策略，不同的控制策略对应着不同的运行曲线与不同的能耗值，比如{牵引—匀速—惰行—牵引—制动}和{牵引—匀速—制动}。

（1）列车的惰行控制原理。列车节能运行的核心是惰行控制，惰行控制主要是惰行开始和结束时机的选择，通过合理的惰行控制可以使列车耗能有效降低。惰行起始点的选择将会改变站间列车运行的速度曲线，从而产生不同的运行时分和能耗。

惰行使牵引工况所占的比例减少了，从而带来能耗的降低，但是列车在站间的运行时分延长了，能耗的降低是以运行时分的增加为代价的。在车站之间，列车以接近最大限速全速牵引运行时，站间运行时间最短。地铁站间给定的运行时间一般都大于最小运行时间，因此在列车运行过程中可以选择合理的时机实施惰行，以降低列车能耗。

站间可以有单次或多次惰行，影响惰行点位置的因素包括站间距离、线路条件、区间限速和运行时间等。短站间距一般选择单次惰行；当站间距较大时，可以设置两个或两个以上的惰行区间点。

（2）列车的惰行控制优化模型。关于列车定时节能优化，国内外众多学者都进行了尝试，定时节能优化的主要方式是在列车运行过程中采用惰行方式，以节能为优化目标，以定时为约束条件，寻找最优的惰行点开始位置和结束位置，保证列车的区间定时、节能运行。

列车在某一运行区间的速度曲线，如图6-2所示。

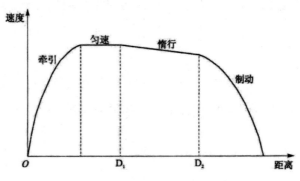

图6-2　列车的惰行速度曲线

该曲线采用惰行方式，图中列车共有牵引、匀速、惰行、制动四个运行阶段。列车首先牵引运行至最大速度，然后匀速运行至 D_1 开始惰行，运行至 D_2 停止惰行，开始制动停车，图中所示情况列车只有一次惰行，实际中列车也可以进行多次 { 惰行—牵引—惰行 } 过程。列车定时节能优化的问题就是求解惰行点 D_i 的位置问题，即在计划运行时间不变的条件下寻找惰行点的开始位置和结束位置，实现运行能耗最小。

因此，优化模型的目标函数可以设置，公式如下：

$$\min F = W_T \cdot \left| \frac{T_r - T_p}{T_p} \right| \cdot p_f + W_E \cdot \left(\frac{E_r - E_p}{E_p} \right) \tag{6-6}$$

$$W_T + W_E = 1 \tag{6-7}$$

式中：

W_T——时间权重系数。

W_E——能耗权重系数。

W_T 和 W_E 的取值根据准时和节能的权重确定。

p_f——时间惩罚因子，准时的权重确定。

T_r——实际运行时间。

T_p——计划运行时间。

E_r——实际运行能耗。

E_p——运行能耗期望值。

优化模型的约束条件设置，公式如下：

$$T_r \leqslant T_p \tag{6-8}$$

$$D_1 \geqslant l_c \tag{6-9}$$

$$D_{i-1} \leqslant D_i \tag{6-10}$$

列车实际运行时间不能超过列车计划运行时间；列车从开始运行到开始惰行必须设置的最短距离，即首次惰行开始位置必须满足该要求；列车惰行点的约束条件，即惰行开始位置必须小于惰行结束位置。

于是，上述问题可以抽象为惰行位置与目标函数的组合优化问题，公式如下：

$$F = f(D_1, D_2, \cdots, D_i, \cdots, D_n) \tag{6-11}$$

2. 网络化运营的调节列车停站时间节能

调节列车停站时间节能的基本原理是通过合理调整整个线路中各列车的运行时刻表，

将线路中列车制动时产生的能量尽量多地优先回馈给线路中正在牵引运行的其他列车，避免了这部分能量以电阻发热的方式消耗。国内外有少量学者对其做过研究。

目前，在我国地铁领域中，基于停站时间优化实现牵引节能方案的优点包括：①简便易行。该方案在轨道交通的运营阶段实施，仅须优化调度运行中的列车停站时间（运行图），即可实现降耗节能。②成本低廉。仅仅通过分析计算调整列车的能耗回馈与消耗关系，合理利用制动能量，不增加任何设备成本。③安全性高。不增加任何设备成本，不会对既有系统造成影响。

实现地铁供电系统节能，需要减小变电站输出能耗，为此，人们可以在建立城市轨道交通供电模型的基础上，利用遗传算法优化设计列车停站时间，实现变电站节能。

（1）城市轨道交通直流牵引供电仿真模型。地铁供电系统提供列车及供电设备的动力能源，包括高压供电系统（城市电网）与地铁内部供电系统两部分，其中地铁牵引供电系统与动力照明供电系统构成地铁内部供电系统。牵引变电所将城市电网高压交流电转化为直流电，并通过架空接触网为列车提供牵引动力，其他如电梯、照明等动力机械设备和电源的电能由动力照明供电系统提供。

地铁直流供电系统结构是直流供电系统仿真的基础，地铁直流供电系统是一个多导线系统，系统主要由上行接触网、上行接触轨、下行接触网、下行接触轨组成，上下行列车分别通过上下行接触网从牵引变电所取电，并分别通过上下行钢轨回流至牵引变电所；每个牵引变电所都采用双边供电方式，同时给上行和下行接触网供电。

下面以多导线的地铁直流牵引供电系统电网络数学模型为例，将整条线路的牵引变电站、列车、架空接触网、铁轨、地线模拟成一个动态网络，在此基础上实现地铁直流供电系统仿真模块。人们通过地铁列车运行过程计算得到在线路列车运行的位置与时间、电流与时间、功率与时间之间的关系，这些数据是地铁直流供电系统仿真的基础；地铁轨道相同线路上运行的列车型号一般相同，接着通过列车运行过程计算结果与列车运行图结合可以确定任一时间点，线路上所有在线列车的位置、功率和电流分布，并建立该时间点的时变电网络；求解该电网络得到该时间点牵引变电所以及列车的电压、电流、功率。通过直流供电系统仿真计算可以获得仿真时间段中供电接触网电压、车辆电压与电流、牵引变电所电压与电流的变化情况。

求解地铁直流牵引供电系统的列车模型主要有两种：线性系统模型和非线性系统模型；线性模型中列车采用电流源建模，并且基于节点电压、电流求解，虽然计算简单、运算时间少，但是精度不如非线性模型；非线性模型中列车采用功率源建模，基于节点功率求解，虽然计算过程复杂，但是精度较高。

1）直流变电所模型。直流牵引变电所的功能是将三相交流电转化为列车可以使用的直流电，目前在我国的地铁供电系统中，直流电压的等级一般为1 500V和750V，1 500V

的供电等级采用架空接触网供电，750V 的供电等级采用第三轨供电，直流牵引变电所最早采用三相桥式 6 脉波整流电路。随着技术的发展，目前普遍采用三相 12 脉波或者三相等效 24 脉波整流电路，采用多脉波整流能够减少谐波含量并提高供电的经济性。

24 脉波的外特性曲线计算复杂，工程计算中认为 24 脉波整流机组由两台 12 脉波整流并联构成，因此其外特性曲线用 12 脉波机组的外特性曲线代替。目前，我国整流机组多采用轴向双分裂式三绕组变压器。

2）列车模型

第一，列车的功率源模型。列车在线路上的运行由于受 ATC 系统的自动控制，正常情况下列车在站间运行的过程中，其速度严格遵守 ATC 的速度曲线，所以在线路上一个特定的位置列车具有特定的速度，对应的列车功率可能受乘客的多少或空调照明系统功率等因素的影响，这些因素对于列车全部的牵引功率来说影响不大，所以可以认为列车在特定的位置也具有特定的功率。

目前使用的动车组多用斩波调速，与以往使用的变阻调速相比，在列车运行的过程中，网压的波动对动车组从接触网受取的电流影响较大，而对其所受取的网侧功率影响比较小，因此在正常情况下，动车组是功率确定并且可知的负载，将其视作一个功率源加入网络计算的过程。

列车的速度及功率值可以通过牵引计算获得，也可根据实际的列车在线测试获取，在线测试获取的数据更精确，更能反映列车运行过程的功率水平以及功率的变化过程。

第二，电阻制动时的列车模型。地铁车辆所采用的主要的制动方式为再生制动和电阻制动。采用再生制动方式可以向供电网回馈电能以减少能耗，电阻制动过程则是指在接触网网压超过一定值启动电阻制动时快速开通制动斩波器，以抑制网压的升高过程。

列车在牵引、惰行、电气制动等状态下都可以等效为一个功率源，但是当列车启动制动斩波器将一部分能量消耗在自身的制动电阻上时，由于部分制动或全部制动功率不再向供电网回馈，功率源模型将失效，而制动斩波器对于电压的稳定控制作用使其成为一等效电压源。

第三，接触网模型和回流轨道模型。接触网及轨道是直流牵引供电系统的重要组成，将网络中的各牵引变电所及列车连接成一个整体的网络，能保障网络的正常运行。在运行的过程中，牵引变电所和在线运行的列车把接触网及回流轨分为（$N-1$）（N 为在线列车数加牵引变电所之和）段。

回流轨道与大地之间没有完全绝缘，大部分回流电流都沿走行轨道流回到牵引变电所，还有一小部分回流电流泄露进入大地，最后在变电所附近经由轨道回变电所，这部分电路可使用轨道的对地过渡阻抗及电压来描述。

（2）遗传算法调节停站时间。在停站时间优化模型中，若将线路上下行每一站的停

站时间 t_{i1}，用 $\{t_{i1}, t_{i2}, \cdots, t_{ik}, \cdots, t_{in}\}$ 表示，不同的停站时间生成不同的时刻表，不同的时刻表具有不同的总能耗，于是问题可以抽象为时间与能耗的组合优化问题，公式如下：

$$F = f\left(t_{i1}, t_{i2}, \cdots, t_{ik}, \cdots, t_{in}\right) \qquad (6\text{-}11)$$

式中：

F ——组停站时间的总能耗。

t_{ik} ——第 k 站的停站时间。

显然该组合的数目巨大，对于无法进行枚举的组合优化问题，用遗传算法进行求解是重要的思路之一。

第三节　5G网络下城市轨道交通全自动无人驾驶控制技术

一、5G高速网络信息传输技术

5G通信网络的峰值传输速率为20Gbps以上，任何地方都具备1Gbps以上的传输速率。车地传输通道的信息传输方式包括车载设备维护信息、状态信息、控制指令、车载音频和视频信息、控制指令等。

车地视频信息的传输需要5G网络提供比较大的传输速率，每辆列车共计22路视频，要保证22路视频同时进行信息上传，需要44Mbps的传输速率，在行车间隔比较密集的情况下，每个无线服务器若有上下共计8列车，则需要352Mbps，远小于1Gbps的传输速率，所以5G网络的信息传输速率可以满足车地传输通道的信息传输需求。

5G网络端到端的传输时延为5ms，空口时延减少到1ms，可以实现车辆控制中心和ATC（列车自动控制）系统之间实时进行各种信息的交互，保证通信的实时性和有效性。5G网络可以实现海量设备接入其中，最大可以达到120亿个终端接入5G网络的能力，可以满足大量的车地通信终端接入5G网络中，从而满足5G网络对车地信息传输的通信需求。

二、城市轨道交通运行的自动化等级类型

近年来，随着计算机、自动化、通信等领域技术的发展与成熟，城市轨道交通无人驾驶技术也日益成熟。城市轨道交通运行的自动化等级可以划分为GOA0 ~ GOA4，共5个等级。

1. GOA0。GOA0为无ATP防护、目视下的人工驾驶模式（TOS），系统全程不参与

监控，运行中所有的控制及检测都由司机来完成。

2. GOA1。GOA1 为 ATP 防护下的人工驾驶模式（NTO），该等级下系统负责列车安全距离以及列车进路安全的保障，其余功能依旧由司机来完成。

3. GOA2。GOA2 为有人驾驶的列车自动运行模式（STO），目前国内大多数城市的地铁采用的是自动化等级为 GOA2 的有人驾驶的列车自动运行模式，与 NTO 相比，该模式下列车速度防护也全部由系统来控制，其余功能由司机来完成。

4. GOA3。GOA3 为有人值守下的列车自动运行模式（DTO），此模式下司机需要负责乘客上下车的监督及控制、列车状态监控、紧急事件检测及处理，其余功能由系统来实现。

5. GOA4。GOA4 为无人值守下的列车自动运行模式（UTO），此模式下司机的职能全部转移给了系统。

三、无人值守全自动无人驾驶的特征与意义

无人值守全自动无人驾驶模式（GOA4）下在轨道上运行的列车由车辆控制中心进行监控，列车上不需要司机进行人工驾驶，列车能够自动实现休眠、启动、停车、开关车门以及出现故障的时候自动进行恢复等功能。在轨道上运行的列车安全性主要通过各种系统的可靠性和稳定性，设备双备份和灵活的切换技术，很高传输速率、传输容量，很低传输时延的 5G 无线网络等得以有效保证。

（一）无人值守全自动无人驾驶的特征

1. 通过转移司机职能，弱化运营过程中的人为因素，从而减少人为原因导致的故障，同时由于故障应对方案须提前预设，当出现紧急情况时，系统的应对能力也有所提高，提升了地铁运营的安全性。

2. 列车自动化水平大幅提升，列车的出库、正线运行、停站、折返等环节都实现了自动化，列车最小发车间隔缩短、准点率提高、舒适性增加，运营服务水平进一步提升。

3. 通过减少司机、站务人员，运营成本有所降低。

（二）无人值守全自动无人驾驶的意义

1. 不需要司机驾驶，节省了部分司机的工资、奖金、培训费等费用，降低了人力资源成本。

2. 由于没有司机对不文明乘车行为进行管理，从而有利于乘客自觉遵守相关制度，乘客之间相互监督，可提高乘客的文明素质，自觉文明乘车。

3. 提高轨道交通运营服务质量，提高设备可靠性，提高紧急情况下的处置效率，降低

各种人为因素对列车运营产生的干扰。

四、无人值守全自动无人驾驶模式的关键技术

（一）基于 5G 的北斗卫星和 RFID 定位技术

在铁轨上每间隔一段距离放置一个标签，标签里面存储着位置信息，每辆列车上放一个读卡器，当读卡器经过标签的时候，可以获取该标签的位置信息，从而知道该辆列车此时的在轨位置信息。同时使用北斗卫星导航接收机获取该列车的位置信息，通过两种列车位置信息检测技术保证每辆列车可以随时获取该列车运行的位置信息数据。每辆列车上都放置一台数据采集器，数据采集器采集到读卡器和北斗卫星导航接收机的数据后，通过5G网络无线通信模块将车辆位置信息数据传送到车辆控制中心服务器里。

（二）列车防碰撞技术

车辆控制中心服务器收到某列列车的数据采集器发送的数据后，由于每辆列车经过轨道标签位置的时候都会向车辆控制中心服务器发送该辆列车的位置信息，北斗卫星导航接收机能实时获取列车的位置信息数据，所以控制中心服务器数据库里存放有每辆列车任何时候在轨道上任何位置的数据。

服务器进行数据分析，当通过对多辆列车的位置信息进行数据对比分析以后，发现该列车与另外一辆列车之间的距离小于预警距离，或者该辆列车和多条轨道交叉处之间的距离大于另外一辆列车和多条轨道交叉处之间的距离，且两辆列车同时向轨道交叉处行驶等容易发生撞车事故的情况时，向其中某辆列车数据采集器发送降速或者停车控制指令。如果该列车的数据采集器收到控制中心服务器发送的控制指令后，把该指令发送到该列车的自动控制系统中，控制该列车减速或者停车，实现对其他列车的避让，避免撞车事故的发生，从而保障轨道上运行的各辆列车的行车安全。

（三）停站控制技术

当列车接近需要停靠的地铁站时，列车控制系统向列车发送减速指令，列车速度逐步下降。当列车停止的位置没有到停车点区域内，列车将采用缓慢跳跃式方式调整直至对准停车点。

无人值守全自动无人驾驶系统具有系统集成度和自动化程度高的特点，避免由于人为误操作而出现一些问题，提高了列车的运营服务质量、舒适性和节能性，降低了运维成本。

随着行业技术水平和轨道列车系统不断完善，所面临的问题将会逐步得到解决，无人

驾驶列车将成为未来轨道交通的必然选择，乘客将能够体验到更好的轨道交通运输服务，满足人们的通行要求。

五、无人值守全自动无人驾驶系统的场景功能

（一）列车自动休眠唤醒功能

1. 列车休眠

列车休眠分为控制中心远程休眠和司机本地按压休眠按钮休眠两种方式，流程分别如下：

（1）控制中心远程休眠。车载 VOBC 向 ATS 实时发送列车的当前状态，当列车满足以下条件时，ATS 自动或人工向车载 VOBC 发送休眠请求指令；列车完成运营任务或者无任务；列车停在休眠唤醒停车窗。

列车处在非检修状态。车载 VOBC 收到 ATS 休眠请求指令后，自动撤销方向及司机室激活指令，同时车载 VOBC 向车辆 TCMS 发出休眠命令，车辆休眠，VOBC 判断休眠是否成功，并将休眠结果及时反馈 ATS。若休眠不成功，ATS 进行报警提示，通知人工处理。

（2）司机按压休眠按钮休眠。司机本地按压休眠按钮，车辆 TCMS 与车载 VOBC 采集到休眠信息后，完成自身休眠工作，之后车载 VOBC 判断休眠是否成功，将列车休眠状态上传到中心 ATS，ATS 显示休眠状态。若休眠不成功，进行报警提示，通知人工检修。

2. 列车唤醒

（1）全列车低压上电。VOBC 收到唤醒指令后，列车自动升弓接入高压供电网，接通列车低压供电电源。

（2）列车各系统自检。全列车上电后，车载 VOBC 自动进行自检，同时车辆对牵引系统、车门系统、制动系统等子系统自身状态进行自检，并通过车辆列车控制及监控系统（TCMS）将自检结果发送给车载 VOBC。

（3）VOBC 确认系统满足静态测试和动态测试条件。当完成各系统自检后，车载 VOBC 需要确认列车、区域控制器（ZC）等会否达到静态测试和动态测试条件。各项条件均满足时，才能进入下一流程。

（4）列车静态测试与动态测试。车载 VOBC 向 ZC 申请列车静态测试和动态测试授权，获得授权后，进行列车静态测试，当完成一端的列车静态测试后，继续进行本端的动态测试；一端完成后，自动换端对另一端进行列车静态测试和动态测试。两端车载 VOBC

均动态测试完成且测试通过，车载 VOBC 向监控中心汇报唤醒成功总标记，列车唤醒成功进入全自动无人驾驶（FAM）模式待命工况。

当列车完成以上流程后，唤醒结束，可正式投入正线运营。

（二）列车正线运营功能

1. 列车进入正线

当列车唤醒成功收到 ATS 出库指令后，开始准备进入发车站台。列车出库前，ATS 系统自动根据计划运行图为列车分配车次号，并根据时刻表排列进站进路。车载 VOBC 监控列车按照列车出库规定驶入发车站台，列车运行至发车站后，ATS 向列车发送正线服务工况指令，开始进入正线服务。

2. 列车进站与离站

当列车进站前，车载 VOBC 自动判断列车满足以下条件后，列车自动进站停车：移动授权满足进站停车条件；列车未办理跳停作业；紧急停车按钮未按下；列车进站前，车载 VOBC 触发车载广播系统（PA），ISCS 触发车站站台进站广播。

列车进站停车后，若自动停在停车窗内，车载 VOBC 向 ATS 汇报停稳信息。若列车停车后欠标未到达停车窗，车载 VOBC 向 ATS 汇报欠标警报，列车自动进行对标调整。若列车冲标超过了停车窗，可分为两种情况：若冲标距离未超过预设阈值，车载 VOBC 向 ATS 汇报冲标警报，列车进行对标调整；若冲标距离超过预设阈值，列车不再进行停站服务，进行越站作业，同时向 ATS 汇报越站警报，并通过 PA 向乘客进行广播。

3. 区间内运行

列车从车站发车后，自动更新下一站的乘客信息系统（PIS）信息，为下一站进站广播做准备，当列车越过出站信号机后，在区间的正常运行，以前车不影响后车为前提，原则上经一次牵引、巡航、惰行和制动，运行到达下一站进站停车。

如果列车在区间内常规制动停车后，应在行调 ATS 上报警，当列车重新收到移动授权后，自动启动列车并以 FAM 模式继续运行；如果列车因故在区内紧急制动（EB）停车后，应在行调 ATS 上报警，若导致紧急制动的原因不存在了，自动或人工缓解 EB，行调也可通过 CCTV 进行确认后远程缓解 EB，列车在获得移动授权后自启动列车并自动运行到下一站。

当列车检测到轨行区有影响列车运行安全的障碍物时，列车应根据障碍物距离列车的位置及列车的运行状态，控制列车常用制动或紧急制动停车，并在行调工作站显示报警；

当列车接触或碰撞到轨行区的障碍物时，列车应紧急制动列车，并同时触发列车广播，在行调工作站显示报警。

4. 折返换端

折返分为站后折返和站前折返。

（1）站后折返时，列车在终端站台对标停稳后，自动打开车门，触发车辆清客广播，提醒乘客下车。列车在站台停稳后，信号根据时刻表自动触发折返进路，列车规定停站时间到达后，自动关闭车门和站台门，或客调通过CCTV远程清客确认后，远程关闭车门及站台门，或站台综合业务员确认清客完毕按压清客按钮后关闭车门和站台门。

满足发车条件后，列车自动运行至折返线停车窗，停车后完成自动换端，自动换端过程中保持车门关闭；列车在折返线停稳后，信号根据时刻表适时办理折出进路；列车完成换端后，满足进站条件，按列车正常进站停车过程运行至车站的出发站台，停稳停准后切除牵引、施加保持制动、自动打开车门及站台门，并开始停站倒计时。

（2）站前折返时，列车在站台对标停稳后，自动打开车门；信号等待车门开到位后换端。换端过程中和换端后，车辆保持列车制动和车门打开状态，列车保持正线运行工况不变，换端完成后，待停站时间结束，正常的发车条件满足后，列车自车站正常发车。

5. 列车退出正线服务

当列车完全进入终点站站台，并且完成正线服务后，ATS按照派班计划自动或人工为停止正线服务列车设置回库目的地码，自动或人工排列至库线的列车进路，车载VOBC收到"停止正线服务"指令后，向车辆发送停止正线服务指令，由车辆关闭照明、空调。联锁在接收到回库进路办理请求后，为列车办理回库进路。车载VOBC接收到移动授权后，根据授权控制列车运行到库内停车，并自动进入清扫工况。

列车完全进入库线停稳后，自动删除车次号，列车停稳CCTV图像应推送到行调（场调）工作站。延迟一段时间后自动或人工向该列车发送休眠指令。

第七章 城市轨道交通网络化运维技术研究

第一节 灵活改变列车编组与客流需求动态匹配研究

一、城市轨道交通灵活编组

（一）城市轨道交通灵活编组的关键技术

城市轨道运营的关键技术与地铁项目设计建设对城市轨道灵活编组运营方案有着至关重要的影响。与固定编组相比，城市轨道灵活编组的组织运行模式最大的特点就是列车的编组数量会随着客流需求进行调整，并且在调整过后列车数量和去向都有相应的改变。具体如下：

1.解编方式

根据解编的地点不同，灵活编组列车的解编方式可以分为以下三种：

（1）站台解编。站台解编车站设有解编线，列车可在解编线或到发线上进行解编作业，这种作业方式能够避免解编作业对正线行车的干扰，还能有效减少车底的空走，加快车底的周转速度。

（2）线路解编。当车站内部解编设备不满足列车解编需求时，灵活编组列车需要在车站道岔以外的区域进行解编。但是这种作业方式需要额外增加调车作业，调车作业过程容易与正线发生交叉干扰，而且会造成车站作业效率低下，增加乘客的候车时间。

（3）车辆段解编。车辆段解编是列车在车辆段进行列车解编作业，从作业组织过程上来看，这种作业方式虽然比较简单，但是列车需要频繁地出入车辆段，会造成一些不必要的交叉干扰，而且还会增加车底空走距离，导致车底利用率低下。由于平峰时段车底的使用数量会下降，这种作业方式一般在客流高峰与平峰的过渡时段采用。

2.车站内部设备

不同编组模式对车站解编、连挂能力，站台规模设定以及存车条件的要求不同，在固定编组运营模式下，列车开行过程中不涉及列车编组数量的改变，因此，固定编组对车站内部设备的要求不高。在灵活编组运营模式下，列车的解编和连挂过程需要在线上或车站内进行作业。因此，该种模式对车站内部设备有更高的要求。

（1）线路。在城市轨道交通运输中车站站线主要的作用是提供列车停车位置、乘客上下行，以及列车的折返和编组作业等功能。

第一，在固定编组运营模式下，由于列车的编组数量不变，站线的主要作用是提供列车的停车位置以及折返的作用，而且不涉及对列车的解编作业，因此在设计车站站线时，在折返车站两个方向分别设定一条站线，不考虑列车的解编连挂作业预留出的站线。

第二，在灵活编组运营模式下，涉及列车在个别车站内部进行解编连挂作业，每个解编站需要在每个方向至少配置四个站线，并且在车站内部配置解编设备，同时每个站线需要具备上下客的功能。但是这样的布置会造成车站规模过大、工程造价过高等现象，也成为制约实现灵活编组的关键技术因素之一。

第三，这种将列车集中在某一解编车站的方式造成了该车站的规模过大的问题，可以通过将灵活编组列车的解编地点分摊到沿线的其他车站，这样会减轻进行集中解编车站的负担，同时也会减小车站的规模。但是这种解决方法也导致了列车的连挂解编时间过长以及运输组织的复杂，降低了城市轨道的运输效率。

（2）站台。站台在城市轨道交通运营过程中起着至关重要的作用，主要有以下三种功能：为旅客实现乘降和换乘功能、为列车提供停车的地点、为有拆改的列车提供拆改区域。站台长度和宽度与列车编组数量、列车运营间隔时分有很大的关联性。

第一，站台长度的规模。站台长度主要受到远期编组长度的影响，而列车编组长度同时又取决于远期客流量、车辆类型以及运行间隔时分等因素。站台长度的计算公式如下：

$$L = N \times L + a \tag{7-1}$$

式中：

L——表示站台的有效长度（m）。

N——表示列车编组辆数（节）。

L——表示车辆长度（m/节）。

a——表示余量（一般取 2 ~ 6m）。

由上式可知，站台长度的设定与列车的编组数量成正相关，而列车的编组数量又取决于城市轨道的运营组织模式。

在固定编组运营模式下，城市轨道公司会根据城市的客流需求开行 8A、8B、6A、6B 编组数量固定的列车。在设计站台长度时，设计人员会根据远期的开行方案中最大编组数量以及采用车辆型号来确定站台长度。

在灵活编组运营模式下，列车的连挂数量将随着开行计划进行相应的调整，与传统的运营方式相比，灵活编组的列车长度也就更加灵活。在灵活编组当中会涉及不同型号车辆下的编组计划，如 3-3-6、4-4-6 和 4-4-8 的编组方案，设计站台长度时，需要考虑不同编组方案下最大编组数量的列车长度。

原来运用固定编组线路的站台在转化为灵活编组后，需要考虑灵活编组模式下包含的最大编组数量的长度，如果原有站台长度小于灵活编组对站台长度的要求，需要根据列车长度的要求，对站台进行扩建；如果原有站台长度大于灵活编组对站台长度的要求，则需要调整应答器的位置，使得列车在停车时能够准确停止在停车范围内。

例如，上海轨道交通 6 号线和 3 号线的站台设计就有着充分的对比，由于 6 号线站台额外预留了 6 节编组的长度，随着客流的增加，目前已经采用 3 节和 6 节混跑的编组形式，而上海轨道交通 3 号线并没有将预留长度考虑进去，只能改变行车密度来满足客流的需求，若行车能力到达上限后，只能对既有站台改扩建来满足扩编需求。所以，在运用城市轨道灵活编组运营方式时，站台长度将预留长度考虑进去能够有效地避免站台长度冗余的情况。

第二，站台宽度的规模。站台宽度的设定会影响城市轨道列车乘客乘降速度和车站进出人数限制，同时还会对城市轨道运输效率产生一定的影响。站台一侧宽度的计算公式如下：

$$B = p \cdot \frac{b}{l} + 0.45 \qquad (7\text{-}2)$$

式中，B——表示一侧站台宽度（m）。

p——表示每趟列车乘降人数（人）。

b——表示每一乘降客平均占用站台面积，高峰时段按 $0.33 \sim 0.4 m^2$ 人计。

l——表示列车计算长度（m）。

0.45——表示安全带（m）。

通过上式可知，站台的宽度与列车的乘降数以及乘客平均占用站台的面积成正比，与列车的计算长度成反比，城市轨道站台的宽度取决于车辆的型号、车辆的定员数以及高峰时期的上座率等因素。

在固定编组运营模式下，设计站台的宽度只需要考虑固定编组的编组方案中最大的载客数量和列车的固有长度，并根据已设计出的站台长度来确定站台的宽度。

在灵活编组运营模式下，需要结合灵活编组运营方式下的最大编组数量和车辆型号，以及最大载客量来确定站台宽度。

原来运用固定编组线路的站台在转化为灵活编组后，站台的宽度如果不满足灵活编组的运营要求，需要对站台的宽度进行相应的扩建。如果站台的宽度大于灵活编组的要求，则不需要对站台宽度再进行调整。

3.车辆实现技术

（1）车辆缓冲装置。城市轨道车辆的车钩缓冲装置的主要功能是为了连挂车辆和增加缓冲效果。目前，城市轨道主要运用的车型有 A 型和 B 型，它们运用的车钩缓冲装置有所差异，A 型车采用的车钩有全自动车钩、半自动车钩和半永久车钩。B 型车采用的车钩只有半自动车钩和半永久车钩。A 型车与 B 型车的车钩缓冲装置的连挂系统不同。A 型车主要由欧式 35 型和 330 型两种，B 型车主要采用 CG-5 连挂系统。车钩的不统一导致车辆的联通性不顺畅。

在固定编组模式下，列车的编组数量是固定不变的，因此在列车运营过程中，固定编组模式不涉及列车的解编和不同型号列车的连挂问题，对电气连接功能要求也不是很高。

灵活编组的运营方式是通过对列车解编和连挂来改变列车的编组数量，由于 A 型车辆与 B 型车辆的车钩构造不相同，因此只能够实现同类车型的连挂，对一些车型混跑的线路，需要额外配置同种车型的车辆来实现灵活编组，这样不仅会造成既有车辆的浪费，还会增加购置成本。因此，能够实现不同车型的连挂是广泛推行灵活编组运营模式的关键因素。

（2）列车控制技术。列车控制技术的主要作用是将列车当中的控制设备通过网络连接起来，来实现信息和设备的交换。我国目前所使用的列车控制技术主要是以 IEC 国际标准执行的，主要是实现单车之间和列车控制级的两级控制。

第一，在固定编组模式下，列车控制系统主要是识别列车和列车的车辆数量，并对固定编组的列车中的车载设备以及列车当中的车辆数进行控制和监控。如果出现车辆丢失或设备故障，列车控制系统会发出相应的信号。

第二，在灵活编组模式下，列车的编组数量会根据开行方案进行相应的改变，列车通过解编作业和连挂作业，连挂合成的列车或解编产生的列车都被视为新的列车，控制系统能否识别出新的列车是实现灵活编组运营方式的关键。

4.信号系统实现技术

在传统的固定编组模式下，信号系统的主要功能有：①收集列车车辆牵引和制动性等各种参数，保证列车的运行安全；②识别列车编号，确认列车数量和相应的位置，连接车载设备，保证列车的完整性；③根据列车车辆的牵引制动等参数，保证列车的停站位置准确。

（1）灵活编组对信号系统的要求

第一，在灵活编组运营模式下，由于列车的编组数量会根据客流的需求进行调整，导致车辆牵引和制动性等参数也随之改变。为实现灵活编组运营，保障行车安全，系统中的参数应随着列车的数量变化进行相应的调整。

第二，由于列车编组数和列车数的改变，信号系统应满足监控列车的车辆数和列车对数，确认列车的完整性，并根据列车的相应长度确定例如车的停车点位置，确保列车车门与屏蔽门接口对接准确。

第三，车辆在连挂或解编后，对列车进行初始化形成新的编码列车。由于车辆之间的车载设备需要保证联动统一，因此系统的车载设备应该保持电气贯通。

（2）信号系统存在的难点

第一，在灵活编组运营过程中，列车编组数量不确定，使列车车辆牵引和制动发生改变，列车的参数也随之改变。为保证不同编组列车停车位置都可以准确，ATP/ATO驾驶列车时，需要进行大量的调试工作。

第二，列车编组的改变，导致在线路中联锁区域控制列车数量的变化，运控系统需要与列车编组数相匹配，系统设计复杂。

第三，在解编和连挂的过程中，必须保证贯通连接器电气贯通，同时确保检查是否贯通，因此保证贯通连接器的电气特性十分重要。

第四，为保证旅客上下行便利，需要保证灵活编组列车在停站时位置准确，同时还要确保列车车门与站台屏蔽门系统要开关同步，对站台屏蔽门系统和列车车门系统的要求比固定编组模式复杂。

（3）信号系统的改进。为实现灵活编组运营模式，需要改进的技术有：① ATP/ATO驾驶列车时，做大量的调试工作，满足停车点准确；②对信号系统进行改进，并在每个最小单元列车上都配置完备的车载系统，保证对列车车辆数和列车对数的识别；③提升列车控制系统的功能，确保连挂车辆与原列车的电气畅通；④完善站台屏蔽门系统和列车车门系统的联动控制工作，保证列车车门与屏蔽门的开关同步。

（二）城市轨道交通灵活编组的运输组织

编组形式、停站方式、交路形式是运输组织模式的基本组成要素，在客流特征和设施设备均满足要求的条件下，可以综合列车运行的交路形式和停站方式，进行基于灵活编组的组合运输组织模式研究，一般包括灵活编组与共线运行组合模式、灵活编组与多交路组合模式及灵活编组与快慢车运行组合模式三种。

1. 灵活编组与共线运行组合

共线运行是指某一运营公司所辖运行线路不完全相同的列车共用某段线路的运输组织方式，具有以下特点：共线区段的车站车流量汇集，列车发车频率高；不共线的分支区段受共线区段通过能力影响，车流量少，列车发车频率较低。因此，一般将共线区段修筑在繁华的市中心，分支区段由市中心向郊区发散，呈现放射形状。

由于列车在共线区段会合、非共线区段分散，因而客流也存在市区集中、郊区分散的特点，这为灵活编组与共线运行的组合运输组织模式提供支持，在德国、日本轨道交通中较为常见的"翼型列车"即为灵活编组与共线运行的组合运输模式。该组合模式具体表现在以下方面：在城区的共线区段，多组列车重联运行；在郊区站，列车连挂或拆解，分别在非共线区段的线路上独立运行。

灵活编组与共线运行组合模式具备的优势包括：①能够兼顾客流在时间和空间上分布的不均衡性，使运能与客流的匹配程度更高，充分利用区段通过能力和列车客座能力；②缓解线路终端换乘站的换乘压力；③最大限度地提高旅客直通比例，减少旅客换乘次数。但是，该组合模式也存在一些限制条件，包括：①线路与列车的兼容性问题，线路与车站设施，供电、信号、调度等一系列配套系统，不同运营公司的票务清分等问题；②列车解编作业的效率问题，如果效率低下，则会对线路通过能力产生极大影响；③客流限制条件，如果客流量太大，则共线区段通过能力十分紧张。

根据上述限制条件，灵活编组与共线运行的组合模式需要满足一定运用条件，具体表现在运输组织、设施设备与客流条件等方面。在运输组织上，应满足较高的列车解编效率，以减小列车解编对前、后列车运行线铺画及线路通过能力的影响。在设施设备方面，解编站应设置专门的解编设备，根据解编需求设置解编线，配置与之适应的信号系统。在客流方面，应在一定客流量范围内，符合共线区段客流相对较大、非共线区段客流相对较少的特点。此外，在实施该组合模式的过程中，客流组织工作也应进行相应的完善，具体表现在当带客进行列车拆解时，应及时做好客流引导工作，确保乘客不错乘。

2. 灵活编组与多交路组合

多交路运输是指针对较长线路上客流分布的区段差异性，某一运营商在同一线路上开行两种或两种以上交路形式列车的运输组织技术，是相对常见的运输组织方式之一。多交路行车组织方式具备的优势包括：①可以根据区段客流的差异对运能进行合理匹配，提高运能利用率；②还可以节约列车资源，确保全线各客流区段内列车的合理负荷和服务水平。多交路行车组织方式的劣势在于需要在中间站设置折返线及其他折返设备，并且部分径路的直达性较低，导致乘客换乘次数增加。

对于灵活编组，列车在运行过程中拆解会涉及被拆解列车前车与后车的运行径路问题。因此，在设计前、后车的运行径路时，可以令前车继续向前行驶，后车在解编车站折返，形成不同交路。

灵活编组与多交路的组合模式是将列车的折返作业与解编作业接续，对长线路运营水平和服务效率的提高存在比较显著的作用。但是，由于列车的解编作业和折返作业均会对运行线的铺画产生影响，当某列车发生晚点时，后续列车运行恢复的难度会更大。因此，该组合模式的实施会面临诸多困难，并且对列车解编作业和折返作业的效率有更高要求。

3. 灵活编组与快慢车运行组合

快慢车运行是指根据断面客流量的大小来确定快、慢车的不同停站方案。快车与慢车的旅行速度大致相同，但快车停站少，因而全程的旅行时间会较短。快慢车是根据乘客运输时效需求的差异性、客流空间分布不均衡特性而设计的两种不同停站方案的运输产品。因此，快慢车运行有利于实现线路运能的合理分配，并且给予乘客多样化的出行选择。根据运营方式的差异，快慢车运行目前分为两类：①快车与慢车在同一条线运行，该方式是快慢车运行中最常见的方式，如法国的 RER 市域快线、日本筑波快线、上海地铁 16 号线等；②快车与慢车各自具备独立运行线路，如纽约地铁。

与灵活编组适应性较高的是第一种快慢车运行模式，即快车与慢车共用运行线，因而需要设置越行站供慢车待避快车。慢车待避的过程可以与灵活编组的列车解编作业过程相适应；越行站经过改造可以兼顾解编车站的功能。但由于其运输组织十分复杂，该组合模式的可行性还有待进一步探讨。

二、城市轨道交通客流时空分布特性

城市轨道交通是城市交通系统的一部分，其解决的核心问题是城市居民的通勤出行问题。因此，首先必须深入认识不同城市轨道交通线路服务客流的时间与空间分布特征与基本规律，并以此作为运营组织方案制订和实施的基础和依据。不同线路客流的基本特性与线路在整个城市交通网络中的位置与功能定位有关，下面重点研究线路客流的时空分布特性。

（一）城市轨道交通客流的时间分布特性

城市轨道交通客流的时间分布情况是指线路客流在全天各个时段的波动变化情况，与沿线居民出行的时间规律紧密相关。在日常统计分析中，通常以小时为单位，得到线路小时客流量在一天内的分布变化规律。

客流的时间分布特性体现了不同时段的客流强度的差异，一般用客运量的小时系数这一指标来衡量。客运量的小时系数（P）定义为各小时客运量与全日客运量之比，其中 P 的最大值定义为高峰小时客运量系数（$P_{\max}$），主要反映客流在时间上的集中程度，其计算方法如下：

$$P_{\max} = \frac{q_{l,\max}}{\sum\limits_{l=1}^{H} q_l} \qquad (7\text{-}3)$$

式中：

$q_{l,\max}$——全日最大小时客运量，人次。

q——全日各小时客运量，人次。

H——城市轨道交通全日运营的小时数。

对于单一线路来说，客运量即为全线总的上车人数或总的下车人数。

在衡量线路客流时段分布的均衡性时，通常用客运量的小时系数（P）在高峰时段的均值 G 与客运量的小时系数（P）在平峰时段的均值 M 的比值作为衡量指标。一般来说，7 时—10 时与 16 时—19 时为高峰时段，其余为平峰时段。

不同城市轨道交通线路的客流时间分布形态是不同的，线路沿线的土地利用性质及线路的功能定位是影响线路客流时间分布的主要因素。纵观不同城市轨道交通线路的客流时间分布形态，可归纳出以下四种类型：

单峰型：城市轨道交通线路沿线土地利用性质及功能较为单一时，线路单向客流有早高峰或晚高峰。

双峰型：城市轨道交通线路沿线位于综合功能用地区位时，线路单向客流有早高峰和晚高峰。

全峰型：当城市轨道交通线路沿线用地开发程度较高且均衡时，客流分布无明显的低谷，线路双向客流全天都很大。

无峰型：当城市轨道交通线路本身运能较小或沿线用地开发程度低时，客流分布无明显的高峰，线路双向客流全天都较小。

（二）城市轨道交通客流的空间分布特性

城市轨道交通客流的空间分布特性体现了线路不同方向、不同位置的客流强度的差异，与线路所在的城市交通走廊的功能定位及沿线的土地利用性质紧密相关，主要包括方向分布特性和断面分布特性。

1. 方向分布特性

根据线路上、下行方向的客流分布情况，可将城市轨道交通线路客流在方向上的分布类型分为双向型和单向型两种：双向型是指单位时间内上、下行的客流量近似相等；单向型是指单位时间内上、下行的客流量差异很大，客流在方向上分布不均衡。

线路客流在方向上分布的不均衡性可用上、下行方向不均衡系数 λ 这一指标衡量，其计算方法如下：

$$\lambda = \frac{\max\left\{q_{max}^{\text{上}}, q_{max}^{\text{下}}\right\}}{\left(q_{max}^{\text{上}} + q_{max}^{\text{下}}\right)/2} \quad (7\text{-}4)$$

其中：$q_{max}^{\text{上}}$、$q_{max}^{\text{下}}$ 分别为上、下行方向最大断面客流量。

方向不均衡系数 λ > 1，λ 越接近于 1，则线路上下行客流分布越均衡；λ 越大，则线路上下行客流分布越不均衡。一般来说，λ ≥ 1.5 时，认为线路上下行方向客流分布的不均衡程度较大。

2. 断面分布特性

一般而言，一条城市轨道交通线路单方向的客流空间分布可以通过车站乘降人数和线路断面客流量体现。由于线路沿线用地性质不同，线路覆盖区域内的客流集散点的数量和规模不同，导致线路上各车站的乘降人数不同，从而使线路单向各断面的客流分布不均衡。

线路单向断面客流的不均衡性可用断面不均衡系数 β 这一指标衡量，其计算方法如下：

$$\beta = \frac{q_{max}}{\sum_i \frac{q_i}{n}} \quad (7\text{-}5)$$

式中：

q_{max}——单向最大断面客流量，人次。

i——断面序号。

q_i——第 i 个断面的断面客流量，人次。

n——单向全线断面数，个。

断面不均衡系数 β > 1，当 β 越趋近于 1，则断面客流越均衡，线路单向客流空间分布越均衡；β 越大，则断面客流越不均衡，线路单向客流空间分布越不均衡。一般来说，β ≥ 1.5 时，认为线路单向客流空间分布不均衡程度较大。

城市轨道交通线路客流的断面分布形态主要有以下五种类型：

凸起型：指线路的客流高断面出现在线路中间的区间，两端区间的客流量较小，全线断面客流分布形态呈凸起状。

凹陷型：指线路的客流高断面出现在线路两端的区间，中间区间的客流量较小，全线断面客流分布形态呈凹陷状。

均等型：指全线无明显的客流高断面和低断面，各区间断面客流量相差不大，全线断面客流分布形态呈均匀波动状。

渐变型：指沿线路某一方向各区间断面客流量逐渐增大或逐渐减少，全线断面客流分布形态呈阶梯变化状。

不规则型：指全线各区间断面客流量分布无明显规则，不呈现特殊形状。

（三）不同类型线路客流的时空分布特性

对于不同类型的城市轨道交通线路，其客流的时空分布形态及特征是不同的。下面以北京城市轨道交通线网中不同类型的线路为例，基于线路实际客流数据，综合分析各类线路客流的时空分布特征及产生的原因。

在对研究线路进行分类时，主要依据城市轨道交通线路在城市中的空间地理位置、服务区域及功能定位，将北京城市轨道交通线路划分为市区线、市域线和市郊线。各类线路的地理位置、服务区域及功能定位说明见表 7-1[①]。

表 7-1　城市轨道交通线路类型的划分

线路类型	位置	服务区域及功能定位
市区线	线路的起讫点位于城市中心区范围内	为市区中央商务区与各副中心和交通枢纽、不同住宅小区与商业区之间提供快速交通服务
市域线	线路的起讫点可以位于城市中心区外围或其中一端在城市的近郊	线路穿越城市多个功能分区，提供跨区间快速交通服务
市郊线	线路的一端位于城市中心区的边缘，另一端位于城市的远郊或卫星城镇	城市中心轨道交通的放射线，提供城市中心与周边远郊及卫星城的快速交通服务

此处对线路客流时空分布特性的分析，是综合考虑线路客流的时间分布和空间分布情况，根据各时段各区间的客流量的波动变化情况，分析线路客流时空分布的均衡性，并找出客流时空分布不均衡的断点，即客流发生明显变化的时段和区间，这些客流突变的时段和区间应是日常运营组织过程中特别关注的点。以下分别列举北京城市轨道交通线网中典型的市区线、市域线以及市郊线，分析各类型线路客流的时空分布形态及特征规律。

1. 市区线

市区线位于城市中心区内，为市区中心与各副中心和交通枢纽、不同居民小区与商业区之间提供快速交通服务。

---

① 李茜. 城市轨道交通客流时空分布特性及线路运能与客流匹配方法研究 [D]. 北京：北京交通大学，2017：15.

北京地铁 2 号线是一条典型的市区线。线路位于中心城区内，北、东、西段的走向与二环路重叠，南段方向沿长椿街—前门—建国门设置。根据北京地铁 2 号线 2014 年某一工作日上、下行的分时断面客流数据，以小时时段为 x 轴、区间为 y 轴、断面流量为 z 轴，绘制线路的客流时空分布图，描绘客流的时空分布形态，如图 7-1 所示。

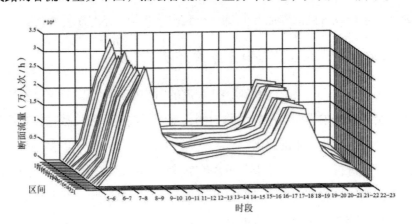

（a）上行（西直门—车公庄）

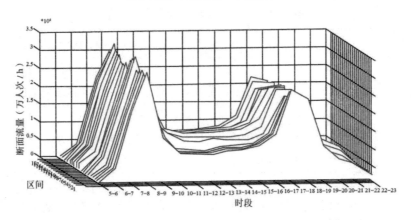

（b）下行（西直门—积水潭）

图 7-1　北京地铁 2 号线工作日客流时空分布图

从上图可以看出，2 号线上、下行客流在各时段均近似相等，计算早、晚高峰小时方向不均衡系数，分别为 1.06 和 1.15，因此其在方向上的分布属于双向型。以上行为例分析线路单向客流的时空分布特性。

客流时空分布图中沿时段轴分布的每条曲线反映一个区间断面客流量在一天内随时间的波动变化情况，如图 7-2。将同一时段各区间的断面客流量点相连接，得到的曲线反映一个时段内各区间断面客流量的变化情况，如图 7-3。可以看出，2 号线工作日客流的时空分布形态为：从时间分布上看，全线各区间客流在全天的时段分布呈双峰型；从断面分布看，全日各时段客流在全线的区间分布无明显的高断面、低断面之分，各区间客流量相差不大。

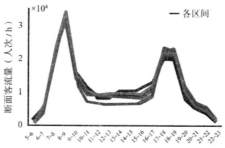

图7-2　各区间客流的时段分布

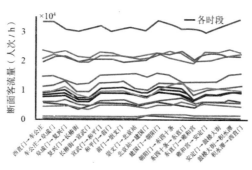

图7-3　各时段客流的区间分布

2. 市域线

市域线的覆盖区域包括了城市的近郊区，线路的起讫点可能均在城市中心区外围，也可能一端在城市的近郊，但线路穿越了城市多个功能分区，提供跨区间快速交通服务。

北京地铁5号线是一条典型的市域线。线路位于城市中轴线东侧，南北走向连接着北苑边缘集团与主城中心，途经商业圈的东单大街、亚运村等高密度居住区，线路南部连接方庄大型居住区。根据北京地铁5号线2014年某一工作日上、下的分时段面客流数据，以小时时段为x轴、区间为y轴、断面流量为z轴，绘制线路的客流时空分布图，描绘客流的时空分布形态，如图7-4所示。

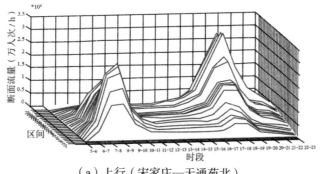

（a）上行（宋家庄—天通苑北）

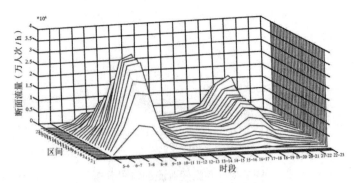

（b）下行（天通苑北—宋家庄）

图 7-4　北京地铁 5 号线工作日客流时空分布图

从上图可以看出，5 号线早晚高峰时段上、下行客流存在差异，早高峰下行客流量大，晚高峰上行客流量大。计算早晚高峰小时方向不均衡系数分别为 1.15 和 1.25，说明线路上下行方向客流分布的不均衡性较小，属于双向型。

以上行为例分析线路单向客流的时空分布特性。从客流时空分布图可以看出，线路不同区间客流在时段上的分布存在差异，不同时段客流的区间断面分布也存在差异，即 5 号线工作日客流在时间和空间分布上不均衡。

综上可知，市域线 5 号线工作日客流的时空分布形态为，线路各区间客流在全天有明显的早高峰、晚高峰、平峰及低峰时段。在平峰及低峰时间段内各区间的客流随时间波动小，而且客流量都较小，故各区间客流量相差不大，客流时空分布均衡，如图 7-5（a）；在覆盖早高峰和晚高峰的时间段内不同区间客流量差异较大，如图 7-5（b）。

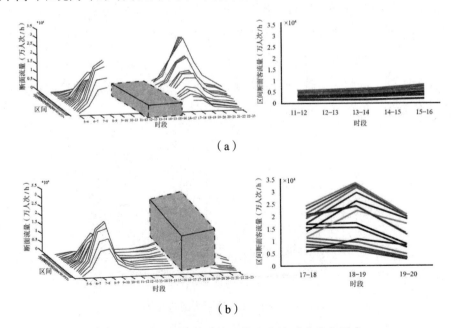

（a）

（b）

图 7-5　北京地铁 5 号线工作日客流时空分布形态

这种早晚高峰时段客流空间分布不均的客流分布形态的产生，是由于市域线工作日主要承担跨区间客流的通勤交通，因此在通勤客流集中的早晚高峰时间段内客流区间分布存在差异。

3. 市郊线

市郊线通常一端位于城市中心区边缘或交通枢纽附近，另一端位于城市外围郊区或卫星城镇，是城市中心区轨道交通的放射线，主要解决的是郊区与城市中心区间的通勤交通问题。

北京地铁八通线是一条典型的市郊线路。八通线西起四惠站、东至土桥站，与1号线在四惠东站和四惠站换乘相接，呈放射状连接北京中心城区及东部的通州新城。八通线双桥站以东主要是居住区，双桥站以西和市中心为该线乘客的主要就业地。如图7-6所示是根据八通线2014年某一工作日上、下行的分时断面客流数据绘制的客流时空分布图。

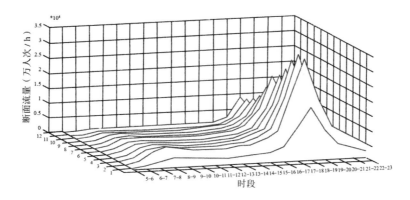

（a）上行（四惠—土桥）

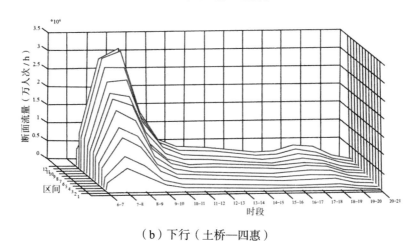

（b）下行（土桥—四惠）

图7-6 八通线工作日客流时空分布图

从上图可以看出，八通线早晚高峰时段上、下行客流相差很大。计算早晚高峰小时方向不均衡系数分别为 1.70 和 1.71，因此，八通线客流在方向上的分布属于单向型。同时单方向的客流在时间分布上呈单峰型，上行方向只有晚高峰，下行方向只有早高峰。这是由于八通线工作日主要承担通州郊区与市区间的通勤交通，因而线路潮汐现象明显，早高峰主要是向心（下行方向）客流，晚高峰主要是离心（上行方向）客流。

八通线工作日客流在方向上的分布属于单向型，单方向客流在时间分布上呈单峰型，在非高峰时段客流断面分布均衡，在高峰时段各区间客流存在差异，靠近市区端的几个区间客流量较大，然后沿离心方向各区间客流逐渐递减。这种客流时空分布形态的产生，是由于市郊线主要解决的是郊区与城市中心区间的通勤交通问题，客流的潮汐特征显著，而且通勤客流集中的高峰时间段内客流断面分布不均衡。

早高峰以郊区到市区的向心客流为主，自郊区端起各区间的客流逐渐累加，到市区端形成客流高断面；而相反方向客流量很小，但高断面仍在市区端。晚高峰以市区到郊区的离心客流为主，客流高断面出现在靠近市区端，沿离心方向各区间客流逐渐递减；而相反方向客流量同样很少，高断面仍在市区端形成。

三、城市轨道交通运能与客流匹配方法

城市轨道交通系统提供的运能，应与线路的客流相匹配，从而满足乘客的需求，保证一定的服务水平，同时避免运能浪费，减少企业的运营成本，兼顾乘客利益和企业效益。根据上文分析可知，城市轨道交通线路的客流在时间和空间分布上存在不均衡性，因此应针对这一特性，分时段、分区段、分方向提供不同的运能，以使线路运能与客流相匹配。

（一）差异化的分时段运能设计方法

差异化的分时段运能设计方法指的是，针对城市轨道交通线路客流在时间上分布的不均衡性，将城市轨道交通全日运营时间划分列车开行时段，在不同开行时段提供不同的运力。主要的组织方法有调整分时发车间隔与多编组运营组织方法。

1.调整列车分时发车间隔

列车发车间隔是城市轨道交通行车计划的核心内容，直接决定了一定时间内发出的列车数，从而直接影响城市轨道系统提供的运能大小。

发车间隔越小，线路的运能越大，乘客的候车时间越短，因此系统的供给水平和服务水平越高，但发车间隔越小，所须投入的运用车辆数越大，因而企业的运营成本越高；发车间隔越大则情况相反。因此，确定合理的发车间隔十分重要。

调整分时发车间隔是指城市轨道交通在全日运营的不同时间段采用不同的列车发车间隔的行车组织方法。在城市轨道日常的运营中，最普遍的调整分时发车间隔是在高峰时段

采用较小的发车间隔，而在非高峰时段采用较大的发车间隔。该方法在实际的运营中简单灵活，但也存在一定的不足。当非高峰时段的客流量与高峰时段的客流量相差很大时，若只采用调整分时发车间隔确定全日行车计划，会导致非高峰时段的列车发车间隔较长，从而使得乘客的候车时间较长，降低系统的服务水平。

2.列车多编组运营组织方法

列车编组方案是城市轨道交通列车开行方案的重要内容，列车编组辆数直接决定了列车的载客能力，从而直接影响城市轨道系统提供的运能。多编组是指针对城市轨道交通线路在不同时期或全日不同时段的客流特征，按照大编组、小编组或是大小编组混跑的方式来组织运营的一种编组方法。

对于北京、上海等大城市的轨道交通来说，每天不同时段的客流量相差很大，超低峰、低峰、平峰、次高峰、高峰各时段小时客流量比约为 1（0.5）：3：5：10：14。若只通过调整不同时段的发车间隔来配置不同时段匹配客流的运能，则必然导致非高峰时段的发车间隔较长或过长，乘客的等待时间过长，从而影响系统的服务水平。因此，应针对城市轨道交通线路全天不同时段客流的变化，在不同时段运行不同编组的列车，即采用多编组的方法，这样就可保证各时段较短的列车发车间隔，即一定的服务水平，同时保证各时段合理的列车满载率，避免运能不足或浪费，同时采用多编组的行车组织方案还可以有效降低牵引能耗和系统能耗，从而兼顾乘客利益和企业效益。

（1）列车编组方案。多编组方案是在列车编组方案确定的基础上研究确定的。列车编组方案通常包含车型、编组辆数以及动拖比的选择确定。

列车车型主要有 A 型车和 B 型车。两种车型的主要技术规格见表 7-2。

表 7-2 地铁车辆的主要技术规格

名称		A 型车	B 型车
车辆轴数		4	4
车体基本长度（mm）	无司机室车辆	22 000	19 000
	单司机室车辆	23 600	19 600
车体基本宽度（mm）		3 000	2 800
每侧车门数（对）		5	4
车门宽度（mm）		1 300~1 400	1 300~1 400
车门高度（mm）		≥ 1 800	≥ 1 800

（续表）

名称			A 型车	B 型车
载员（人）	座席	单司机室车辆	56	36
		无司机室车辆	56	46
	定员	单司机室车辆	310	230
		无司机室车辆	310	250
	超员	单司机室车辆	432	327
		无司机室车辆	432	352
车辆最高运行速度（km/h）			80、100	80、100

对比两种车型的相关参数，A 型车载员为座席 56 人、车辆定员 310 人、超员 432 人，超员为定员的 140%。B 型车的载员单司机室车辆和无司机室车辆是不同的，单司机室车辆座席 36 人、定员 230 人、超员 327 人；无司机室车辆座席 46 人、定员 250 人、超员 352 人，超员也为定员的 140%。因此 A 型车在提供相对更大的载客能力方面更有优势。

列车编组辆数大小的划分，一般来说，小编组为 4 辆及以下，大编组为 5 辆及以上，通常的编组形式为 1 ~ 8 辆之间。目前，我国城市轨道交通列车编组辆数主要有三种：4 车编组、6 车编组和 8 车编组。4 车编组满足小客运量需求，在客流较小的情况下采用 4 车小编组高密度的行车组织方法可以提高运营效率；6 车编组介于 4 车编组和 8 车编组之间，能够适应中高客运量的需求；8 车编组适用于满足特大及大城市早晚高峰时的客流需求。

不同车型和编组辆数组合列车的载员参数见表 7-3。

表 7-3 不同车型及编组列车载员参数

项目	4A	4B	6A	6B	8A	8B
列车定员（人）	1 240	960	1 860	1 460	2 480	1 960
列车超员（人）	1 728	1 358	2 592	2 062	3 456	2 766

（2）多编组运营适用性分析。多编组运营组织技术在应用时要考虑是否具备一定的条件，其适用性主要从客流特征和经济成本两方面考虑。

首先，客流条件。列车的编组是以客流为基础和依据的，若线路的单一编组方案能够匹配客流情况则不必采用多编组，若与客流的变化情况不匹配则考虑采用多编组的方案。

其次，经济成本。若成本过高则没有可操作性。对于多编组而言，要考虑增加不同编组车辆所产生的车辆购置费用，此外还要考虑运营过程中的成本问题，比如整个运营系统是否需要进一步改进、进一步调整运行图等。

（二）差异化的分区段运能设计方法

差异化的分区段运能设计方法指的是，针对城市轨道交通线路客流在区间断面上分布的不均衡性，将城市轨道交通全线划分客流区段，在不同的客流区段提供不同的运力，主要的组织方法有多交路列车运营组织方法以及快慢列车结合运行组织方法。

1.多交路列车运营组织方法

列车交路是城市轨道交通列车担当运行的区段。根据一条线路上列车运行的交路形式的数量，有单交路运营和多交路运营两种运输组织方法。

单交路运营是指，线路上只开行起终点间全线贯通运行的列车的运输组织方法。而多交路运营是指，在同一线路上开行两种或两种以上交路形式列车的运输组织方法。在多交路运营下，不同交路形式的列车运行覆盖的区段不同，因此不同区段通过的列车数可能不同，即各区段的运能可能不同。因此，通过多交路运营可以分区段提供运能，解决客流分布的区段差异性。

多交路的运行组织方式，可以促进运能与客流的更好匹配，保证全线各区段内列车的合理负荷与服务水平，一定程度上可加快车底周转，提高运营效率，对于满足较长线路的客流需求、提高服务水平和企业效益、有效利用系统的运输能力具有显著的作用。

（1）多交路组合方式分类。多交路运营根据交路组合方式不同，可以分为嵌套交路和衔接交路两种。

第一，嵌套交路。嵌套交路，又称长短交路套跑、大小交路套跑。列车运行的交路形式有长交路和短交路两种，长交路列车运行的区段覆盖全线所有区间，短交路列车运行的区段覆盖线路部分区间。即线路一部分区间有长交路列车和短交路列车组合运行，剩余部分区间只有长交路列车运行。

第二，衔接交路。衔接交路是长交路和短交路的衔接组合或交错组合的形式。长、短交路的列车都只在某一区段运行，在中间站折返。根据衔接的交路是否在同站折返，还可以进一步分为同站衔接和交错衔接两种类型。同站衔接是长短交路在同一个车站衔接并折返，交错衔接是长短交路在某一区段重叠设置，并在对方的交路内折返。

目前，同站衔接形式在城市轨道交通运营组织中较为常见。但同站衔接对折返站的折返能力要求较高，同时，若同站衔接交路的中间折返站为断面客流发生明显变化的分界车站，则可能出现站台负荷过高的问题，此时适宜采用交错衔接交路，使不同列车交路的中间折返站位置错开。

（2）多交路运营适用性分析。多交路运营组织技术在应用时要考虑是否具备一定的条件，其适用性主要从客流空间分布特征、线路条件及经济性以及服务水平三方面考虑。

第一，客流空间分布特征。客流空间分布特征是多交路运营的基础和依据。当线路断面客流分布不均衡程度较大时，采用多交路运营才有必要；否则，采用单交路运营即可。例如，东京地铁银座线采用了嵌套交路形式的多交路运营组织策略，早高峰时段在涉谷站和上野站之间设置了短交路。根据其多交路运营组织及统计数据可得到一定的借鉴经验，即对于全线断面客流分布不均衡的跨市郊边缘的长线路，当高峰小时靠近郊区段的断面客流低于 1.5 万人次，而靠近市区段的断面客流高于 2 万人次时，可考虑在市区段加开短交路列车，采用多交路运营组织策略。

第二，线路条件及经济性。采用多交路运营，线路应具备一定的折返条件和换乘条件，即相应的中间站必须要有折返线、道岔、信号设备以及换乘设施等。若相应的中间站没有预留折返和换乘条件，则需要通过工程改造，增设折返线、道岔、信号设备以及换乘设施等，从而增加了工程费用、设备购置费用以及日常运营管理和维护费用。一般来说，增设折返线是设置折返车站的主要追加成本，对于站后折返，单向折返站约为 300 万元（地下）或 200 万元（高架），双向折返站约为 600 万元（地下）或 300 万元（高架）。因此，多交路的设置必须做好线路条件及成本与经济效益分析，使其在实施条件及经济性上可行。

第三，服务水平。与单一交路相比，多交路下跨交路（区段）出行的乘客可能需要换乘，从而增加了乘客的出行时间，而且在嵌套交路模式下，部分乘坐长交路列车乘客的等待时间将会增加，因此服务水平有所降低。

2. 快慢列车结合运行组织方法

列车停站方案规定列车停站模式，是城市轨道交通列车开行方案的重要内容。城市轨道交通的停站方案主要有站站停和非站站停两类。在日常运营中最普遍的列车停站方案是单一的站站停方案，在该方案下全线各区间的运能是同等的。而对于客流空间分布不均衡程度较大的线路来说，单一的站站停方案提供的运能不能很好地匹配客流的不均衡性，而非站站停方案可以解决这一问题。快慢车是非站站停模式中较为常见的一种跨站运行模式。

快慢车运营，是从运输组织适应客流特征的角度出发，在开行站站停慢车的基础上，同时开行越站、直达快车的列车开行方案。该模式可以较好地解决断面客流分布不均的问题，对于断面分布形态呈阶梯形或凸型的市域线较为适用，特别是部分车站客流较集中、其他车站客流相对均衡，而且长距离出行乘客比例较大的市域线。

采用快慢车运营后，快车旅行速度快，能缩短长距离出行乘客的旅行时间，同时可加快车底周转，减少运用车辆数，在一定程度上提高服务水平和运营效益。但快慢车运营也会产生一定的负面影响，例如由于快车在某些站不停车，会导致这些车站乘客的候车时间延长，降低车站的服务水平；此外，快车越行慢车会降低线路的通过能力。

（1）快慢车组织类型。根据越行方式的不同，快慢车组织可分为站间越行和车站越行。

第一，站间越行。指快车在站间越行线上越行慢车，此方式一般要求越行区段为3线（双向共用越行线）或4线。

第二，车站越行。指快车在车站越行慢车，此方式一般要求越行车站配有侧线。越行车站股道的设置方式一般为两条正线（股道Ⅰ和Ⅱ）及两条侧线（股道Ⅲ和Ⅳ）。

根据快车越行占用的股道，还可将车站越行进一步分为正线越行和侧线越行。正线越行即快车通过正线（股道Ⅰ和Ⅱ）越行，侧线越行即快车通过侧向道岔进入侧线（股道Ⅲ和Ⅳ）越行。从保证快车速度和方便运营组织方面考虑，一般采用正线越行。

（2）快慢车运营适用性分析。快慢车运营组织技术在应用时要考虑是否具备一定的条件，其适用性主要从客流空间分布特征、线路条件及经济性方面考虑。

第一，客流空间分布特征。客流空间分布特征是快慢车开行的基础和依据。只有在城市轨道交通线路较长、长距离出行需求较大、客流断面分布不均衡时，才有必要研究采用快慢车运营；否则，采用常规停站方案即可。

第二，线路条件及经济性。采用快慢车运营，线路应具备一定的越行条件，须有3线或4线的越行区段，或者在车站配备侧线以供快车越行。若相应的区段或车站不具备越行条件，则需要通过工程改造，从而会增加工程费用。一般来说，与普通岛式单站台车站相比，增加越行线和一个站台是设置折返车站的主要追加成本，约1400万元（地下）或1100万元（高架）。因此，快慢车的组织实施必须做好线路条件及成本与经济效益分析，使其在实施条件及经济性上具有可行性。

例如，上海轨道交通16号线是上海市轨道交通网络中的市域通勤线，承担着临港、书院、万祥、惠南、新场等地区与市区的通勤交通任务。根据采用快慢车组合运行的需要，线路采用了车站越行侧线设计，在航头站、野生动物园站、浦东火车站站设置了双岛四线的越行线；在罗山路站设置了单岛四线的越行线；在临港新城北站设置了一岛一侧配线形式的停车线。

线路开通初期采用了快慢车组合运行模式，后由于当时的客流特征及乘客需求，暂时取消了快慢车运营。随着线路客流需求的变化及运营方案的优化调整，于2016年再次开行快慢车，开行时间覆盖工作日和节假日，为龙阳路至滴水湖双向运行。快车仅停靠龙阳路、罗山路、新场、惠南、滴水湖5座车站上下客，为3节编组列车，单程运行时间比慢车缩短约12min。

（三）分方向的运能设计方法

分方向的运能设计方法指的是，针对城市轨道交通线路客流在方向上分布的不均衡性，在线路上下行提供不同的运力，主要的组织方法有不均衡运输组织方法。

传统的均衡运输组织方式下，以高峰方向的客流量为制订和实施列车开行方案的依据，在线路双方向提供同等的运力，但当线路双方向客流分布不均衡程度较大时，很容易造成列车运能在非高峰方向的浪费，而且只有投入更多的列车才能满足高峰方向的客流需求，此时应考虑采用不均衡运输组织方式。

不均衡运输组织方式，是指在列车交路方案不变的条件下通过抽疏某一方向的部分列车或用部分运行列车中途折返，来局部增加另一个方向的运行列车数，从而调整运能分布的方向不均衡性。

不均衡运输组织方式的优势是，通过合理分配有限的运力，使之与客流相匹配，从而减少客流较小方向的运能浪费，降低企业的运营成本；同时缓解客流高峰方向的大客流压力，提高服务水平。但采用时也有其局限性，当线路只有一座车辆段时，不均衡运输组织将受到限制。因此，当城市轨道交通线路的两端或靠近两端处有停车场或车辆段时，采用不均衡运输组织方式十分有效。

例如，广州地铁 2 号线连接市郊和中心城区，为南北走向的长大线路，全线设有 24 座车站以及嘉禾车辆段和大洲停车场各 1 座。线路工作日早晚高峰上下行的客流差异较大，针对客流方向的不均衡性，2 号线在运营的早晚高峰时段采用了不均衡运输组织方式。

早高峰时段抽调的运力集中在上行线，调用的列车从大洲停车场出段上线运行，早高峰结束时在嘉禾望岗站下线，返回嘉禾车辆段；晚高峰时段抽调的运力集中在下行线，调用的列车从嘉禾车辆段出段上线运行，晚高峰结束时在广州南站下线，返回大洲停车场。2 号线通过不均衡运输组织方式的实施，在配属列车数不变的情况下，线路的输送能力提高了 18%，高峰时段列车满载率下降了 12%，运营效果显著。

四、不同类型线路运能与客流匹配的运输组织策略

（一）市区线

市区线工作日的客流时空分布特性为，客流在方向上的分布较为均衡，各区间断面的分布也较为均衡，在全天各时段的分布不均衡。因此，应根据客流的时段分布情况在不同时段提供不同的运能，同时线路双方向提供同等的运能，全线各区间提供同等的运能。

因此，针对市区线工作日客流空间分布均衡、时间分布不均的特性，可采用分时段提

供运能的方法。由上分析可知，若只采用调整分时段发车间隔，会造成非高峰时段列车发车间隔较长，从而导致乘客候车时间较长，影响服务水平，故采用调整发车间隔与多编组结合的运输组织方法。将全日划分为不同的列车开行时段，每个开行时段采用不同的发车间隔和编组形式，在全线采用单一交路方案及站站停的停站方案，而且线路上下行采用相同的列车开行方案。

（二）市域线

市域线工作日的客流时空分布特性为，客流在方向上的分布较为均衡，在全天各时段的分布不均衡，而且早晚高峰时段不同区间断面客流量差异较大，一般在双向靠近线路中心的几个区间形成客流高断面。如果有换乘站，则在向心方向的第一或第二个换乘站前的区间可能形成客流高断面，而平峰时段各区间客流量相差不大。因此，应在全日不同时段提供不同的运能，且在早晚高峰时段不同区段提供不同的运能，同时在线路双向可提供相同的运能。

因此，针对市域线工作日客流时间上分布不均，且早晚高峰时段区间断面分布不均的特性，可采用分时段提供运能同时在早晚高峰时段分区段提供运能的方法。将全日划分为不同的列车开行时段，其中所有非高峰时段全线可采用单一交路方案及站站停的停站方案，同时各个列车开行时段采用合适的发车间隔和编组方案；在早晚高峰时段，将全线划分为不同的客流区段，根据客流情况、线路条件及线路能力，采用多交路或快慢车或二者结合运行的运输组织方法。由于市域线的客流高断面一般在靠近线路中心的几个区间，即断面分布呈凸型，在开行快慢车时可选择中间车站为快车停靠站，两端车站为快车越行站。

（三）市郊线

市郊线工作日的客流时空分布特性为，客流在方向上的分布不均衡，在全天各时段的分布不均衡，且高峰时段不同区间客流量差异较大，双向均是靠近郊区端的几个区间客流量较小，然后沿向心方向各区间客流逐渐递增，靠近市区端的几个区间客流量较大。同时，市郊线单向客流的时间分布呈单峰型，即线路离心方向客流的时间分布只有晚高峰，向心方向客流的时间分布只有早高峰。因此，应在全日不同时段提供不同的运能，在早高峰或晚高峰时段上下行提供不同的运能，同时在客流高峰方向不同区段提供不同的运能。

因此，针对市郊线工作日客流时间上分布不均，且早晚高峰时段客流空间分布不均的特性，可采用分时段提供运能同时在早晚高峰时段分方向、分区段提供运能的方法。将全日划分为不同的列车开行时段，其中所有非高峰时段全线可采用单一交路方案、站站停的停站方案及均衡运输组织方式，同时各个列车开行时段采用合适的发车间隔和编组方案；

在早晚高峰时段，采用不均衡运输结合多交路的组织方式，调用部分列车集中在上行或下行线的客流高断面区段，开行高峰单向短交路列车。

第二节　城市轨道交通网络化智能运维技术研究

一、智能运维概述

（一）智能运维的含义

所谓智能，即利用先进技术实现设备感知端的自动化、数据处理端的大数据应用及分析决策端的智能化决策；所谓运维，即设备运行维护业务与相关的生产管理工作。智能运维即利用先进技术给设备和人员赋能，通过智能化软、硬件应用实现生产管理智能化。

智能运维建设的核心是构建一种新的生产关系，基于智能化新技术应用实现业务流程的优化与管理模式的变革，实现设备维修由传统故障修和计划修向状态修和指令修的转变，深度提升前台检修、后台维修及资源调配的衔接能力和网络化设备运维管理水平。

智能运维建设包含三层含义，即软件层面的智能化建设、硬件层面的智能化建设和生产管理层面的智能化建设：①软件资源建设是指部署一系列的虚拟化管理、数据清洗及专业的应用分析等软件，实现采集数据的大数据处理及深度分析，为设备管理及维修维护提供决策支持；②硬件建设是指加装采集装置、传输设备、安全设备、存储及分析设备等硬件设备，实现设备运行状态的全息感知；③生产管理层面的智能化建设通过软、硬件智能化建设支撑维修维护管理的信息化、智能化，并赋予与之匹配的管理模式，实现运营管理的集约化和资源的高度共享。

软、硬件智能化建设是生产管理智能化建设的基础条件，生产管理智能化是智能运维建设的核心，即利用智能化的软、硬件实现生产管理的智能化。智能化维修维护管理具体表现为设备自动运行、一定程度上的无人巡检和设备健康管理。

智能化的具体实现路径为前端加装各类采集装置进行设备运行状态全面监测，中间通过统一的云平台进行数据集成、清洗、存储、计算等处理，后端利用数据挖掘、图像识别、深度学习等人工智能及大数据技术进行故障诊断与预警、设备健康状态评估分析、维修决策辅助等智能化分析应用，最终作用于维修生产管理由传统模式向智能模式的转变。

（二）智能运维的必要性

随着地铁线网规模不断扩大，各专业运维生产和管理工作存在监测信息不全面、纸质台账繁多、数据利用率较低、故障定位不精确、应急处置效率不高等问题，既有维修管理模式已经无法满足网络化运营管理对设备稳定运行及故障处置效率提出的更高要求，亟须采用智能化手段解决问题。大数据、云计算、5G、图像识别、物联网等新技术的发展给地铁生产管理的提升与变革带来契机。

1. 信息化时代的迫切需要

"智慧城轨"不仅是交通强国建设的突破口，更是信息化技术的重要承载体。智能运维作为"智慧城轨"的重要组成部分，推进智能运维建设成为城轨企业高质量发展的必然趋势。

2. 网络化设备维保的迫切需要

（1）传统设备系统监测信息不全面导致人工巡检工作量巨大、故障原因排查耗时耗力，而且存在故障无法精准定位的难题。

（2）设备在运行过程中产生海量数据，及时分析数据可有效发现设备运行隐患，进而及时制定维修策略，减少故障发生概率，提升设备的使用可靠性。

（3）随着新建线路增多，技术稳定的维修维护人员严重不足，导致维修维保任务压力较大。

3. 网络化阶段设备维保管理的迫切需要

（1）设备维保管理是一项系统性、多环节、多接口的工作，掌握信息全面与否直接决定了管理水平的高低。传统运维管理存在"信息孤岛"严重、管理流程割裂两方面的重大问题。

（2）各线路新技术的应用程度存在差异导致设备的维修维护差异化较大，从而限制了人员的一岗多能及区域化管理下的应急处置效率。

（3）网络化运营模式下，通信、风水电、低压配电、车辆、轨道等多个专业从行业发展和维护成本两方面考量，可能将自主维修维护转变为委外维修维护，但委外维修的质量监管无法量化。

从设备数据骤增、挖掘数据价值、维修维护队伍技术水平差异、维修制度变革、维保模式变革及生产管理模式变革计六个方面进行的深入分析可知，智能运维系统的需求研究及建设是轨道交通发展的必经之路。郑州地铁已经进入网络化运营初级阶段，乘客服务高品质和生产效率高品质是运营品质建设的核心。智能运维将为两大品质建设提供强有力的支撑，也是"智慧地铁"的建设重点。

（三）智能运维的目标

1.全面提升巡检自动化水平

对关键设备运行状态全面、实时监测，对运行数据深入分析及健康评价，实现设备运行状态智能诊断，结合设备运行参数在线监测和设备环境监测，用远程巡检代替现场巡检，实现设备现场管理无人化，解放维修维护人员。

2.实现关键设备健康管理

通过全面感知设备状态和数据分析实现关键设备健康状态评估和故障预测，在设备异常时能够及时发现、及时处理，降低故障发生率。

3.提高设备维修效率

结合大数据实现故障原因分析、判断设备健康状况、及时预判故障点位、指导维保工作，触发维护维修系统派发维修工单、领料工单，推送故障信息至值班人员，提升维修效率。

4.优化检修模式

现有检修周期缺少理论依据和验证，通过智能运维平台可开展深入分析故障原因、增加设备状态监测参数、全面评价设备状态、根据设备状态采取合理检修手段等工作，进而实现检修模式优化。

5.提高运维管理水平

完善智能运维模块功能，实现各级管理人员通过云平台（OA）掌控现场设备状态、人员作业状态、故障抢修情况等，丰富管理手段。

（四）智能运维的总体需求

1.网络部署

各专业智能运维平台均部署于企管网辅助生产域，同时与生产网内的工业自动化生产系统和企管网的维修维护系统、施工管理系统、人力管理系统、安全管理系统等信息化系统互通互联，进行数据交互。生产网与企管网辅助生产域尽可能实现数据单向传输，防范生产网被攻击的风险。

智能运维平台部署于企管网辅助生产域的原因分析如下：

（1）智能运维平台的运行不能影响生产网自动控制系统的运行，设备的核心控制型业务部署在生产网内，监测和分析型业务部署在企管网。

（2）从线路的管理方式、设备维护和使用角度分析，建议将智能运维平台作为线网级平台建设，具备其他线路接入条件，实现数据在线网层面的集中分析。

（3）智能运维平台如果部署在生产网，须通过专线在生产网设置查看终端，那么就大大降低了平台的灵活性。主要受到两方面制约：一是可查看的人员有限；二是查看智能运维平台时必须到达固定地点，查看位置受限。

（4）智能运维平台须与维修维护系统进行数据交互。若部署在生产网，须每个专业在生产网内单独开发维修维护系统，耗资巨大且无法满足维修维护系统与 EAM（企业资产管理系统）数据交互的需求。

（5）智能运维平台相关专业的部分数据须通过 U 盘导入，如设在生产网，即使使用安全 U 盘仍会存在一定的安全风险。

所以，建议智能运维平台部署于企管网生产辅助域，且实现生产网与智能运维平台数据单向传输，即生产网可向智能运维平台传输数据，而智能运维平台不能向生产网回传任何数据，确保生产网内的设备控制系统安全运行。

2. 硬件资源部署

各专业智能运维建立后，设备的监管层级共有四级，一级为中心级，二级为线网级，三级为班组级，四级为执行级（手机终端），其中第二、三、四级为智能运维的监管范围。按照设备类型可将硬件资源分为非终端设备、监控终端、生产网新增设备、企管网新增设备四种类型。其中，非终端设备主要指后台的计算、存储、网络相关设备；监控终端指用于人员监控的复式工作站或办公电脑；生产网新增设备、企管网新增设备主要指前端采集及传输设备。

（1）一级硬件资源需求。各专业一级设备均采用传统综合监控系统组网，受全自动驾驶影响，除车辆专业须在生产网增设车辆调度工作站外，其他专业均使用部署在生产网中的传统调度监控设备。

不同专业按照设备状态是否上传综合监控分为两种类型：①设备状态信息上传综合监控系统，调度人员使用调度工作站（包括全自动驾驶线路增设的车辆调度工作站）实时监控设备状态，大部分故障信息通过系统直接采集，少部分故障信息通过站务或乘务人员人工上报；②设备状态信息不上传综合监控，因而不设调度监控工作站，故障信息均来源于人工上报。

（2）二级硬件资源需求。二级硬件资源主要指智能运维平台新增资源需求，包含线网服务器、线网级专用监控终端、大屏计数器三种设备。

（3）三级硬件资源需求。三级硬件资源主要指工班级监控终端，所有终端均须预留满足运行五大中心软件的性能需求。

按照使用方式可分为专用终端和复用终端，按照部署位置又可分为企管网终端和生产网终端，各专业综合考虑网络安全要求、功能需求及用户使用需求，提出适合本专业的三级硬件资源需求方案。

（4）四级硬件资源需求。四级结构主要为移动终端，须安装 App 软件后应用，手机终端 CPU、GPU、RAM/ROM、I/O、OS 应满足 App 运行及信息交互性能要求，并预留查看功能权限。

3. 软件资源部署

所有设备数据应基于维修设备树建立基础设备单元及数据标签，基础数据库应基于维修设备树进行开发。考虑后续线路接入，智能运维系统软件应预留再次扩容资源及接口满足线网需求，同时底层数据上传统一数据标准。软件资源分为系统软件部署、应用软件部署和网络安全部署。

（1）系统软件部署。支持主流操作系统及数据库软件。

（2）应用软件部署。应用软件主要部署在各级监控终端，应满足智能运维系统应用软件运行环境和性能等需求。

软件升级功能要求：现阶段智能运维系统处于发展的初级阶段，软件需要充分考虑与早期版本的兼容性，对于软件使用过程中出现的问题须提供免费软件的升级维护服务，实现智能运维软件功能性和稳定性的迭代式发展。

由于使用人员不同导致不同层级终端对软件功能的需求有所不同，而且不同专业由于管理模式的不同导致相同层级人员对软件功能的需求亦不相同。

（3）网络安全部署

第一，系统组网应遵照统一规划、统一标准、合理布局的原则，应具备可扩展性。

第二，系统网络采用 TCP/IP 等协议，符合开放式网络体系结构。

第三，系统网络设计应提供可靠的、冗余的、灵活的信息传输及交换信道。

第四，系统组网应采用环网保护技术，具备网络检测、自愈功能，时间小于 50ms。

第五，智能运维系统应遵循最小安装原则，仅安装需要的组件和应用程序，加强计算环境边界管控，关闭不需要的系统服务、默认共享服务和高危端口。

第六，系统局域网和外部接口之间应部署网络安全边界设备。

第七，安全设备应删除多余或无效的访问控制规则，应采用入侵检测技术捕获网络异常行为、分析潜在威胁、进行安全审计，具备对违规行为和病毒攻击行为等的报警功能。

（4）接口需求

与维修维护相关的系统接口：具备将智能运维系统故障报警等信息推送至维修维护相关系统的功能，接收维修维护相关系统数据信息用于数据分析或经数据分析中心处理后形成新的数据源。

与人力管理系统接口：智能运维系统中用户管理权限设置功能涉及的员工信息须来源于人力资源管理系统。

不同专业根据各自需求预留与其他专业系统的外部接口，获取其他专业的设备状态信息。

系统应预留与 EAM、物资管理系统接口功能，接口采用通用的 TCP/IP 协议。

（5）其他通用要求

第一，智能运维系统与其他接口要求统一规划，建立统一标准的生产域、企管域数据交互管理通道。

第二，智能运维系统与企管域其他系统接口应建立统一且唯一识别的数据交互接口及通信协议标准。

第三，智能运维系统应建立统一的基础设备单元库，具备数据耦合功能，确保智能运维系统及各系统接口设备数据的唯一性。

第四，智能运维系统云平台与通信各子系统采用标准、通用、开放和软件解码的 TCP/IP、HTTP、FTP 等协议，使用 100M/1000M 以太网或单模光接口，支持主备通道热冗余。

4. 系统功能需求

智能运维系统功能统一划分为运行监测、数据分析、健康管理、维修生产四大中心。

（1）运行监测中心是在既有设备状态采集的基础上，通过加装各类采集装置新增采集点，实现设备运行状态的实时监测、设备外观检测、环境状况监测等内容，发现报警和异常信息上传至智能运维系统平台，代替人工完成日常巡视工作。同时，运行监测中心还为数据分析中心、健康管理中心、应急管理中心和维修生产中心提供基础数据。

（2）数据分析中心应基于大数据和人工智能技术，实现对各设备系统及结合部的实时分析、运维历史数据的深度挖掘及分析，可提供具有历史规律价值的量化评估及指导分析，能为后续的设备运维决策和管理过程决策提供支持。

（3）健康管理中心应能通过综合覆盖设备各组件的在线监测数据（及其实时异常与故障分析和历史趋势变化）、设计浴盆曲线、使用时长与次数、历史故障情况、历史维修记录等因素，评判设备健康指标，实现系统及设备健康度计算及寿命预测。

（4）维修生产中心通过综合分析设备故障信息、历史维修记录、实时状态信息等，向维修人员推荐处理建议。故障维修策略应具备自学习能力，可全生命周期存储（故障处理步骤发生变化时进行存储，具备自动覆盖功能），并可以动态更新。

二、城市轨道交通网络化运营

网络化运营具有综合性、全局性和多样性特点。网络化指在城市轨道线路不断建设中逐渐构成一个网络布局，将各个城市区域连接起来，便于人们出行和经济运输。

当前城市发展逐渐从单线运营转变为网络化运营，对城市轨道交通运输管理是一大挑战。而城市轨道交通网络化运营具有不可比拟的优点，不仅能够最大限度地提升人们的出行效率，缩短运输时间，而且可以为城市发展提供强大的助力，因此具有很重要的研究意义。

城市轨道交通网络化运营主要可从以下四方面入手：

（一）创新网络化运营机制

1. 有效分摊运营管理压力

根据城市规模、占地面积、既有线路情况划分运营管理区域，从而达到有效分摊运营管理压力的目的。一般而言，每个管理限度在 90 ~ 150km 最佳，从而保证各个线路运营效果最大化。由于城市轨道交通网络化运营讲究综合性，所以在分管过程中除了重视区域划分外，还要做好区域内服务资源整合，使每条线路有机连接起来，保证网络化运营质量。

2. 推动服务交付责任下沉

城市轨道交通网络化运营关键在于责任划分。对区域运营中心的绩效进行明确，保证车务服务，并规定运营中心负责区域内的维护和保养，对出现的事故进行及时处理。服务交付责任打破以来责任归属于总运营中心，使各个部门在责任的要求下自觉履行义务。这样每个区域管理者都能够快速负责地满足乘客需求，实现有效管理。

3. 形成"统筹兼顾、适度竞争"机制

每个区域之间的运行效果、服务水平、设备质量情况等都具有明显的差异性，可利用这一特点作为绩效评估的标准，从而充分激发区域管理人员的竞争，不断推动内部改进和创新。在网络化管理层面中，实施对资源的合理配置和充分处理，在绩效引导下最大限度地提高区域运营管理效率，实现良性竞争和可持续发展。

（二）夯实网络化运营管理基础

1.健全规章制度

新形势下，要想达到理想状态下的网络化运营管理，就必须健全和完善城市轨道交通管理规章制度。从技术标准、工作标准和管理标准出发，结合网络化运营特征，优化和创新规章内容。首先，创新运营管理规章结构，对存在的问题进行修补，补充网络化运营需求，并识别业务内容中的冲突、重叠和缺失的部分，进行有针对性的改善。其次，根据线网统一管理原则，分级梳理规章制度内容，使之充分符合当前的管理需求，加强运行程序优化，使效率进一步提升，并着重强调规章制度的实用性和适用性，推动城市轨道交通网络化运营管理工作的开展。

2.重视员工培训

加强人才培训和教育，不断提升人才的专业技能和综合素养，使之充分适应网络化运营需求。

（1）开展多样化培训。根据不同岗位内容，设置不同的培训课程，如生产服务培训、专业技能培训、团队管理培训等。

（2）加强校企合作，引进更多高素质管理人才。对员工的培养由公司移到学校，延长培养时间，为城市轨道交通建设储备充足的人才。

（3）构建优秀讲师队伍。从优秀员工中挑选能够成为优秀讲师的人，使之承担内部培训的任务。这样一方面可以最大限度地实现技能传承的目的，另一方面可以激发员工的工作热情。

（4）加大培训设备和体系的开发和研究，建立更加专业化、规范化和科学化的培训体系，使用先进培训设备，如实训机械、实训场地等，为人员实战能力的提升提供强有力的支持。

（三）强化网络化运营能力

1.合理规划客流量

在网络化运营背景下，城市轨道交通线路规划不能只从单条线路展开，更要立足整体，从城市的发展和可能出现的客流量变化入手。这就需要对城市轨道交通线路的未来发展进行全面预测和猜想，精准把控运输需求。根据建设线路所要达到的目标，对已经经过区域的客流量情况进行分析，模拟最大额度线网客流总量。在此基础上，预测该条线路上可能出现的各种客流量变化，从而充分保证线路的承载力，避免对城轨设施和服务造成巨大压力。

2. 做好运输规划和运营组织创新

运输规划的眼光应长远且全面，对城市轨道交通运输的规律、变化和管理内容进行全面把握，从中得出最佳规划方案。合理开展规划建设，使城市轨道交通充分满足公众需求。同时，立足自身，结合网络化运营需求，开展运营组织创新，充分挖掘其中含有的运力空间，尽可能地将其充分发挥出来。比如，在高峰期加开短线车或者减少车辆间隔，从而增强单向运输能力和双向运输能力。但在管理控制过程中要注意控制成本，实现最大化效益。

3. 加强设备设施改造

城市轨道基础设备和设施是城市轨道交通工具正常运行的基础。网络化运营下，必须进一步提高设备质量和运营效果。在对关键设备设施进行管理的过程中，要时刻监督它们的运行状态，一旦发现问题则应立即进行维护和更换，促进设备设施能力提升，从而增强城市轨道交通的运行能力。在大众城轨需求递增的背景下，可以适当增购列车，以充分满足新一轮的网络化运营组织需求。同时，由于设备设施相关功能不断完善，城市轨道交通建设应引用最新的设备设施，更新城轨设施中的信号系统、车辆管控系统、折返线程序等，从而全面保障基础设施的质量。这样既有利于提升城市轨道交通网络化运营管理的有效性，而且对推动城市发展也具有重要作用。

（四）构建网络化运营危机的公关应对体系

在城市轨道交通接入网络设备、实施网络化运营的过程中，不可避免地会出现一些突发事件或者危机。对此，需要一个完善有效的危机公关应对体系，第一时间处理危机，保障城市轨道的正常运行。在危机公关应对体系中包含危机预警系统、不同危机等级以及乘客方面的基本权益保障等，从多方面、多角度、多层次对危机进行处理和解决，实现城市轨道交通网络化运营的高效开展。

1. 建立危机预警系统

对于城市轨道交通网络化运营中可能出现的危机，应构建相应的危机预警系统进行处理。通过预警系统程序对轨道交通运行状况、运行设备状态以及人员上下乘过程等进行监督，区别不同的危机，给管理人员发出预警。同时，对网络的舆情信息进行收集，根据具体情况和轨道交通的关联度进行处理，实施舆情动态监测和有效控制。

2.合理划分危机等级

对危机进行划分的主要目的有以下三个：

（1）保证重大危机事件能够第一时间被看到，并迅速进行处理。

（2）提高危机的公关应对工作效率，根据等级顺序依次消除危机。

（3）整合资源，实现人力、物力、财力的最大化利用。

一般将危机划分为四个等级。划分依据为对正常运行的实际影响、社会讨论程度、领导的介入程度、网络媒体的关注度以及主流媒体的传播度等。根据强度的高低区分危机，设立不同危机级别以及相应的处理措施。

3.保障乘客的基本权益

在网络化运营中，要充分保障乘客的基本权益，如知情权等，避免网络化运营无法得到乘客的支持和理解，导致可行性降低。对此，城市轨道交通部门应畅通交通服务网络平台和乘客的沟通渠道，当轨道交通出现异常时，立即通过交通服务网络平台向乘客推送相应的运行信息，或者让乘客通过手机（轨道交通 App、微博、微信公众号）电视等平台查询相关信息，保证乘客充分了解轨道交通的运行状况，满足乘客的知情权，减少不必要的恐慌，同时提高城市轨道交通网络化运营的公信力和企业形象，促进可持续发展。

三、城市轨道交通网络化智能运维系统的设计与实现

城市轨道交通智能运维通常是指充分利用智能化、信息化和大数据等技术，在获取大量设备运行状态数据的基础上，通过数据计算和智能分析，对设备运用与维护进行有效的指导，从而达到提高运维效率、减少运营延误、降低人员要求、延长设备寿命、降低运维成本等目的。

（一）城市轨道交通智能运维系统的平台架构设计

随着城市轨道交通运维系统所要处理的业务逻辑越来越复杂，需要监控和处理的数据越来越多，而且随着城市级线网规模的不断扩大，智能运维系统也需要动态地进行扩展。而基于传统架构的运维系统在系统扩展、海量存储、计算力方面都存在局限性，无法做到无缝扩展，越来越难以适应城市轨道交通运维的需求。因此，在设计和开发全新的智能运维平台时，宜采用基于原生云平台的系统架构。

Kubernetes[①]具有伸缩性、自愈性、可预测性的特点，以及自动调度、负载平衡等优点，作为对底层硬件资源进行管理的轻量级解决方案，可完全满足智能运维平台的可扩

---

① Kubernetes：一个开源的、用于管理云平台中多个主机上的容器化的应用，的目标是让部署容器化的应用简单并且高效，提供了一种应用部署、规划、更新、维护的机制。

展、高冗余性和可用性要求。跟传统的 OpenStack[①] 相比，可大幅降低部署和维护的复杂度，以及对运维团队的技能要求。

通过容器和微服务技术，分别开发部署智能运维系统平台的各种后台服务和业务，可提升开发效率和灵活性，满足复杂业务快速迭代变更的需求。具体体现为：微服务之间是相互独立的，不同的微服务可以分配给不同的开发人员来进行开发与部署；不同的微服务可以采用不同的技术栈，开发人员可以选用自己熟悉的、相对成熟的技术栈来构建自己的微服务；易于局部变更，单个微服务下线并不会使整个系统停止服务，因此微服务架构使得局部升级变为可能。

随着监测技术的发展和进步，城市轨道交通智能运维系统采集的监测数据快速增长，需要存储和处理的数据会达到 TB 甚至 PB 级别。而对于传统 SQL 数据库，当存储的数据达到数十 GB 以上量级时，查询、过滤的性能已大大下降，因此，智能运维系统平台必须采取大数据和分布式存储和计算等技术来满足业务的需求。

（二）城市轨道交通智能运维系统功能设计

基于云平台的城市轨道交通智能运维系统平台通常的功能包括：①满足虚拟化、弹性计算和高可靠性等要求，承载智能运维中的各种业务；②各种设备实时监测数据的接入和采集；③数据的处理和存储，即利用大数据、物联网技术对数据进行高速处理和存储；④算法分析，即运用云计算和大数据挖掘技术，对海量数据进行深入挖掘和智能分析，包括知识库和模型库的建立以及预测评估等；⑤智能应用，即借助移动互联的大数据和可视化软件，实现多维可视化监控报警、智能管理以及移动应用。

目前，业界讨论较多的是如何从故障修和计划修全面走向状态修，即利用对设备的状态监测和诊断，对设备故障进行预测，从而实现预防性的维护。只有少部分设备，可以通过监测其关键指标参数，对其健康度进行评估，跟踪其性能下降的劣化趋势，从而在其故障概率达到某个临界点之前，提前进行处理。这种设备通常都是带机械部件的设备，比较典型的就是道岔转辙机，可通过监测道岔转辙机须动作时间、动作电压和电流等参数变化，来判断道岔转辙机可能出现的故障隐患，并及时进行检修和更换；另一种典型设备就是继电器，可通过其动作次数来评估其剩余寿命。对于大部分设备而言，比如电子部件设备，其故障跟时间没有相关性，呈现出随机性特点，对这些设备是无法做到状态修的。因此，智能运维系统必须为传统故障修和计划修提供有效辅助，以提高故障定位和维修效率、缩短维修时间、降低对人员技能的要求；另外，通过优化计划修的设备种类和维修周期，减少定期维修的工作量。

除了传统的状态监测和数据分析的功能之外，智能运维系统基于 BIM（建筑信息模

---

① OpenStack：一个开源的云计算管理平台项目，是一系列软件开源项目的组合。

型）的配置管理系统（CMS）实现了设备全生命周期管理，跟踪和采集的设备履历涵盖了设备的生产、采购、运输、仓储、安装、位置、环境、使用、维护、更换、维修、报废、备件等全方位信息。正是基于这些设备数据信息支撑，智能运维系统可以利用 RCM 的分析方法，根据设备数据信息，对设备的历史故障率、故障规律等进行自动统计计算和追踪，然后结合每种设备的故障维修时间、维修成本，综合评估设备故障对运营的影响程度，给出每种设备的维护策略、维护计划以及备件增补建议。

（三）城市轨道交通智能运维系统的实现

1. 提升资源利用率和系统可靠性

由于云平台已经将计算资源、存储资源与网络资源统一管理并动态分配，因此，可以更好地共享硬件资源，并且可按需进行扩容，在不修改任何系统架构的情况下，添加更多的硬件资源，即完成智能运维系统的动态扩容。另外，由于智能运维系统运行于容器内，因此，在服务器硬件发生故障时，只须将容器迁移至云平台的其他资源上，系统就依然可以正常运行。

对于服务层面可靠性的提升，可以通过负载均衡、服务网关来实现，每个服务都会有多个实例，单个服务实例的下线不会影响整个系统的正常运行。由于容器可以使用主机的操作系统，因此容器内的应用程序只须部署与该应用相关的插件即可，这样就大大节省了资源；同时，当应用程序启动时，由于无须启动操作系统，因此大大缩短了启动时间。在采用了应用程序多副本技术后，当需要升级应用程序时，只须逐一更新副本即可，尚未更新的副本仍可以维持原有的服务功能，这样就使得用户无须终止原有服务即可完成升级。

2. 数据分析工具助力故障分析

智能运维系统集成了 ATC、MDS 和 DCS 等信号子系统，并且提供了丰富的分析工具，可以帮助运维人员从系统存储的海量设备状态监测数据、历史告警信息以及日志文件中，进行个性化的自动分析，并以可视化的图表方式展现分析结果。同时，可以针对故障报警信息的多个参数进行专项组合分析，如信标丢失故障报警信息，可以按照信标丢失次数进行排序，锁定问题可能性最大的信标；也可针对信标与不同列车 ID 的相关性进行关联分析，以确定信标丢失故障报警的原因是来自信标还是来自列车。

3. 支持基于实际应用需求的二次开发

比如 MDS 子系统的二次开发。根据 MDS 数据协议解析 MDS 子系统推送的数据报文，获取 MDS 子系统监控范围内的轨旁设备实时状态，比如智能电源屏、UPS（不间断电源）、外电网、道岔转辙机等一系列设备状态信息，进而根据这些设备实时状态信息进行多方面的二次开发。例如，可根据道岔动作曲线获取转辙机在道岔整个定位、反位动作过程中的电流、电压、功率等模拟量的变化数据，提取其特征值，并与此类转辙机出厂校准的参数进行对比分析，由此可以实现道岔转辙机的故障预测和预警，为日常的道岔维保工作提供数据支撑。

4. 实现海量数据的快速读写与实时流处理

智能运维系统采集和保存各个子系统的多种数据源（包括实时和历史告警信息）、各种监测设备的开关量和模拟量的监测值、各种日志信息等，而且历史数据存储和查询的时间至少达到三年。因此相关的数据记录已超过亿条。建立海量数据的快速写入与实时的秒级查询数据访问机制是智能运维系统的关键技术点。HBase 是典型的 NoSQL，是一种构建在 HDFS 之上的分布式、面向列的存储系统，是目前写入速度最快的数据库之一，单机写入速度可达每秒 100 万条记录。Elasticsearch 是目前查询速度最快的全组合搜索引擎，亿级的数据精准查询可在秒内完成。智能运维系统将 HBase 与 Elasticsearch 合结合起来，利用 HBase 实现大数据快速入库；利用 Elasticsearch 建立索引，与 HBase 相结合，实现海量数据的快速查询。

另外，智能运维系统不仅需要能快速处理离线数据，也需要能实时处理实时数据。该智能运维系统的数据处理应用模块提供实时数据统一化封装，将来自 Kafka/RabbitMQ 的实时流数据统一转化为相同的数据结构；利用 Flink/Storm 技术将接收到的数据进行快速处理，然后输出到 Kafka/RabbitMQ 中，为其他模块提供实时数据；利用 Spark/Presto 技术将来自数据库或者文件的数据统一转化为相同的数据结构并做离线处理，然后统一输出到不同媒介中，为其他模块提供实时数据。通过实际运行和测试显示，该智能运维系统实时流处理模块可以每秒处理百万条流数据。

5. 实现现场应急和排故处理电子化流程

智能运维系统为故障修提供了一套完整的现场应急与排故处理的电子化操作流程，包括现场和管理人员的手持端和后台电脑端的操作界面，把现场应急和排故处理的业务数据串联了起来，实现了调度、班组，以及车辆运维、备件管理等环节的联动和同步操作，解决了既有应急系统中存在的信息不同步、维修建议不统一、指挥管控度不足、故障分析维度低的痛点。

（1）所有抢修员工接到警告的一刻，智能运维系统开始显示其状态信息，在每一个环节都可以点击操作按键，状态信息可直接同步到看板，全程操作仅以点击形式完成，无须录入信息。

（2）应用 GIS（地理信息系统）地图，人、车、物等信息可显示在 GIS 地图上，可在地图上点击人员图标指派任务。

（3）可互动群发送或接收文档、图纸、照片等信息，实时分享信息。

（4）同步信息至进程状态看板，指挥人员和管理人员可通过看板实时得知施工进度。

（5）专家库智能化操作。专家库可根据故障现象，自动推送维修建议；根据维修结果，自动统计建议；对专家库自动迭代更新。

（6）自动记录和计算标准维修时间，并且对主要环节进行超时提醒；同时，进行预测式风险管控，推算正常时间内的应用时间，对于在临近使用时间但仍有大量未完成的工作，进行提前预警。

在实际应用中，现场维护人员可根据排故流程提醒，按既定步骤进行故障原因排查和故障恢复的操作，真正实现了把经验和知识转换为标准流程的目标。一方面降低了对人员技能的要求，另一方面也显著提高了现场问题解决的效率。

在传统运维模式中，从故障发生到抢修指令逐级通知到现场抢修人员，需要经历行调、调度、班组、组员等几个环节，且多为双方依次沟通，缺乏多方信息共享，使抢修人员在故障发生后 10min 左右才得到全部信息，采取实际行动。同时，在抢修过程中，信息传递方式为打字或电话，无法实时保持节点信息的持续性和共享度，导致指挥层缺失现场最新信息，延误指挥抢修时机。电子化应急管理模块使告警、接警、派单、接单（含人员接到故障信息）可在 2min 内完成，信息准确度可以达到现场维护需求标准。

6. 实现设备健康度与精准维护管理

关键继电器是现场维修量比较大的部件之一，其寿命主要跟继电器的动作次数相关。但同一个继电器柜里的不同继电器，即使是相同时间安装的，每个继电器的使用情况和动作次数也都不尽相同。如果采用原先的一刀切的方式，统一按照规定时间更换，必然会造成部分继电器的浪费。通过 MDS 采集的道岔转辙机、信号机、屏蔽门的动作次数，可推算出其对应的关键继电器的动作次数；再结合该继电器的履历信息，比如继电器的品牌型号、平均设计寿命、同批次产品历史故障率等情况，可计算出每一个关键继电器的健康度和剩余寿命情况；然后自动导出精确的维护计划，即哪个机柜的哪个继电器需要进行更换，并通过平台的工单功能，指派给维护人员进行处理，实现精准维护。

在传统运维模式中，大量继电器在投用后，通过人工使用电子表格进行继电器动作次数的计算，同时，需要人为定期维护计算表。电子化应用可以通过设备的健康状态进行维护计划的自动部署，减少人为维护计划的操作。

结束语

　　随着我国城市轨道交通行业网络化的迅速发展，城市轨道交通网络化运营水平的提升，能够帮助提高城市轨道交通运营高效、安全、便捷的发展，缓解交通拥堵，进而促进城市的发展。本书以提高城市轨道交通网络化运营水平的目的出发，对城市轨道交通网络化运营的组织方法及实施技术进行了深入研究，预测未来城市轨道交通网络化运营的发展如下：

　　（1）随着科学技术的进步，自动化与智能化将进一步渗入城市轨道交通运营中，提升城市轨道交通网络化运营的服务效率与水平。

　　（2）城市轨道交通互联互通的程度也将不断提升，实现以乘客为本，绿色出行，资源共享，构建一体化的多层次综合轨道网络。

参考文献

[1] 陈琦，张冲，陈静梅．城市轨道交通 CBTC 信号系统互联互通接口与调试 [J]．都市快轨交通，2020，33（04）：117-122+128.

[2] 高明亮，高珊，于闯，等．融合 RCM、PHM 和数据挖掘的城市轨道交通车辆维护决策技术研究 [J]．城市轨道交通研究，2021，24（02）：64-68.

[3] 高元．城市轨道交通多编组列车开行方案研究 [D]．兰州：兰州交通大学，2020：17-29.

[4] 郭晓明．城市轨道交通互联互通信号系统产品工程化研究 [J]．都市快轨交通，2019，32（06）：26-30.

[5] 韩宝明，杨智轩，余怡然，等．2020 年世界城市轨道交通运营统计与分析综述 [J]．都市快轨交通，2021，34（01）：5-11.

[6] 和扬．城市轨道交通快慢车组织方案及其效果研究 [D]．北京：北京交通大学，2018：15-47.

[7] 胡鹏，肖宝弟．城市轨道交通车辆基地运营管理系统的研究 [J]．铁道运输与经济，2019，41（10）：114-118.

[8] 黄林尧．快慢车方案下城市轨道交通运行组织研究 [D]．成都：西南交通大学，2017：11-41.

[9] 江志彬．城市轨道交通网络列车运行组织与管理 [M]．上海：同济大学出版社，2018.

[10] 冷海洋，秦国栋，池利兵．大城市城市轨道交通线网规划关键技术探讨 [J]．铁道标准设计，2019，63（11）：21-26+79.

[11] 李德坤．城市轨道交通信号系统互联互通实现的技术方案 [J]．通讯世界，2016（12）：37-38.

[12] 李天姝．国家中心城市轨道交通发展周期性特征及影响因素分析 [D]．大连：大连交通大学，2020：21-38.

[13] 李维锋．城市轨道交通信号系统互联互通解决方案 [J]．数字通信世界，2021（05）：90-91+93.

[14] 李星阳．城市轨道交通线路列车多编组方案研究 [D]．北京：北京交通大学，2018：15-25.

[15] 刘杰，陈锦渠，彭其渊，等 . 城市轨道交通网络可靠性和运输服务质量评估 [J]. 西南交通大学学报，2021，56（02）：395-402+450.

[16] 刘茜 . 开行快慢车条件下城市轨道交通列车运行组织研究 [D]. 成都：西南交通大学，2016：19-25.

[17] 马洁 . 城市轨道交通 CBTC 系统可靠性分析与评价 [D]. 兰州：兰州交通大学，2020：21-43.

[18] 毛保华，高自友，柏赟，等 . 城市轨道交通网络运营组织理论与方法 [M]. 北京：人民交通出版社，2018.

[19] 毛保华，刘明君，黄荣，等 . 轨道交通系统网络化运营组织理论与关键技术 [M]. 北京：科学出版社，2011.

[20] 毛保华，张政，陈志杰，等 . 城市轨道交通网络化运营组织技术研究评述 [J]. 交通运输系统工程与信息，2017，17（06）：156.

[21] 倪桂明，孙礼超，潘安，等 . 从工程走向服务：城市轨道交通发展的反思与创新 [M]. 上海：同济大学出版社，2017.

[22] 邱伟明 . 城市轨道交通车辆维修管理探讨 [J]. 现代城市轨道交通，2012，（02）：25-27.

[23] 戎亚萍，张星臣，柏赟，等 . 城市轨道交通多编组列车开行方案优化研究 [J]. 交通运输系统工程与信息，2016，16（05）：117-122.

[24] 戎亚萍 . 城市轨道交通列车多编组运输组织技术研究 [D]. 北京：北京交通大学，2017：16-45.

[25] 石兴念 . 城市轨道交通线网规划方法研究与实践 [D]. 北京：北京交通大学，2013：21-36.

[26] 孙洪亮，周博 . 城市轨道交通车辆维修制度探讨 [J]. 城市轨道交通研究，2017，20（02）：105-108.

[27] 汤莲花，徐行方 . 快慢车模式下轨道交通市郊线路通过能力计算 [J]. 同济大学学报（自然科学版），2019，47（07）：1022-1030.

[28] 万勇兵，王大庆 . 城市轨道交通 CBTC 系统互联互通测试平台的设计与实现 [J]. 城市轨道交通研究，2021，24（01）：149.

[29] 王浩，李大智 . 基于 5G 网络的城市轨道交通全自动无人驾驶列车控制系统研究 [J]. 信息技术与信息化，2020（08）：193-194+199.

[30] 王甜甜 . 城市轨道交通网络化运营水平评价研究 [D]. 青岛：青岛理工大学，2020：15.

[31] 吴艳群，吴芳 . 城市轨道交通规划与管理 [M]. 成都：西南交通大学出版社，2018.

[32] 吴正阳.城市轨道交通网络客流分配理论与控制技术研究 [D].成都：西南交通大学，2018：18.

[33] 谢小星，秦凯，郭英明，等.城市轨道交通网络化运营的多路径可达票务清分模型 [J].城市轨道交通研究，2020，23（10）：134.

[34] 徐景柳.考虑可变编组的高速铁路车站作业组织优化 [D].北京：北京交通大学，2021：36-39.

[35] 徐轲非.考虑多编组的城市轨道交通 Y 型线路列车开行方案研究 [D].北京：北京交通大学，2021：21-38.

[36] 徐新玉.城市轨道交通概论 [M].北京：国防工业出版社，2017.

[37] 徐新玉.城市轨道交通设备维保市场化及经济性评价研究 [J].铁道运输与经济，2014，36（03）：2.

[38] 徐永能，周竹萍，胡文斌，等.城市轨道交通网络化运营优化理论与方法 [M].北京：北京航空航天大学出版社，2015.

[39] 应名洪.城市轨道交通网络化顶层管理架构体系研究 [M].上海：上海文化出版社，2018.

[40] 于昭.快慢车模式下地铁多列车运行控制节能方法研究 [D].北京：北京交通大学，2019：12-24.

[41] 余攀.城市轨道交通列车编组优化研究 [D].北京：北京交通大学，2011：11-40.

[42] 张博.基于可变编组的城市轨道交通 Y 型线路列车运行计划优化研究 [D].北京：北京交通大学，2017：12-35.

[43] 张德明，梁亮.城市轨道交通调度系统节能策略研究 [J].铁道通信信号，2015，51（09）：73.

[44] 张国慧.轨道交通不同制式信号系统的兼容性及其互联互通 [J].城市轨道交通研究，2021，24（04）：39-44.

[45] 张文莉.城市轨道交通线网合理规模研究 [D].成都：西南交通大学，2020：22-33.

[46] 张自太，蔡伟森，吴启中，等.RAMS 在城市轨道交通建设管理中的应用 [J].现代城市轨道交通，2021（03）：97.

[47] 周薇.城市轨道交通有效路径选择的改进 Dial 算法 [J].西华大学学报（自然科学版），2013，32（06）：38.